W0466378

FRIEDRICH BENESCH

LEBEN MIT DER ERDE

VORTRÄGE UND KURSE

BAND I

HERAUSGEGEBEN
VON
WERNER PERREY †

FRIEDRICH BENESCH

LEBEN MIT DER ERDE

Der Jahreslauf der Erde
Erde als Mesokosmos
Erde, Wasser, Luft und Feuer

URACHHAUS

CIP-Titelaufnahme der Deutschen Bibliothek

Benesch, Friedrich
Vorträge und Kurse / Friedrich Benesch. –
Stuttgart: Urachhaus
NE: Benesch, Friedrich: [Sammlung]
Bd. 1. Leben mit der Erde. – 1993
ISBN 3-87838-971-X

ISBN 3 87838 971 X
© 1993 Verlag Urachhaus Johannes M. Mayer GmbH Stuttgart.
Alle Rechte, auch die des auszugsweisen Nachdrucks und der photomechanischen Wiedergabe, vorbehalten.
Umschlaggestaltung: Bruno Schachtner, Dachau
Herstellung: W. Röck, Weinsberg

Inhalt

Vorwort des Herausgebers

»Leben mit der Erde«, – so hat Dr. Friedrich Benesch wenige Monate vor seinem Tode den Titel für diesen ersten Band seiner »Vorträge und Kurse« bestimmt. Eines seiner innersten Anliegen war es, die Wege zu zeigen, auf denen wir zu einem bewußteren Leben mit der Erde und zu einem neuen Verständnis der Natur kommen können und müssen.

Die moderne Naturwissenschaft hat uns ein ungeheures Wissen über die Natur bis in ihre kleinsten Zusammenhänge gebracht. Viele Menschen empfinden aber tief unbefriedigt, daß alle diese Kenntnisse ihnen nicht helfen, die Natur auch zu erleben. Unser Kopf weiß viel, aber die Seele darbt – mehr oder weniger. Je mehr der Blick auf die äußeren, materiellen Erscheinungen gerichtet ist, desto brennender wird die Frage: Gibt es nicht eine Möglichkeit, das Wesenhafte in ihnen zu erkennen? Bei den Mitmenschen ist es uns selbstverständlich, daß wir durch das Äußere hindurch ihr Inneres wahrzunehmen suchen, um sie zu verstehen. Ist das bei den Naturerscheinungen vielleicht auch möglich?

Das »Leben mit der Erde« war Friedrich Benesch in seiner siebenbürgischen Heimat von Kindheit an vertraut. Einmal erzählte er, wie gerne er als Kind im Kornfeld lag, um das Sonnenlicht und seine Schatten zu beobachten. Als junger Mann stieg er vor Sonnenaufgang auf einen Berg und beobachtete von dort aus den ganzen Tag und die nächste Nacht den Weg von Sonne, Mond und Sternen am Himmel und wie sich dabei ihr Licht auf der Erde ständig verändert.

Friedrich Benesch studierte zunächst verschiedene Natur- und Geisteswissenschaften und promovierte im Fach Vorgeschichte. Dann führte er ein Studium der Theologie durch, das er mit dem Lizentiat abschloß. Die Geisteswissenschaft Rudolf Steiners hatte er schon als Neunzehnjähriger kennengelernt. Mit ihrer Hilfe hat er lebenslang daran gearbeitet, die heute allgemein für unvereinbar geltenden Weltbetrachtungen, Naturwissenschaft und Theologie, zu einem Einklang zu bringen, sowohl in der eigenen inneren Erfahrung wie auch in der gedanklich-wissenschaftlichen Erkenntnis. Brücken zu bauen zwischen diesen beiden Weltbetrachtungen und Hilfen zu geben, um vom Erleben zum Verstehen zu kommen, war das Grundthema seines langjährigen Wirkens als Leiter der Freien Hochschule der Christengemeinschaft, als Vortragender und als Rater der Jugend, die ihm zuströmte.

Als der Herausgeber vor jetzt 35 Jahren zum ersten Mal Vorträge von Dr. Benesch hörte, fertigte er für sich Nachschriften davon an, denen er den Gesamttitel »Praktische Anthroposophie« gab. Das Schicksal fügte es, daß Familie Benesch in das Haus zog, in dem er wohnte. Aus den Begegnungen und Gesprächen entstand der Impuls, innerhalb der Christengemeinschaft Stuttgart eine »Junge Gemeinde« zu begründen, der sich Dr. Benesch gleich verbunden fühlte. In monatlichen Gesprächsabenden hat er dann 28 Jahre lang einem wechselnden Kreis von bis zu 200 jungen und junggebliebenen Menschen unschätzbare Lebenshilfen gegeben. Als unter ihnen der Wunsch aufkam, die öffentlichen Vorträge von Dr. Benesch auf Tonband festzuhalten, war er nach anfänglichem Zögern damit einverstanden. Der Herausgeber durfte ihn dann zu vielen Vorträgen mit seinem Tonbandgerät begleiten, während an fernen Orten Freunde die Aufnahmen machten. Helfer aus dem Kreis der Jungen Gemeinde besorgten die Abschriften von rund 500 Vorträgen und Kursstunden. Einige sind im Verlag Urachhaus in der Reihe »Vorträge« erschienen, ungefähr 50 weitere hat der Herausgeber von 1980 bis 1988 einem Freundeskreis von Dr. Benesch als Privatdrucke zur Verfügung gestellt.

Auf Anregung des Verlages Urachhaus stimmte Dr. Benesch einer Herausgabe seiner Vorträge und Kurse zu und betraute den Herausgeber mit dieser Aufgabe. Er besprach mit ihm den Inhalt der ersten Bände bis kurz vor seinem Tod.

Es ist ausnahmlos das gesprochene Wort von Dr. Benesch, das jetzt veröffentlicht wird. So wenig wie möglich und nur das, was um der lesbaren Form willen nötig war, wurde verändert. So möge etwas von der Unmittelbarkeit und geistigen Schöpferkraft der im Augenblick aus der Geistesgegenwart heraus formulierten Worte erlebbar werden. Um den im wesentlichen frei gehaltenen Vorträgen und Kursstunden ihren Charakter einer Arbeits- und Lebenshilfe zu bewahren, werden auch Fragen der Teilnehmer und die Antworten darauf wiedergegeben.

Für die ersten beiden Bände hat der Herausgeber die Bearbeitung übernommen. Er möchte auch an dieser Stelle Ursula Hausen, Dr. Johannes Kloiber und Dr. Irmtrud Tautz für ihre Hilfe beim Prüfen der Übereinstimmung mit den Tonbandnachschriften und beim Lesen der Korrekturen herzlich danken.

Stuttgart, im September 1992 *Werner Perrey*

DAS MITERLEBEN MIT DEM JAHRESLAUF DER ERDE

Studienkurs[1]

ERSTE STUNDE

Grundlegendes zum Erfassen des leiblichen, seelischen und geistigen Daseins

In diesen Betrachtungen wollen wir versuchen, unser Miterleben mit dem Jahreslauf der Erde stärker ins Bewußtsein zu bekommen. Unser Mitleben mit dem Jahreslauf ist zunächst ein ganz tief unbewußtes Geschehen, weil sich die menschliche Physiologie in der Art, wie wir atmen, wie wir wahrnehmen und wie wir uns ernähren, mit den Jahreszeiten ändert, ohne daß wir dies unmittelbar beobachten. Im Sommer verlaufen bestimmte leibliche Funktionen anders als im Winter, so daß wir zunächst den Sommer-Menschen von dem Winter-Menschen unterscheiden können. Dieses existentielle Mitleben mit dem Jahreslauf der Erde können wir gar nicht vermeiden, das vollzieht sich einfach, und zwar im wesentlichen tief unbewußt.

Was aus diesem Miterleben als zweites hervorgeht, sind gewisse Stimmungen, die sich dann schon mehr in das Seelische hineinerstrecken. In den Untergründen der Menschenseele gibt es so etwas wie eine Frühlingsstimmung, eine Sommerstimmung und so weiter. Diese Physiologie einerseits, dieses halb bewußte, mehr träumende Seelenleben als diese Stimmungen andererseits verbinden sich – drittens – mit dem, was wir wahrnehmen, also mit den Bildern, die uns der Jahreslauf zeigt. Das Sommerbild des Jahreslaufes ist eben ein ganz anderes als das Winterbild, und diese Bilder wirken natürlich auch wieder zurück auf das Innere, auf das Seelenleben und auf das geistige Leben des Menschen. Man wird aber mehr und mehr dahinterkommen müssen, daß ein wirkliches Miterleben mit dem Jahreslauf in ein viertes Element übergehen muß, nämlich in ein Verstehen des Jahreslaufes. Wenn der Mensch den Jahreslauf wirklich mitleben will, wird dieser in der Zukunft für ihn verständlich werden müssen. An diesem instinktiv Unbewußten, diesem seelisch träumend Halb-Bewußten, diesem dann doch in äußeren Bildern verlaufenden Bewußten muß weitergearbeitet werden.

Nun, dieses Verstehen bezieht sich ja dann sofort auf den Jahreslauf selbst. Aber man muß sich schon darüber klar sein, daß der Jahreslauf zwar im ganzen Kosmos eine partielle Totalität, eine relative Totalität ist, aber er ist eine Totalität, er ist eine Ganzheit, und zwar bei genauem Hinschauen eine ganz außerordentlich komplizierte Ganzheit. Wenn wir uns die verschiedenen Naturreiche ins Bewußtsein rufen, werden wir bemerken, daß zum Beispiel die Mineralien, also die Gesteine, auch einen Jahreslauf haben, denn der Winterkalk und der Wintergranit sind etwas anderes als der Sommerkalk und der Sommergranit, und auch die Bergkristalle in den Alpengebirgen sind im Winter anders als im Sommer. Dieser Jahreslauf ist für den Menschen aber kaum wahrnehmbar. Etwas deutlicher wahrnehmbar ist natürlich der Jahreslauf der Pflanzen. An ihnen sehen wir ja ganz deutlich die Jahres-Abhängigkeit, dieses Mitleben vom Frühling über den Sommer zum Herbst und dann die Winterruhe. Ebenso deutlich und auch sehr intensiv haben wir ja den Jahreslauf der Atmosphäre, also des Wetters und der Witterung. Schon etwas verborgener ist für uns der Jahreslauf der tierischen Welt, aber auch der ist durchaus vorhanden. Und man sieht ja sofort, daß schon in diesen drei Naturreichen – Mineralien, Pflanzen, Tiere – und dann eben in der Meteorologie, in dem Wettergeschehen, sich komplizierte Vorgänge abspielen, die man erst sehr langsam verstehen und enträtseln kann.

Nun geht die Sache aber noch weiter, denn es gibt ja auch so etwas wie einen Jahreslauf der Sonne. Es ist ja nicht etwa so, wie man das oberflächlich meinen könnte, daß die Sonne immer dieselbe ist und daß nur die Erde in ihrem Verhältnis zur Sonne so eine Art Jahreslauf praktiziert, sondern die Sonne selber scheint eben tatsächlich auf den Teil der Erde, auf dem es Winter ist, anders hin als auf den Sommerteil. Von der Sonne gehen im Sommer ganz andere

Kräfte aus als im Winter. Aber nicht nur dies, sondern wir wissen ja, daß die Sonne in bezug auf den Aspekt, den die Erde von ihr hat, durch den Tierkreis läuft und daß die Sonne vor dem Sternbild Fische natürlich die Wirkungen, die von dem Sternbild ausgehen, verändert, indem sie das Sternbild teilweise verdeckt. Es gibt also auch einen Jahreslauf der Sonne und ebenso einen Jahreslauf des Mondes, der Planeten, wie der ganzen Fixsternwelt. Wir fangen an zu ahnen, daß dieser Jahreslauf eine relativ umfassende Totalität, eine wunderbare Ganzheit ist, und in diesen Betrachtungen werden wir versuchen, diese einzelnen Gebiete näher anzuschauen. Aber dafür brauchen wir Voraussetzungen.

Zunächst will ich versuchen, diese Voraussetzungen erst einmal zu schaffen, weil ja in diesem ganzen Jahreszeitengeschehen ein Grundspektrum enthalten ist. Uns imponiert natürlich zunächst der leibliche Aspekt der ganzen Sache, also dasjenige, was wir im Laufe des Jahres an Veränderungen sinnenfällig mit Augen wahrnehmen. Würden wir aber dabei stehenbleiben, so hätten wir doch nur die Außenseite und würden niemals zu einem wirklichen Verständnis des Jahreslaufes kommen. Denn in diesem sichtbaren Sich-Verändern lebt ein ganz intensives Seelisches. Die Erde ist eben nicht nur ein leibliches Wesen, sondern sie ist auch ein seelisches Wesen. Man braucht ja nur auf die Meteorologie hinzuschauen, auf das Wettergeschehen, um sofort zu erkennen, daß wir auch bei dem Leben der Erde im Jahreslauf nicht nur die äußeren Erscheinungen haben, sondern auch die Stimmungen der Erde. Und so, wie es beim Menschen eben eine Winterstimmung gibt, so gibt es auch bei der Erde eine Winterstimmung. Das heißt die Erde hat eine andersartige seelische Verfassung im Winter, im Frühling, im Sommer und im Herbst. Wir haben es also zweitens mit einem seelischen Jahreslauf-Erleben zu tun. Aber in diesem Leiblichen, Äußerlichen, Sinnenfälligen und in diesem Seelischen, Stimmungsartigen, lebt dann eben drittens doch auch ein umfassendes Bewußtsein. Es ist nicht etwa so, daß die Erde einfach nur lebt, daß sie einfach nur durch ihre Jahreszeiten geht, sondern es ist eben so, daß innerhalb der Erde gewisse Wesen da sind, die das wissen, was da geschieht. Es gibt also drittens ein geistiges Leben im Jahreslauf. Und wenn man das recht bedenkt, dann kommt man ja auf diese drei Begriffe: das leibliche Dasein – also das sinnenfällig äußere Dasein –, dann das seelische, innerliche Dasein und das geistige Dasein. Und in diesem Spektrum: Leibliches – Seelisches – Geistiges fassen wir überhaupt erst die Totalität, die relative Totalität des Jahreslaufes, wenn wir ihn verstehen wollen und wenn wir ihn nicht einfach nur erleben und anschauen wollen. Das bedeutet aber, daß wir aufgefordert sind, gewisse weltanschauliche Grundlagen herzustellen, indem wir diese drei Grunddaseinsformen konkret einzeln ins Auge fassen und begreifen lernen und dadurch eben ihre gegenseitige Wechselwirkung verstehen. Denn das alles gehört zum Jahreslauf.

Wenn man sich zunächst einmal dem *leiblichen* Dasein zuwendet, dann muß man ja sofort die Frage aufwerfen: Was macht eigentlich einen Leib zu einem Leib? Ein Haufen Sand ist kein Leib, aber ein Kristall ist bereits ein Leib. Das heißt also, ein Leibliches ist nur dann wirklich leiblich, ist nur dann im eigentlichen Sinne des Wortes Leib, wenn es eine abgeschlossene Einheit ist, wenn es seine Grenzen, seine Begrenzung, hat. Aber nicht nur dies. Eine Leiblichkeit muß auch Glieder haben, sie muß in sich gegliedert sein. Auf der einen Seite muß sie etwas Geschlossenes für sich sein, aber gleichzeitig muß sie innerlich so organisiert sein, daß sie eine Art Organismus bildet. Und drittens müssen sowohl das Ganze wie die Teile untereinander innerlich zu einer sinnvollen Ganzheit verbunden sein. Das Ganze muß einen Sinn haben, wenn es wirklich ein Leib sein soll. Und dieses dritte, dieses sinnvolle Ganze, das zeigt sich eben bei den Leibern der Wesen in dem, was man den Bauplan nennt. Jeder Leib hat eine innerliche und äußerliche Gestaltung, das heißt, er ist nach einem Bauplan gebaut. In diesem Bau zeigt sich seine Wesenheit, seine Sinnhaftigkeit. Und so wollen wir zunächst einmal einen Blick auf die Baupläne der Naturreiche werfen.

Da sehen wir sofort, daß die Baupläne der mineralischen Welt völlig anders sind als die der lebendigen Welt. Denn der Bauplan eines Minerals ist ja durch die Kristallform charakterisiert. Alle Mineralien kristallisieren, und die Kristallformen sind wiederum dadurch gekennzeichnet, daß sie äußerlich streng geordnete Figuren haben. Denken Sie an einen Bergkristall mit seiner sechsseitigen Pyramide. Das ist eine ganz strenge geometrische Figur. Denken Sie an die sechsseitige Säule eines solchen Bergkristalls, das ist wiederum eine streng geordnete geometrische Figur. Diese geometrischen Figuren sind durch Flächen und Winkel deutlich gekennzeichnet. Die Winkel sind sehr genau konstant. Man kann sie mit dem Winkelmesser, mit dem Goniometer, genau bestimmen und, auch wenn man nur ein Stückchen von einem Kristall hat, nach den Winkeln die gesamte Kristallgestalt ableiten. Aber zu dem Wesen eines Kristalleibes gehört es, daß er nicht nur eine Figur hat, sondern daß er innerlich wiederum streng angeordnet ist und auch ein Baugerüst hat. Der Kristall hat nicht nur äußerlich eine Figur, sondern er hat auch innerlich ein streng geordnetes Materiegitter, ein Gerüst. Diese beiden Elemente charakterisieren den Leib eines mineralischen Wesens.

Wenn wir nun zum pflanzlichen Wesen übergehen, da sehen wir, daß dort die Leibbildung völlig anders ist. Wir haben es nicht wie beim Kristall mit einer geschlossenen Leiblichkeit zu tun, sondern die Leiblichkeit ist zwar als solche abgeschlossen, aber sie ist dennoch offen und wird durchströmt. Sie wird fortwährend von Stoffen durchströmt, die in diese Leiblichkeit hineingenommen und wiederum ausgeschieden werden. Denken Sie zum Beispiel nur daran, wie das Wasser fortwährend eine lebendige Pflanze durchströmen muß. Es muß durch die Wurzel aufgenommen werden, durch die ganze Pflanze hindurchgehen und durch die Blätter wiederum ausgeströmt werden. Fragt man sich nun: Was ist innerhalb der pflanzlichen Leiblichkeit eigentlich das Grundbild, dann kommt man darauf, daß das ganz und gar nicht kristallin ist, sondern das ist etwas, was oberflächenartig ist. Während der Kristall abgeschlossen ist, ist das Pflanzenwesen eigentlich oberflächenartig, und darum ist die Grundgestalt, das Grundbild, der Pflanzenleiblichkeit das Blatt, die Blattform. Diese Blattform, dieses Grundbild, diese Grundgestalt des pflanzlichen Wesens, bildet nun die drei hauptsächlichen Gestaltgruppen der gesamten Pflanze, nämlich die Wurzelregion – das Wurzelbild, die Wurzelgestalt –, dann den Sproß mit einem Stengel und den eigentlichen Blättern, und dann die Blüte und die Frucht, die ja im Grunde genommen auch wieder nur aus verwandelten Blättern aufgebaut ist. Wir haben es also mit einer ganz veräußerlichten, vollständig offenen, vom Stoff durchströmten oberflächenartigen Gestalt zu tun.

Gehen wir nun von der Pflanzenleiblichkeit zur tierischen Leiblichkeit über, dann finden wir dort etwas völlig anderes. Die tierische Leiblichkeit hat auch ein Grundbild. Dieses Grundbild der tierischen Leiblichkeit ist ein äußerlich umhüllendes und nach innen zu eingestülptes Gebilde, das am deutlichsten in der Embryonalentwicklung in Erscheinung tritt. In der Zoologie nennt man dieses Entwicklungsstadium Gastrula. Das ist aber ein ungeeignetes Wort. Es ist viel richtiger, wenn man Becher oder Kelch sagt. Zwischen diesem tierischen Becher oder Kelch und dem Blütenkelch einer Pflanze besteht ein wesentlicher Unterschied. Das pflanzliche Kelchwesen zeigt die Raumumhüllung dadurch, daß da immer Blätter dicht ineinandersitzen, daß aber nichts eingestülpt wird. Im Gegensatz dazu sind sämtliche tierischen Organe durch Einstülpungen entstanden, die aber natürlich sehr verschiedene Formen haben. Bei den tierischen Formen finden wir die Einstülpung, und wenn diese vollständig ist, bildet sie eine Art Sphäre. Diese können wir hauptsächlich bei den Kopfbildungen und bei den Kopftieren finden. Andererseits bildet die Einstülpung auch eine Schale, also eine mehr offene Einstülpung, oder diese Einstülpung fängt an, sich zu strecken, und wird gliedmaßenartig. Und so haben wir in der tierischen Gestalt drei Variationen der Einstülpung: im Kopf die Sphärenbildung, im Rumpf die Schalenbildung und schließlich in den Gliedmaßen die gestreckte Einstülpung. Aber diese tierische Gestalt ist eben nicht mehr so offen wie die pflanzliche.

Wenn wir uns nun weiter fragen, was für Leiber es denn sonst noch in der Welt gibt, dann kommen wir auf die Leiblichkeit der himmlischen Körper, der Himmelskörper. Wenn man die Leiblichkeit der Himmelskörper anschaut, dann hat man es im wesentlichen ganz und gar mit sphärischen Gestaltungen zu tun. Auch hier finden wir eine Dreiheit, indem wir nämlich auf der einen Seite die Ringsphären haben. Eine solche Ringsphäre ist zum Beispiel der Tierkreis, eine solche Ringsphäre ist aber auch die Milchstraße. Wir haben also die großen Ringsphären des gesamten Kosmos als Leiblichkeit. Wir haben zweitens die Leiblichkeit, die sich in den Gestaltungen zeigt, wie die Planeten um die Sonne wandeln. Das sind also Ellipsoide, sphärische Ellipsoide, in deren Innerem sich die Sonne befindet, und diese Ellipsoide atmen aus und ein. Drittens haben wir schließlich die Leiblichkeit der Himmelskörper selber, also des Mondes, der Erde, des Mars, des Jupiter und der übrigen Planeten. Die sind geschlossen sphärisch. Dabei möchte ich aber deutlich herausstellen, daß eine Sphäre etwas anderes ist als eine Kugel. Eine Kugel ist eine Masse, die in sich geschlossen ist. Eine Sphäre dagegen ist ein Umkreis, der etwas außer sich und etwas innerhalb von sich hat.

Nun kann man fragen: Wie sieht das beim Menschen aus? Es ist ja ganz klar, daß der Mensch selber an allen diesen Bildungen Anteil hat. Es gibt in der Menschenleiblichkeit pflanzenartige Gestaltungen wie zum Beispiel das Nervensystem. Man muß nur das ganze Gehirn als eine Art Wurzelgebilde betrachten und das ganze Rückenmark mit den anhängenden Nerven als eine Art Sproß. Auch gewisse andere Bildungen im Menschen kann man so anschauen. Es gibt in ihm aber ebenso eine Art tierischer Bildung. Alle inneren Organe sind zum Beispiel solch tierische Bechergestaltungen. Wir haben aber im menschlichen Haupt auch die Sphäre. Im menschlichen Leib, im Rumpf, haben wir die Schale, und in den Gliedmaßen haben wir die Strahlen. Sie sehen also, daß eine Leiblichkeit in bezug auf ihre Gestaltung immer eine volle Wirklichkeit ist.

Nun würde eine Leiblichkeit aber nicht als solche erscheinen können, wenn sie nicht von Stoffen durchzogen wäre, und so haben wir als zweites Problem die Stofflichkeit alles Leiblichen. Das leibliche Dasein ist immer stofflicher Natur. Wenn wir darauf hinschauen, was das nun für Stoffe sind, dann sehen wir auf der einen Seite die große Fülle der anorganischen, der mineralischen Stoffe, die nun in sich wiederum eine Ordnung wie eine Art Spektrum zeigen. Vorhin haben wir das Spektrum der Leiblichkeit als Gestalt vor Augen geführt. Betrachten wir jetzt einmal das Spektrum der Stoffe, der Substanzen. Da haben wir in der mineralischen Welt auf der einen Seite Stoffe, die als Elemente auftreten, und das sind zum Beispiel die Gase in der Luft. Der Sauerstoff ist ein Element, der Stickstoff ist ein Element und so weiter. Das zweite, was wir finden, ist die Wasserbildung, also sämtliche Gewässer, die wir in der mineralischen Welt finden, denn im Wasser haben wir einen rein mineralischen Stoff vor uns. Schließlich haben wir drittens die eigentlichen Erdenstoffe, also die mineralischen Stoffe im engeren Sinne. Da gibt es nun wiederum ein wunderbares Spektrum, denn wir haben auf der einen Seite die echten Salze wie zum Beispiel das Kochsalz und seine Verwandten, wir haben auf der anderen Seite die Fülle der Erze, also alle die mineralischen Stoffe, die mit Metallen verbunden sind. Wir haben schließlich die eigentlichen Silizium-Salze, die Erdsalze. Das sind die Stoffe, die mit Kieselsäure verbunden sind, die sogenannten Silikate. Wir haben viertens die echten Aschen. Sie werden sich wundern, daß ein Bergkristall eigentlich eine Asche ist. Er ist nämlich schlicht und einfach die Verbindung von einem Metall mit Sauerstoff, das heißt aber, das Metall ist zu Asche verbrannt. In diesem Sinne ist zum Beispiel auch Kohlensäure eine Asche. Wir haben also Salze, wir haben Aschen, wir haben Erze, und wir haben die ganze Menge der Silikate, der Kieselsäuresalze.

Wenn wir nun von diesen unlebendigen Stoffen übergehen zu denen, welche die Leiber von Pflanze, Tier und Mensch aufbauen, dann treten vier Grundstoffe in Erscheinung. Der erste dieser

Grundstoffe ist das Eiweiß. Einige Bilder sollen das veranschaulichen. Stellen Sie sich vor, Sie nehmen ein Ei und dekantieren das Eiweiß vom Dotter, Sie lassen also dieses Eiweiß in ein Glas fließen. Was haben Sie dann für eine eigenartige Substanz, für einen merkwürdigen Stoff? Der ist in sich zusammenhängend, schmierig, so eigenartig flüssig und doch auch wieder nicht flüssig. Kochen Sie aber dieses Eiweiß, das heißt, machen Sie es heiß genug, dann wird es ein fester Körper. Einfach durch Wärmezufuhr geht dieses merkwürdige Eiweiß aus einem ganz dünnen in einen festen Zustand über. Im lebendigen Leibe von Pflanze, Tier und Mensch passiert das fortwährend, daß die Eiweißstoffe mal gerinnen und mal wieder in Bewegung kommen, weich werden. Dieses Eiweiß im lebendigen Leibesdasein, diese Eiweißstoffe, das sind die eigentlichen Träger von Leben und Sterben. Im Flüssigwerden, im Bewegen, im Sich-Vervielfältigen und so weiter steckt eigentlich das Leben des Leibes darin, und in dem Erstarren, in dem Koagulieren, das Sterben. Denn ein gekochtes Ei ist natürlich tot, daraus wird kein Küken mehr.

Die zweite Gruppe von Stoffen, die im Lebendigen vorhanden sind, sind die Fette und Öle. Diese Fette und Öle haben die wunderbare Aufgabe, daß sie die Leiber der Pflanzen, der Tiere und der Menschen auf der einen Seite auffüllen und auf der anderen Seite schmieren, so daß die Lebensprozesse mit Hilfe der Fette und Öle in Bewegung gehalten werden können, daß das Leben fortwährend eingreifen kann und die ganze Sache in lebendiger Strömung hält.

Aber es gäbe niemals ein Tier, eine Pflanze oder einen Menschen, wenn da nicht drittens die Kohlehydrate vorhanden wären, also die Zuckerarten und die Stärke, und die bringen nun in den ganzen Vorgang die Kräfte, welche die Form und Gestalt geben. Sie werden vielleicht staunen, daß die Gestalt einer Pflanze, also zum Beispiel das Holz und die Rinde, aus Kohlehydraten hervorgegangen ist. Also das Lignin, der Holzstoff, und der Kork, der Rindenstoff, gehen aus Kohlehydraten hervor. Dazu gehört natürlich auch die Stärke, der Zucker und der Honig. Alle diese Stoffe geben die

Möglichkeit, daß ein Leib nun tatsächlich so, wie ich am Anfang ausgeführt habe, geformt und gestaltet werden kann.

Als letztes haben wir schließlich die Salze. Die Salze haben die Aufgabe und die Fähigkeit, nun innerhalb einer solchen Leiblichkeit Spiegelungen, d. h. das diesem Wesen entsprechende Bewußtsein, hervorzurufen. Sie sind die eigentlichen Bewußtseinsträger.

Also in den Eiweißen haben wir die Lebensträger, in den Fetten die Bewegungsträger und die Auffüllungsträger, in den Zuckern und in den Stärken, überhaupt in den Kohlehydraten, haben wir die Gestaltträger, die Formträger, und in den Salzen die Bewußtseinsträger. Von diesem Gesichtspunkt aus verstehen Sie vielleicht, wenn ich sage: Auch in der mineralischen Welt, die ja Salze enthält, gibt es Bewußtsein.

Geht man nun von diesen Stoffen des leiblichen Daseins auf die Kräfte über, dann muß man sehr scharf hinsehen, weil in der heutigen Wissenschaft über diese Angelegenheit große Verwirrungen herrschen. Sie bestehen darin, daß die heutige Wissenschaft nicht zwischen denjenigen leiblich-physischen Kräften unterscheidet, die nun wirklich physische Kräfte sind und ein geordnetes Spektrum haben, und auf der anderen Seite denjenigen physisch erscheinenden Kräften, die ihrem Wesen nach gar nicht physische Kräfte sind, sondern etwas ganz anderes. Diese beiden Arten unterscheidet die heutige materialistische Wissenschaft nicht. Welche Kräfte sind das nun?

Sehen Sie, eine eigentlich physische Kraft ist die Schwerkraft, die Schwere. Diese Kraft wirkt so, daß von jedem Stoff eine Kraft ausgeht, die alles an sich zieht, was im Umkreis ist. Die Schwerkraft wirkt nun zweitens so, daß sie gewissermaßen hineingezogen wird – aus sich selbst heraus – in das, was die moderne Physik beschreibt, nämlich die sogenannten Kernkräfte, also diejenigen Kräfte, die nun im Kleinsten, im Allerkleinsten, dieses ungeheure Konzentrat der sogenannten Kernkräfte darstellen. Um einen Atomkern herum sind dann die Protonen und die Elektronen, diese kleinsten zusammengezogenen Kraftteilchen oder Kraftgebilde, miteinander so fest verbunden, daß plötzlich die Materie erscheint, die eine gewisse Festigkeit oder auch Starrheit hat.

Schon etwas lockerer in sich ist die dritte Gruppe von Kräften, die magnetisch und elektrisch wirken. Magnetismus und Elektrizität bilden jene dritte Gruppe von Kräften, die nun schon viel beweglicher sind, die leichter ausstrahlen können als die Kernkräfte; sie wirken schon in ganz feinen kleinen Teilchen oder eben rein als Kräfte, als physisch körperliche Kräfte.

Die vierte Gruppe in diesem Spektrum sind nun diejenigen Kräfte, welche die chemische Verbindung und Trennung bewirken, also die Wechselwirkungen, wenn sich zum Beispiel ein Stoff mit einem anderen chemisch verbindet oder wenn dieser Stoff von dem anderen chemisch wieder getrennt wird. Wenn wir zum Beispiel Wasserstoff und Sauerstoff mit Hilfe von Wärme miteinander zur chemischen Reaktion bringen, erscheint Wasser.

Diese vier Gruppen sind die eigentlich physischen Kräfte. Nun sind aber in diese physischen Kräfte, gewissermaßen wie in einen Leib versteckt, Kräfte verhüllt, die ganz anderer Natur sind.

Das beginnt bei der Wärme; denn die Wärmekraft ist im Grunde keine physische Kraft, sondern sie hat nur einen physischen Leib, der sich dann in ganz bestimmten Bewegungsprozessen oder eben in elektromagnetischen Schwingungen äußert. Die Wärme selber ist eine Lebenskraft, eine lebendige Kraft, die sozusagen eine physische materielle Umhüllung hat. Dasselbe gilt genauso für das Licht. Das Licht ist nicht eine physische Kraft, sondern es hat eine physische Hülle, die elektromagnetische Wellenbewegung, mit der das Licht durch den Raum sausen kann. Ebenso sind zum Beispiel auch die chemischen Verwandtschaften eine solche Sorte von Kräften, die eigentlich nicht physisch sind, sondern einen merkwürdigen Übergang vom Physischen zum Nicht-Physischen bilden. Ich meine also nicht die chemischen Kräfte, welche die Stoffe zusammenhalten und wieder sich voneinander trennen lassen, sondern die chemischen Verwandtschaften, die chemischen Beziehungen der Stoffe zueinander. Und viertens haben wir schließlich die eigentlichen Kristallkräfte, also die Kräfte, die einen Kristall zu einer Gestalt, zu einem Leib bilden, wie wir das vorhin gesehen haben.

Damit sind wir bei dem Spektrum der Gestalten und Formen der leiblichen Welt angekommen. Nun muß man dieses Spektrum der Gestalten und Formen der leiblichen Welt auch noch einmal extra ins Auge fassen. Denn, sehen Sie, es ist ein Unterschied, ob ein Materieaggregat so geformt wird, daß ein Antlitz entsteht, ob es so geformt wird, daß eine Gestalt entsteht, ob es so geformt wird, daß eine Figur entsteht, oder so, daß ein Gerüst, eine Struktur, entsteht. Auf dem Felde der Erscheinungen der Gestalten haben wir es mit einem vierfachen Spektrum zu tun. Wir haben das Antlitz, die Gestalt, die Figur und das Gerüst, und alle diese vier Gestaltungen erscheinen innerhalb der leiblichen Welt.

Jetzt möchte ich eine kleine Einschaltung machen. Wenn man zum Beispiel einen Kristall hat, sieht man, daß da Figur und Struktur miteinander verbunden sind, so wie ich das am Anfang beschrieben habe. Bei einer Pflanze können wir zwar von Struktur sprechen, denn das Gefäßsystem einer Pflanze ist eine richtige Struktur, aber eine Figur hat die Pflanze nicht mehr, sondern sie hat eine lebendige Gestalt. Auch beim Tier kann man nicht mehr von einer Figur sprechen. Man spricht zwar bei den Frauen in etwas unverschämter Weise von den »Figuren«, aber ich finde das eigentlich nicht ganz exakt, man sollte lieber von der »Gestalt« sprechen, das ist richtiger. Man meint ja auch etwas allzu äußerlich Materialistisches, wenn man in diesem Zusammenhang von »Figuren« redet.

Wir haben es also mit Gerüsten, mit Figuren, mit Gestalten und mit Angesichtern zu tun, zum Beispiel mit dem Antlitz eines Tieres. Auch die Blüten der Pflanzen haben zum Teil ausgesprochenen Antlitz-Charakter. Da geht die Pflanzengestalt in eine Art Antlitz über. Denken Sie zum Beispiel an das Antlitz eines Stiefmütterchens oder einer Lilie. Diese vier Erscheinungsformen finden wir in der leiblichen Welt, im leiblichen Dasein.

Sie bemerken, warum ich das alles hier entwickele. Schauen Sie auf den Jahreslauf hin: Sie sehen da fortwährend Gestalten, Sie sehen sogar Antlitze. Warum spricht denn der Dichter vom Antlitz der Gestirne, vom Angesicht der Sonne, vom Angesicht der Erde, und so weiter?

Wir haben es viertens mit den Zuständen des leiblichen Daseins zu tun, denn das leibliche Dasein hat verschiedene Zustände. Es hat nicht nur seine Gestalten, seine Strukturen, seine Formen, es hat nicht nur seine Kräfte, es hat nicht nur seine Stoffe, sondern es hat seine Zustände, weil es lebt. So haben wir zum Beispiel die Aggregatzustände des leiblichen Daseins. Unser Knochensystem ist ein festes Aggregat, unsere Muskulatur ist halbfest, und das Blut ist eine Flüssigkeit. Das sind also die sogenannten Aggregatzustände des leiblichen Daseins: der feste Zustand, der flüssige Zustand und der gasförmige Zustand der Leiblichkeit. Schließlich muß man auch noch von einem vierten Aggregatzustand sprechen, nämlich vom Flammenzustand. Die moderne Physik hat es fertiggebracht, die Gase in einen derart gesteigerten Zustand zu versetzen, wo sie eigentlich nicht mehr Gase sind, sondern wo sie dissoziiert, ionisiert sind, wo sie schließlich sogar atomisiert sind, wo also eigentlich eine Art Rauch entsteht, der dann Plasma genannt wird.

Aber im leiblichen Dasein haben wir auch noch etwas Zweites, denn alle leiblichen Stoffe, die erscheinen, haben Eigenschaften. Bedenken Sie einmal, was das heißt, daß wir auf der einen Seite so etwas haben wie das Gas Sauerstoff, auf der anderen Seite so etwas wie das Gas Wasserstoff. Was haben die für Eigenschaften? Nun, der Sauerstoff hat zum Beispiel die Eigenschaft, daß er spezifisch etwas schwerer ist als der Wasserstoff. Er hat auch die Eigenschaft, daß er zum Beispiel für die Wärme, die ihn durchdringt, anders durchlässig ist als der Wasserstoff, und er hat die Eigenschaft, daß er sich mit verschiedenen Stoffen verbindet, mit denen der Wasserstoff sich nicht verbindet. Sie haben aber beide die Eigenschaft, daß sie sich ganz heftig miteinander verbinden. Wenn sie sich aber verbinden, sind sämtliche Eigenschaften, die sie vorher hatten, verschwunden! Statt dessen erscheint Wasser. Der Sauerstoff und der Wasserstoff sind verschwunden, und was erscheint, ist etwas total anderes. Denken Sie doch, was Wasser für Eigenschaften hat: zum Beispiel ist sein spezifisches Gewicht viel schwerer als das von Wasserstoff und Sauerstoff. Das heißt also: im Wasser ist die Stofflichkeit in einem völlig anderen Zustand. Denken Sie auch, was das Wasser für Lösungseigenschaften und so weiter hat, daß es im Normaltemperaturbereich als Flüssigkeit da ist, aber sehr schnell entweder fest oder gasförmig wird, nur hundert Grad sind dazwischen. Und so geht es weiter. Versuchen Sie mal, Wasserstoff oder Sauerstoff zu verfestigen: bis die flüssig werden, bis Sie die zu einem festen Kristall machen können, müssen Sie sich ganz schön anstrengen! Da kommen Sie fast bis zum absoluten Nullpunkt. Das Wasser aber macht das ohne weiteres, es wird Eis, es wird Wasser, es wird Wasserdampf. Das Wasser hat total andere Eigenschaften als seine Bestandteile, der Wasserstoff und der Sauerstoff.

Das bedeutet also, wenn ein Stoff erscheint, bringt er ein spezifisches Bündel von Qualitäten mit, die sofort sinnenfällig oder auch nicht sinnenfällig in Erscheinung treten. Wir haben es auf der einen Seite mit solchen Eigenschaften zu tun, die mit den eigentlich physischen Kräften zusammenhängen. Das sind zum Beispiel das Gewicht oder die Leitfähigkeit für Wärme oder Elektrizität, oder das chemische Bindungsvermögen. Auf der anderen Seite haben wir es mit Eigenschaften zu tun, die nun mit jenen Kräften zusammenhängen, die ich vorhin als zweite Gruppe erwähnt habe, nämlich mit Wärme, Licht, chemischer Verwandtschaft und Gestaltungskraft, Kristallisationskraft.

Aber außer diesem Bündel von Eigenschaften, die eigentlich physikalischer und halbphysikalischer Natur sind, gibt es noch eine dritte Gruppe von Eigenschaften, die jeder Stoff hat. Das sind nämlich diejenigen, die dieser Stoff erst dann zeigt, wenn er in einen lebendigen Organismus hineinkommt. Wenn der Stoff in Eiweiß oder in Zucker oder in Fett hineinkommt, dann zeigt er plötzlich für diesen Organismus ganz charakteristische Eigenschaften. Denken Sie zum Beispiel daran, wie das ist, wenn Eisen in den Organismus hereinkommt. Dann verhält es sich da ein bißchen anders, als wenn es da draußen als Eisenrost oder als irgendein Eisenoxid oder sonstwie sich betätigt oder als wenn man es in den Hochofen steckt und schmilzt und dann schließlich daraus Maschinen macht. Der Zustand der Stoffe zeigt sich also in ihren ganz charakteristischen Eigenschaften, und im Grunde genommen ist dieses Bündel von charakteristischen Eigenschaften und Verhaltensweisen das Wesen eines Stoffes, das sich in diesen Eigenschaften offenbart. Man kommt so zu einem völlig anderen Stoffbegriff als zu dem, den man heute hat, indem man die Sache rein auf das atomistische Gitter reduziert. Das darf man nicht machen, besonders dann nicht, wenn man bemerkt, daß ein solcher Stoff Wirksamkeiten auch dort hat, wo er physisch nicht erschienen ist. Sie kennen bestimmt, wenn auch nur ahnungsweise, die Tatsache, daß es so etwas wie das Potenzieren gibt. Das Potenzieren besteht darin, daß man einen ganz bestimmten physisch erschienenen Stoff, zum Beispiel irgendein Mineralsalz, in Wasser auflöst und dann schüttelt. Dann nimmt man davon einen Tropfen, gibt diesen wieder in ein Liter klares und reines Wasser und schüttelt nochmal, und so macht man das ein-, zwei-, neun- oder dreißigmal, bis von dem physisch erschienenen Stoff kein Hauch mehr vorhanden ist. Aber die spezifische Wirkung dieses so potenzierten Stoffes kann in einem Organismus nachgewiesen werden, und darauf beruht die Homöopathie. Das bedeutet aber, die Stoffe haben nicht nur die an das Physikalische gebundenen Eigenschaften und die halb-physikalischen Eigenschaften, die physiologischen Eigenschaften, sondern auch die Eigenschaften, die sie erst zeigen, wenn sie als Stoff gar nicht mehr da sind, sondern wenn sie in einen höheren Stoffzustand zurückversetzt werden. Damit haben wir das Leben und Weben der stofflichen Zustände vor uns und auch den Übergang von flüssig zu fest oder zu gasförmig, also auch diese Aggregatzustände, denn auch darin zeigt sich das Leben und Weben der Leiblichkeiten. Das alles heißt »Leib«, das alles ist leibliches Dasein.

Bedenken Sie aber bitte, daß ich dieses alles im Hinblick auf den Jahreslauf beschreibe.

Seelisches Dasein – was ist denn das? Vom Leiblichen können wir sagen, daß es dadurch charakterisiert ist, daß wir immer etwas in sich Abgeschlossenes vor uns haben, daß es in sich sichtbare Organe, Teile, hat, die aber miteinander zusammenhängen, und daß es darüber hinaus noch eine sinnvolle Ganzheit bildet, daß es eine sinnvolle Einheit ist. Was macht den Leib zum Leib? Der sinnvolle Zusammenhang seiner Teile. Ja, aber darin zeigt sich doch schon etwas Geistiges! In dem sinnvollen Zusammenhang seiner Teile zeigt sich schon im Leiblichen etwas Geistiges.

Was macht die Seele zur Seele? Wenn wir vom leiblichen zum seelischen Dasein übergehen, so kommen wir in einen vollständig anderen Daeinszustand. Wir verlassen die Äußerlichkeit restlos und gehen vollständig aus dem Raum heraus. Wir kommen aus der Äußerlichkeit in die Innerlichkeit herein, aber diese Innerlichkeit ist eine solche, daß sie sich selbst als Innerlichkeit erleben, empfinden muß, wenn sie wirklich Seele sein soll. Man kann das Wesentliche des Seelischen so beschreiben, daß man sagt: Das Seelische ist die Innerlichkeit, die sich mit sich selbst durchdringt, mit sich selbst durchtastet, mit sich selbst durchlebt und berührt, und zwar intensiv, durch und durch, und in dieser Selbstberührung ihre eigene Innerlichkeit erlebt. Das ist etwas vollständig anderes als das leibliche Dasein. Denn das seelische Dasein ist seinem Wesen nach Innerlichkeit.

Man kann sich aber die interessante Frage stellen: Wenn das Seelische seinem Wesen nach Selbstberührung ist – man kann auch sagen Selbstdurchdringung, Selbsterleben, Ur-Subjektivität, Seelenhaftigkeit, sich selbst berührende, selbst durchdringende Selbstwahrnehmung, Selbstempfindung –, ist das nur eine Funktion? Oder ist es sogar eine Substanz, also ein Stoff? Wenn es so etwas wie körperliche, leibliche Stoffe gibt – wir hatten ja vorhin die Stoffe des Mineralreiches und die Stoffe der Lebensreiche als Grundstoffe angeschaut –, gibt es auch so etwas wie Seelenstoff? Besteht dieses merkwürdige Seelische, diese Welteninnerlichkeit nicht auch aus Stoff? Natürlich ist das kein physischer Stoff, kein leiblicher Stoff, sondern Seelensubstanz, Seelenstofflichkeit. Wie ist die zu charakterisieren?

Nun kann man finden, daß das Seelische gewisse Grundvorgänge hat. Wenn Sie den ersten Grundvorgang sehen, dann werden Sie feststellen, daß das Seelische irgendwie immer in Bewegung ist. Auch eine ruhende Seele, ein ruhiger Seelenzustand ist eine Ruhebewegung. Es gibt kein Seelisches, das nicht in Bewegung wäre, auch dann nicht, wenn scheinbar Ruhe eingetreten ist. Diese Ruhe ist immer eine Ruhebewegung, eine Bewegung der eigenen Beruhigung, des eigenen Festhaltens und so weiter. Wenn Sie diese Bewegung nach innen nehmen, verstärken und vertiefen, dann werden Sie finden, daß diese Bewegung, die da im Seelischen substantiell vorhanden ist, eigentlich immer eine Art innerer Wärme, eine Art innerer Wärme- und Glutzustand ist. Dieser innere Wärme- und Glutzustand begehrt sich selber, oder er begehrt etwas anderes. Man kann sagen: Die eine der Substanzen des Seelischen ist die Stofflichkeit des sich in sich selber erlebenden, aber auch sich selber suchenden Begehrens. Rudolf Steiner hat das »Begierdenglut« genannt. Das ist also diese dichte, in sich glühende, als Begehrungskraft vorhandene seelische Stofflichkeit.

Die zweite Grundeigenschaft des Seelischen ist die, daß das Seelische empfindlich ist, also daß es durch eine Berührung, sogar durch die Berührung mit sich selber einen Reiz empfindet, auf den es antwortet. Das gesamte Seelische ist reizbar, es ist berührbar, es ist empfindlich, es bleibt nicht nur in dem Sich-selber-Erleben, Sich-selber-Durchdringen, Sich-selber-Berühren, Sich-selber-Genießen, sondern es reagiert. Indem es reagiert, wird es reizbar, und diese »Reizstofflichkeit« ist die zweite Sorte von Seelenstoff, von Seelensubstanz.

Aber dabei bleibt es nicht, sondern das Seelische hat weiter die Fähigkeit, wenn es gereizt wird, wenn es einem Reiz unterliegt, sich für das, was es reizt, zu interessieren, weil es diese feinere Reizstofflichkeit hat. Eine gleichgültige Seele gibt es gar nicht. Auch wenn die Seele scheinbar gleichgültig ist, ist sie nicht gleichgültig, sondern dann ist sie sich selber interessant, und nur nach außen scheint sie dann gleichgültig. Die Seele ist immer für irgend etwas engagiert, sowohl für sich selber wie für das, was mit ihr in Berührung kommt, was sie durchdringt, was sie betrifft. Es ist doch eine zauberhafte Angelegenheit, so ein Seelisches, nicht wahr? Dieses nennt man eben die »Wunschstofflichkeit« der Seele.

Wir haben damit schon dreierlei Arten von Stofflichkeit des Seelischen gefunden: die Begierdenstofflichkeit – Begierden sind etwas anderes als Wünsche –, die Reizstofflichkeit und die Wunschstofflichkeit. Wozu führt das alles? Das führt letzten Endes alles dazu, daß sich die Seele irgendwie selber fühlt. Sie wäre keine Seele, wenn sie das nicht täte.

Wenn man das näher anschaut, wird man herausfinden, daß die Seele zwei Grundzustände hat: den einen Grundzustand der Lust und den anderen Grundzustand der Unlust. Diese beiden Stofflichkeiten von Lust und Unlust im Seelenleben, die sind eben das Vierte, die vierte Sorte von Stoff, im Seelischen. Sehen Sie jetzt, wie auch die Seele aus Stoff besteht? Aber diese Stoffe haben natürlich einen ganz anderen Charakter als das Eiweiß und der Zucker. Eiweiß und Zucker sind eben leibliche Stoffe, während Lust und Unlust Seelenstofflichkeit sind, und aus diesen Stofflichkeiten besteht das Seelenleben.

Wenn wir jetzt an die Natur denken und in die Natur hinausschauen, können wir uns fragen: Gibt es im Jahreslauf auch so etwas wie Lust und Unlust, wie ein Begehren, wie eine Reizbarkeit? Wir lassen diese Frage zunächst so stehen.

Aber die Seele hat auch Kräfte. Die vier Grundstoffe des Seelischen werden von zwei fundamentalen Kraftbewegungen durchzogen. Diese beiden Kraftbewegungen sind nun nicht etwa Lust und Unlust, sondern schlicht und einfach Liebe und Haß. Ich weiß nicht, ob Sie schon einmal in Ihrem Leben so recht geliebt haben, und ich weiß auch nicht, ob Sie schon einmal so handfest gehaßt haben. Manchmal ist man ja über seine Mitmenschen eher empört oder beleidigt, und das kommt schon ein bißchen in die Nähe von

Haß. Sehen Sie, man kann statt »Liebe« und »Haß« auch »Sympathie« und »Antipathie« sagen. Das ist dann etwas unschuldiger ausgedrückt, weil das wissenschaftliche Begriffe sind, aber im Grunde genommen ist das schlicht und einfach Liebe und Haß, das heißt Hingabe aller vier Seelenstoffe und Nichthingabe aller vier Seelenstoffe. Also z. B. das Bei-sich-selber-Behalten dieser vier Seelenstoffe ist Antipathie, ist Haß. Liebe und Haß sind ja nur Steigerungen von Sympathie und Antipathie, und in diesen beiden Grundkräften des Hinstrahlens und des Auf-sich-selber-Zurückziehens lebt das ganze Seelenleben der Welt, einschließlich des Menschen.

Dadurch aber nimmt das Seelenleben auch Gestalten, Formen an. So, wie wir vorhin von den Stoffen des Seelischen gesprochen haben und jetzt von den Kräften des Seelischen, müssen wir auch von den Formen des Seelischen sprechen. Als eine der Grundformen des Seelischen finden wir zum Beispiel die, daß das Seelische fortwährend versucht, seine eigenen Inhalte zu Bildern zu machen; also das im eigenen Seelischen Erlebte zu Bildern, zu Gestalten, zu bringen, zu Einbildungen zu machen, zum Beispiel zu Phantasiegebilden. Sind Sie sich schon einmal klar darüber geworden, daß das meiste Seelenleben der Menschen aus Einbildungen besteht, nicht etwa aus Bildungen? Sie brauchen nur eine Viertelstunde lang zuzuhören, wie ein Mensch über den anderen redet. Also da wird fleißig Einbildung produziert und vom Wesen des anderen ist dann bald überhaupt keine Spur mehr vorhanden. Der ist nur der Bezugspunkt für die eigenen Einbildungen, die da entstehen. Wenn man dem einmal ein bißchen auf die Spur kommt, ist das hochinteressant.

So wie auf der einen Seite diese Kraft, Bilder zu machen, Einbildungen im Seelenleben zu machen, als die eine Gestaltung des Seelenlebens vorhanden ist, so hat man auf der anderen Seite die ganz andere Gestaltung des Seelenlebens, nämlich die, daß das Seelenleben Bewegung hervorbringt. Die Bewegungsimpulse des seelischen Lebens sind das andere Ende der Sache. Wir haben also auf der einen Seite die Bild-, die Vorstellungstätigkeit des Seelischen als inneres Gestalten, als inneres Verhalten, und auf der anderen Seite die Bewegungsimpulse. Das Seelische will sich immer bewegen, auch wenn es in Ruhe ist.

Dazwischen liegt dasjenige im Seelenleben, was nun mit der Stofflichkeit von Lust und Unlust zusammenhängt, und das sind dann alle unsere Gefühle. Nun beobachten Sie mal, wie zum Beispiel ein Gefühl quillt und schwillt und wieder abschwillt. Wenn man zum Beispiel ein emotionales Gefühl hat, wie einen Wutanfall, dann weiß man ja, wenn man ein bißchen vernünftig ist, von vornherein: der kommt, aber er geht auch wieder. Man muß nur nicht daran glauben, daß er nicht geht. Sonst bleibt man nämlich dabei, und die Wut wird ewig, das ist aber gar nicht nötig. Man kann mit Seelenruhe der Seelenbewegung zuschauen, die also aufschwillt und aufquillt und nachher, wenn sie ordentlich gequollen ist, von selber wieder abnimmt. Und dann kann man sagen: Ade, ich bin dich für diesmal los! Wann kommt die nächste? Sehen Sie, diese Gestalten des Schwellenden, Quellenden, Aufquellenden und wieder Abschwellenden des Seelenlebens sind eine hochinteressante Erscheinung, eine hochinteressante Figuration.

Dann haben wir schließlich viertens noch diejenigen Gestalten, die das Seelenleben dann hat, wenn zum Beispiel beim Anblick der Torte das Wasser im Munde zusammenläuft, also die Formen des Begehrens, die Formen des Intentionalen, auch des Wunschhaften. Da sind dann diese Grundstoffe, die Wunschstofflichkeit und die Begierdenglut, am Werk, wenn das so ausfließt und sich mit etwas verbinden will oder sich etwas einverleiben will. Vorhin haben wir von der Einbildung gesprochen, jetzt sprechen wir von der Einverleibung: in das Seelenleben wird etwas einverleibt.

So haben wir die verschiedenen Zustände des Seelenlebens, und das sind im wesentlichen die hier charakterisierten:

– das Gefühlserleben, das Quellende, Schwellende,
– das Bewegungsimpulsieren,
– das Bilder-Schaffen, Vorstellungen-Schaffen, Phantasie-Schaffen
– und schließlich eben das Begehren.

Das ist das Seelische, das ist die Welt der Innerlichkeit.

Wenn Sie das jetzt einen Moment mit dem konfrontieren, was wir am Anfang hatten, dann werden Sie im Nachhinein feststellen, daß ich ganz ruhig über das leibliche Dasein habe sprechen können. Sie sind selbst dabei völlig ruhig geblieben und haben eifrig zugehört. Kaum hatte ich aber angefangen, vom Seelischen zu sprechen, da sind Sie selbst seelisch in Bewegung geraten. Das ist ja auch ganz richtig so.

Wie ist das nun mit dem geistigen Dasein in der Welt? Gibt es denn im Geistigen auch etwas, das man charakteristisch nennen kann? Beim Leiblichen hatten wir als charakteristisch festgestellt, daß es eine in sich geschlossene Einheit sein muß, daß es in sich gestaltet, organisiert sein muß, daß aber auch ein sinnvoller Zusammenhang des Ganzen dasein muß, damit es ein Leib ist. Beim Seelischen haben wir gesehen, daß das Wesen des Seelischen die Innerlichkeit ist, die sich selbst berührende, selbst durchdringende Verinnerlichung.

Was ist aber für das Geistige charakteristisch? Für das Geistige ist das Bewußtsein charakteristisch. So wie für das Seelische das Erleben, das Empfinden, auch das Selbstempfinden, charakteristisch ist, so ist für das Geistige das Bewußtsein charakteristisch. Aber dieses Bewußtsein ist wiederum nur die eine Seite des Geistigen, denn in diesem Bewußtsein erscheinen im Geistigen die geistigen Inhalte. Aber diese geistigen Inhalte sind eben nicht Begehrungen, Vorstellungen, Gefühle, sondern Gedanken, Begriffe, Ideen. Und so haben wir als das Wesen des Geistigen auf der einen Seite den Geist-Raum, die Geist-Räumlichkeit, das Bewußtsein, und auf der anderen Seite die Geist-Inhaltlichkeit, und das sind die Gedanken, die Begriffe, die Ideen. Diese beiden zusammen charakterisieren das Geistige.

Auch das Geistige ist wiederum aus Stoffen zusammengesetzt. Denn man muß ganz deutlich sehen: Das Bewußtsein ist eine stoffliche Wirklichkeit, genauso wie ein Bergkristall oder eine Begierde stoffliche Wirklichkeiten sind. Nur ist das eine eben eine leiblich-materielle Stofflichkeit, das andere eine seelische Stofflichkeit, und dies ist eine geistige Stofflichkeit. Das Gedankliche, das Begriffliche und das reine Bewußtseinsmäßige sind geistige Stofflichkeiten. So haben wir im Geistigen diese beiden geistigen Stoffe, und wir haben die geistigen Kräfte.

Die geistigen Kräfte sind wiederum von zweierlei Art: auf der einen Seite bestehen sie nämlich darin, daß im Bewußtsein etwas auflebt, bewußt wird, und zweitens darin, daß etwas verstanden, begriffen, eingesehen wird. Das heißt, das Geistige hat als Bewußtsein die Fähigkeit, sich mit seinen Inhalten total zu identifizieren. Das kann das Seelische nicht. Das Seelische muß sich selbst berühren, um mit sich selbst identisch zu sein, das Geistige braucht das nicht. Das Geistige ist das reine Bewußtsein als reines geistiges Licht, und seine Inhalte – nämlich die Begriffe, die Verständigungen, das, was das Geistige begreift und versteht – sind identisch mit diesem Bewußtsein. Dieses kann sich mit seinen Inhalten identifizieren. Darum hat das Geistige von vornherein den Charakter der Selbstlosigkeit, während das Seelische von vornherein den Charakter der Selbstbezogenheit, der Subjektivität, hat. Das soll es auch haben, dafür ist es nämlich da!

Beim Geistigen haben wir die Identität von Inhalt und Wesen. Dies bewirkt, daß das Geistige schöpferisch ist, daß es nämlich nicht nur das begreifen und sich mit dem identifizieren kann, was schon da ist, sondern daß es auch das herstellen kann, was noch nicht da ist, was aus dem hervorgeht, das schon da ist. Der Geist ist schöpferisch, er ist nicht nur selbstlos, er kann das noch nicht Vorhandene erdenken, erschaffen, aus sich heraus produzieren. Und darum sind die Formen des Geistigen immer:

Keimbild
Urbild
Abbild
Einzelbild.

Aber diese Bilder sind etwas völlig anderes als die Bilder im Seelischen, als die seelischen Vorstellungsbilder. Das sind geistige Kraftbilder, und aus diesen geistigen Kraftbildern ist die ganze Welt hervorgegangen. Sie werden nachher sehen, warum ich auf diese Sache so besonders gründlich hindeute.

Wir haben aber auch die geistigen Zustände. Denn wenn das Geistige Bewußtsein ist und die Inhalte dieses Bewußtseins geistiger Natur sind – nämlich Begriffe, Ideen und Gedanken – und wenn dieses Bewußtsein und sein Inhalt sich miteinander identifizieren können und dadurch die Möglichkeit haben, auch das noch nicht Vorhandene schöpferisch herzustellen, zu schaffen, dann muß die Verschiedenartigkeit der Bewußtseinszustände das Leben des Geistes ausmachen. Dazu gehören Wachen und Schlafen. Es gibt aber vier fundamentale Bewußtseinszustände des Geistigen: der erste Bewußtseinszustand ist das Trance-Bewußtsein. Ein solches Trance-Bewußtsein hat der Mensch in seinem Knochensystem, dasselbe Trance-Bewußtsein haben aber auch die Steine. Die zweite Sorte Bewußtsein ist das Schlafbewußtsein. Das Schlaf-Bewußtsein hat der Mensch in seinem Blut, in seinen Säften, dasselbe Bewußtsein haben auch die Pflanzen. Die dritte Sorte Bewußtsein ist das Traum-Bewußtsein. Das Traum-Bewußtsein hat der Mensch wiederum in seinem Blut und in seinem Atem, in seinem mittleren Menschen, vor allem in seinem seelischen Leben. Dasselbe Bewußtsein haben die Tiere. Die vierte Sorte von Bewußtsein ist dasjenige Bewußtsein, das von sich selber weiß. Es ist also nicht das, was sich selber fühlt und sich selber erlebt, denn das ist seelisch, sondern es ist das, was ganz rein und selbstlos von sich selbst weiß und sagen kann: Ich weiß, daß ich weiß, und ich weiß, daß ich bin. Sehen Sie, das ist das Ich-Bewußtsein, das Selbst-Bewußtsein.

Von diesem Selbst-Bewußtsein aufsteigend gibt es dann die Möglichkeit, daß in dieses Selbst-Bewußtsein das Traum-Bewußtsein heraufgenommen wird und wach wird, daß auch das Schlaf-Bewußtsein und sogar das Trance-Bewußtsein heraufgenommen wird und wach wird. Dann ist das Selbst-Bewußtsein der Träger der bewußt werdenden anderen drei Bewußtseinszustände und ihrer Inhalte. Das hat der Mensch heute noch nicht. Das haben aber jetzt schon die Götter, und auch der Mensch wird es einmal haben.

Wenn wir bewußtseinsmäßig auf den Jahreslauf hinschauen, können wir die Frage haben: Wie leben die Wirklichkeiten des Jahreslaufes im Bewußtsein der Mineralien, zum Beispiel im Bewußtsein von Quarz und Feldspat und Glimmer, von Granit und Gneis und Kalk usw.? Wie leben die Jahreszeitenverhältnisse im Bewußtsein, im Schlafbewußtsein der Pflanzen? Wie leben die Jahreszeitenverhältnisse im Traum-Bewußtsein der Tiere, und wie erscheinen sie im Selbst-Bewußtsein des Menschen? Damit haben wir also das geistige Dasein.

Aber damit haben wir noch nicht alles. Denn alle diese drei Seinsgebiete, also das leibliche Dasein, das seelische Dasein und das geistige Dasein, sie leben. Und so finden wir plötzlich hinter dem geistigen, dem seelischen und dem leiblichen Dasein das Leben selber. Jetzt muß ich Sie auf etwas Interessantes aufmerksam machen. Wenn man das normale Etagen-Schema hat, dann sagt man: Hier ist das Physische, das Leibliche, darüber ist dann das Ätherische, das Leben, dann das Astralische, das Seelische, und dann kommt das Geistige, das Ich-artige. Wir haben demnach: das Geistige (Ich), das Astralische (Seele), das Ätherische (Leben) und das Physische (Leib). Das stimmt aber so nicht, die Sache ist nämlich ganz anders. Hier ist das Geistige, und wenn Sie mich jetzt fragen: Was ist das Geistige? Nun, ich habe es Ihnen vorhin beschrieben. Wenn dieses Geistige sich verinnerlicht, entsteht das Seelische. Das Seelische stammt nämlich vom Geistigen. Das Geistige in seiner Bewußtseinskraft, in seiner Gedankenfähigkeit, in seiner Schöpferkraft usw. kann aus einem rein Geistigen in einen Zustand übergehen, in welchem es sich eine Art verinnerlichende Hülle bildet, indem es von seiner rein geistigen Verfassung absteigt und eine Innerlichkeitsbewegung macht, das heißt: das Geistige kann innerlich werden.

Es kann aber auch etwas ganz anderes, es kann nämlich äußerlich-räumlich werden. Wenn es dies tut, bleibt es Geistiges, es wird nicht Seelisches, es verinnerlicht sich nicht, aber es steigt um einen Grad tiefer herunter und wird niedriges Geistiges. Was ist das Charakteristische dieses niedrigen Geistigen? Das hohe Geistige, das rein Geistige, habe ich vorhin beschrieben. Was geschieht nun, wenn das Geistige sich nicht seelisch macht, wenn es sich nicht verinnerlicht, sondern wenn es nur nach außen geht und seine Bilder in Stoffe, in Kräfte, umwandelt, die lebentragend sind? Dann wird das Geistige ätherisch. Und man muß verstehen, daß das rein Geistige zwei verschiedene Möglichkeiten hat, sich auszubilden, auszugestalten, zu schaffen: es kann entweder Verinnerlichung schaffen, dann wird es Seele, oder es kann räumliches Leben schaffen, dann wird es Leben, ätherische Bildekraft, ätherischer Stoff. Und so, wie wir beim Seelischen von der Innerlichkeit gesprochen haben, so müssen wir beim Ätherischen von einer äußerlichen, vorräumlichen Bildekraft, von einer Tätigkeitskraft, sprechen. Damit sind wir jetzt beim Leben angekommen. Wenn diese beiden, das Seelische und das Ätherische, zusammenwirken, entsteht das Leibliche.

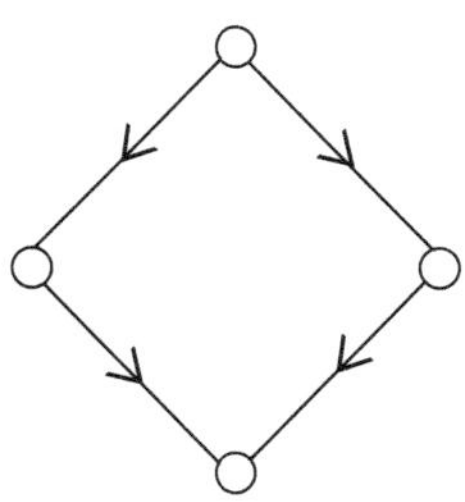

Nun müssen Sie nicht etwa denken, daß zum Beispiel die Kristalle, die Mineralien, nicht auch ein Seelisches, ein Ätherisches und ein Geistiges hätten. Das haben auch sie, nur ist das bei ihnen ein bißchen anders gelagert als beim Menschen.

Was ist nun für das Lebendige charakteristisch? Man kann ja die interessante Frage haben: Wenn das Geistige Stoffe hat – Bewußtseinsstoff und Gedankenstoff –, wenn das Seelische Stoffe hat – Begierdenstoff, Reizstoff usw. –, wenn das Leibliche Stoffe hat – physische Stoffe und organische Stoffe –, wie steht es eigentlich mit den Stoffen des Ätherischen? Gibt es auch Ätherstoffe, Stofflichkeit eines veräußerlichten Geistigen, das anfängt, in der Welt Leben zu produzieren und lebendig zu sein? Auch da hat man es wieder mit zwei Stofflichkeiten zu tun, genauso wie beim Geistigen selbst. Die eine ätherische Stofflichkeit ist nun diejenige, welche die Lebensprozesse bewirkt und in fortwährender Wandlung und Umwandlung, Gestaltung und Umgestaltung, Metamorphose, Wachsen, Vergehen, Geborenwerden und Sterben usw. die eigentlichen Lebensprozesse trägt. Es ist aber auch eine zweite Sorte von niedriger Geistigkeit, von ätherischer Stofflichkeit vorhanden, in der nun alle Lebensvorgänge wie in einem Siegelabdruck abgedrückt bleiben. Zwei Sorten ätherischer Stofflichkeit gibt es. Es gibt auf der einen Seite die eigentliche ätherische Lebens-Stofflichkeit, und es gibt auf der anderen Seite die Siegelabdruck-Stofflichkeit des Ätherischen, den sogenannten Akasha-Äther. Was in der Welt lebensmäßig auch immer geschieht, in diesem merkwürdigen Ätherisch-Geistigen bleibt das für alle Ewigkeit abgedrückt, und man kann darin wie in einem Buche lesen.

Was für Kräfte sind denn in dem Bereiche des Lebens, im Bereiche des Ätherischen, des niederen Geistigen tätig? Da sind Kräfte tätig, die sich nun wiederum ganz typisch spektral in eine Vierheit auseinanderlegen. Da haben wir es zunächst einmal mit solchen Lebenskräften zu tun, die die Fähigkeit haben müssen, alles restlos zu durchdringen. Diese Kräfte äußern sich, wenn sie physisch verhüllt werden, als Wärme. Das Durchdringende der Wärmeätherkräfte, der Lebenskräfte der Wärme, kann physisch verhüllt sein und ist dann physische Wärme: es wird eben heiß oder kalt und so weiter.

Die zweite Möglichkeit, welche die Lebenskräfte, diese niederen geistigen Kräfte, haben müssen, besteht darin, daß sie miteinander verwoben werden können, daß sie Gewebe herstellen können. Diese Kräfte nennt man die Lichtätherkräfte.

Die dritte Möglichkeit besteht darin, daß diese Kräfte die physischen Stoffe in Ordnungen miteinander reagieren lassen müssen. Erinnern Sie sich daran, wie ich sagte, daß es in der Chemie zweierlei zu bedenken gibt: das eine sind die chemischen Bindungen, also das, was physisch den einen Stoff mit dem anderen verbindet, das andere sind die chemischen Verwandtschaften. Dazu gehört zum Beispiel, daß der Sauerstoff sich so gerne mit Wasserstoff zu Wasser verbindet und daß der Sauerstoff derjenige ist, der sich mit den meisten anderen am liebsten verbindet, während andere Stoffe überhaupt nicht miteinander reagieren. Also durch diese dritte Kraft wird in den Lebenskräften eine Art Harmonie, eine Art Klangordnung, bewirkt.

Die vierte Kraft ist dann die der eigentlichen Selbstgestaltung, wodurch das Leben bis in die einzelnen Gestalten hineingeht.

Wir haben also vier Ätherkräfte: den Wärmeäther, den Lichtäther, den Klangäther und den Lebensäther. Diese vier zusammen enthalten jene Lebensäther-Stofflichkeit, von der ich vorhin gesprochen habe. Der Akasha-Äther ist etwas anderes, der bewahrt die Vorgänge.

Nun ist es interessant, daß die Ätherkräfte Formen produzieren, daß sie also auch ein Form- und ein Gestaltwesen haben: die Wärmeätherkräfte haben immer die Tendenz, sich auszudehnen und sphärisch zu runden, die Lichtätherkräfte haben die Fähigkeit, auszustrahlen und sich im Ausstrahlen zu verweben, die chemischen Ätherkräfte haben die Fähigkeit, immer wieder Schalen zu bilden. Die eigentlichen Lebensätherkräfte haben schließlich die Fähigkeit, Strukturen zu bilden; die Struktur im Kristall ist zum Beispiel ein Abdruck des Lebensäthers. Aber auch die Struktur des Knochensystems im Menschen ist ein Abdruck des Lebensäthers, wie auch der Salzwürfelkristall gewissermaßen ein Abdruck des Lebensäthers ist. Diese Lebenskräfte haben nun tatsächlich die mannigfaltigsten Zustände. Denken Sie zum Beispiel nur daran, daß diese Lebenskräfte die Möglichkeit haben, sich zu verkörpern und zu entkörpern, also einen Keimzustand und den ausgebildeten Zustand des Lebewesens zu haben. Vergleichen Sie die Eichel mit der Eiche! Das haben die Lebenskräfte gemacht. Zweitens haben sie die Möglichkeit, wenn sie sich in den Keimzustand zusammenziehen, sich selber wieder herzustellen, das heißt zu reproduzieren; sie haben also die Fähigkeit der Fortpflanzung, sie haben die Fähigkeit des Wachstums, der Entfaltung und der Einfaltung, der Evolution und Involution, und sie haben in der Physiologie eine siebenfache Tätigkeit: Atmung, Wärmung, Ernährung, Absonderung, Erhaltung, Wachstum und Fortpflanzung.

Jetzt verstehen Sie vielleicht ein bißchen, warum ich zur Einleitung dies alles dargestellt habe. Denn man kann den Jahreslauf nicht verstehen, wenn man nicht eine Ahnung davon bekommt, was der Lebensäther ist, was eine Reizsubstantialität des Seelischen ist, was als Geistiges impulsierend und gestaltend den Ablauf des Geschehens in einer Frühlingswolke bewirkt.

Nun müssen wir aber auch noch ein letztes Kapitel der Einleitung berühren, nämlich das Zusammenwirken dieser Ingredienzien. Ein Ingredienz ist immer etwas, das mit anderem zusammenkommt. Wie geht denn das vor sich? Wie wirken Geistiges, Seelisches, Ätherisches und Leibliches zusammen, wie machen sie das? Nun, das Ätherische als solches, das niedere Geistige, das wäre in seinen Lebensmöglichkeiten sich selbst genug, das braucht keine Materie. Daß die ätherischen Kräfte, die Lebenskräfte, an den Stoff, an die Leiblichkeit, überhaupt herankommen, das macht die Seele, und darum steht eigentlich direkt hinter dem Leiblichen zunächst die Seele. Aber die Seele mit ihrem Selbstwollen, mit ihrem Selbstberühren, mit ihrem Begehren, mit ihrem Interesse, mit ihren Intentionen und mit all dem Wunderbaren, was sie da so an sich hat, die will einen Leib , der lebt, damit sie ihn erlebt und damit sie in ihm leben kann. Schauen Sie sich das einmal an! Das ist doch eigentlich eine ziemlich anspruchsvolle Angelegenheit, daß das Seelische die niederen geistigen Kräfte, die in sich selber völlig Genüge hätten, die einfach strahlend und herrlich leben würden, heransaugt und heranzieht und mit dem Stoff, mit der Materie, verbindet, und so das Leibliche entsteht: das Seelische zieht die Lebenskräfte an den Stoff heran und erscheint dadurch in ihm.

Man kann von einer Durchdringung des Stofflich-Leiblichen mit dem Seelisch-Geistigen und mit dem Lebendigen sprechen, dann hat man es eben mit beseelter und belebter Materie zu tun: Pflanze, Tier und Mensch. Man kann auch von einer Berührung des einen mit dem anderen sprechen. Denken Sie zum Beispiel daran, daß das Seelische der Pflanze, wenn sie blüht, den Leib und das Leben gerade berührt, aber nicht durchdringt. Beim Tier dagegen durchdringt das Seelische diesen belebten Leib vollständig, und dadurch hat das Tier leibliche Empfindung. Oder denken Sie daran, wie zum Beispiel bei einer Wolke das Materiell-Körperliche der Wolke nicht durchdrungen wird vom Lebendigen, sonst würde die Wolke eine Pflanze, daß es sie aber von außen wie berührt und zu einem pflanzenartigen, tierartigen Gebilde erhebt, so daß zum Beispiel die Wolkenwelt zwischen dem Mineralischen und dem Pflanzlichen steht, daß die Blütenwelt der Pflanzen zwischen dem rein Pflanzlichen und dem rein Tierischen steht. Das sind diese wunderbaren Übergangswesen, an denen man sehen kann, daß diese einzelnen Grundentitäten, diese Grundingredienzien, sich nicht nur durchdringen, sondern daß sie sich auch berühren können.

Und so können wir sagen, das Geistige verinnerlicht sich im Seelischen. Es schafft Leben, indem es sich im Ätherischen veräußert. Das Seelische ergreift das Ätherische und verbindet es mit dem Physisch-Materiellen, und dadurch entsteht die sinnliche, irdische Leiblichkeit von Mineral, Pflanze, Tier und Mensch, aber auch von Stern, Planet, Sonne und so weiter. Es entstehen also die Leiber mit ihren Bauplänen, und diese Leiber leben, haben ein Leben, entstehen und vergehen, wachsen, blühen und gedeihen und vermehren sich. Es ist also alles lebendurchzogen. Der Urimpuls, der schöpferische Urimpuls, geht vom Geistigen aus, aber das Seelische ergreift das und führt das weiter. So haben wir tatsächlich in diesem ganzen Spektrum das, was die Voraussetzung für das Leben in der Natur ist.

Woher stammen die Stoffe? Ich habe es jetzt nur so beschrieben: das Geistige ist das Schaffend-Schöpferische. Es geht auseinander auf der einen Seite in das niedrig-geistige Ätherische, auf der anderen Seite in das verinnerlichte Seelische. Wirken diese beiden zusammen, dann entstehen die Leiblichkeiten: das leibliche, das körperliche Dasein. Woher stammen aber die Stoffe selbst? Diese Frage spare ich für die nächste Stunde auf, und von ihr aus werden wir dann auf die Erde und den Jahreslauf übergehen.

ZWEITE STUNDE

Die Erde als Mesokosmos zwischen Welt und Mensch

Sind noch Fragen geblieben?

–: Worin besteht der Unterschied der Leiblichkeit eines Tieres und eines Menschen? Entschuldigen Sie bitte, daß ich so frage, aber Sie sprachen vom Nervensystem, und das hat ja ein Tier auch.

Die Frage ist also: Worin besteht der Unterschied zwischen der Leiblichkeit eines Tieres und der eines Menschen? Wenn ich von Leiblichkeit spreche, dann darf ich das, aber wenn ich »Tier« sage, dann muß ich Leiblichkeit und Leben und Seele zusammendenken, dann kann ich das nicht trennen. Ja, ich kann von der Leiblichkeit als solcher separat sprechen, ich kann auch von der Seele und von den Lebenskräften, aber auch vom Geistigen als solchem sprechen. Wenn ich »Tier« sage, so muß ich an Leib und Seele denken, wenn ich aber »Mensch« sage, dann muß ich an Leib, Seele und Geist denken. Worin besteht also der Unterschied zwischen der Leiblichkeit eines Tieres und der eines Menschen? Der Unterschied ist ganz einfach der, daß in dem einen nur eine Seele wohnt und in dem anderen außerdem ein Geist. Dieses letztere bewirkt, daß die gesamte Konstitution der Leiblichkeit anders ist als beim Tier, nämlich wie? Was erscheint in der Leiblichkeit eines Tieres? Seelische Eigenschaften. Der Hund sieht ganz genauso aus, wie er bellt und wie seine Seele ist, und genauso die Maus und auch die Biene. Aber wie steht es mit der menschlichen Leiblichkeit? Sie ist der Ausdruck des Geistes; schon das Seelische ist zurückgedrängt, das Lebensmäßige noch mehr, und das eigentlich Mineralisch-Stoffliche ganz und gar. Wenn Sie einen Menschenleib berühren, müssen Sie nicht etwa meinen, daß Sie nur einen Leib berühren, denn Sie berühren zugleich ein Ich, einen Geist. Das ist ja gerade das Entscheidende, daß das Geistige sich in der Leiblichkeit des Menschen vollständig durchdrückt, das Seelische in der Leiblichkeit des Tieres und die Lebenskräfte in der Leiblichkeit der Pflanze.

–: Sie sprachen von der ganzen Erde, und daß diese eine Sommerstimmung, eine Winterstimmung und so weiter hat. Wenn man aber die ganze Erde als eine Wesenheit empfindet, dann fragt man sich, wie sie gleichzeitig Winterstimmung und Sommerstimmung haben kann.

Was machen Sie, wenn Sie so reden?

–: Ich frage mich, ob Sie die Erde als *eine* Wesenheit oder als mehrere Wesenheiten sehen.

Wenn Sie so über Sommer und Winter reden, dann haben Sie in der Seele unbewußt die Konklusion, daß sich Sommer und Winter gegenseitig ausschließen, weil sie in bestimmten Bereichen der Erde hintereinander erscheinen. Denken Sie einmal umgekehrt: Sommer und Winter gehören vielleicht so zusammen, daß sie als solche bereits eine Einheit sind. Weil Sommer und Winter in einem bestimmten Bereich auf der Erde hintereinander auftreten, müssen Sie Sommer und Winter deshalb nicht auseinanderdenken. Sie müssen sie nur auseinanderdenken, um sie in ihrer Eigenart zu erfassen. Betrachten Sie jetzt einmal den Menschen: Im Menschen ist Sommer und Winter fortwährend gleichzeitig vorhanden, und trotzdem ist der Mensch eine Einheit. Da, wo Sie mit wachem Bewußtsein in die Welt hinausschauen, haben Sie Winter, und dort, wo Ihr Stoffwechsel wärmeartig arbeitet, haben Sie Sommer, und zwar den ganzen Tag. Da innen drin ist Sommer, und da oben ist gleichzeitig Winter, und trotzdem ist der Mensch eine Einheit. Ein Einheitliches kann ja gleichzeitig entgegengesetzte Prozesse in sich tragen.

–: Ja, aber ich hatte das auch so verstanden, daß die Erde immer verschiedene Zustände einnimmt.

Ja, gewiß. Die Erde hat auf der einen Seite entgegengesetzte Zustände und ist gleichzeitig ein einheitliches Wesen, genauso wie der Mensch. Zu diesem Zweck muß man zunächst einmal die Erde als einheitliches Wesen betrachten und dann sehen, wie das ist, wenn in verschiedenen Zonen verschiedene Jahreszeiten gleichzeitig stattfinden. Es gibt ja auch verschiedene Tageszeiten gleichzeitig.

–: Sie hatten bei den Formen des Geistes vier Bilder angesprochen, nämlich das Keimbild, das Urbild, das Abbild und das Einzelbild. Sie sind dann nicht mehr weiter darauf eingegangen. Kommt das noch?

Nein, ich glaube, das ist nicht nötig, denn das spricht ja für sich selbst. Das Keimbild bedeutet, daß es noch nicht als Bild ausgedrückt ist, sondern daß es nur der Impuls für etwas Bestimmtes ist; wenn der sich dann ausgestaltet, entsteht das Urbild.

–: Welche Seele drückt sich in der Leiblichkeit der Pflanzen aus?

Die Pflanzenseele.

–: Nicht die Erdenseele?

Die Erdenseele und die Pflanzenseele sind dasselbe. Wenn Sie sich Ihre eigene Seele anschauen, dann werden Sie bemerken, daß auch in Ihrer eigenen Seele die verschiedenartigsten Elemente zusammengefaßt sind. Wollen Sie diese spezifisch kennenlernen, dann müssen Sie diese zunächst auseinanderdenken, sich aber gleichzeitig sagen: in Wirklichkeit ist das ein und dieselbe Seele. Die Erdenseele hat etwas, was sich in den Pflanzen auslebt, sie hat aber auch etwas, was sich in den Tieren auslebt, und etwas, was sich im Wetter auslebt.

–: Sie sprachen von der sich selbst empfindenden Seele.

Die Empfindung ist ein Wahrnehmungsprozeß, die Lust ist ein Zustand, aber die beiden stecken ineinander. Sie können bei einer Empfindung Lust empfinden, bei einer anderen Unlust. Wenn Sie melancholisch sind, dann haben Sie auf der einen Seite eine Empfindung von Ihrer Melancholie, und auf der anderen Seite ist diese Melancholie Unlust. Wenn Sie vergnügt sind, dann empfinden Sie, daß Sie vergnügt sind, und gleichzeitig ist das Vergnügtsein Lust. Die Empfindungsfähigkeit hängt mit der Reizfähigkeit, mit der Reizstofflichkeit, der Seele zusammen, so daß sie reizbar ist, daß sie etwas wahrnehmen kann, und zwar sowohl sich selber wie etwas von der Welt.

–: Wenn ich den Finger an eine heiße Platte lege, dann habe ich einen Sinneseindruck. Wie wird der in die Seele als Gefühl oder Empfindung geführt?

Wie heiß ist die Platte, und von wo kommen Sie gerade? Kommen Sie an einem kalten Wintertag nach Hause und fassen an die warme Platte, oder kommen Sie an einem heißen Sommertag nach Hause und berühren die heiße Platte? Wo ist Ihre Seele, wenn Sie die Platte wahrnehmen? Ist sie bei sich selber, oder ist sie bei der Platte? Es ist nicht etwa so: da ist die Platte, und dann ist etwas dazwischen, und dann ist da die Seele, die das wahrnimmt. Sondern da ist die Platte, es ist etwas dazwischen, und da ist die Seele, aber die Seele ist gleichzeitig bei der Platte und bei dem Dazwischen und bei sich selber. Wo ist Ihre Seele, wenn Sie die Sonne sehen? Sie ist hier, sie ist aber auch zwischen Ihnen und der Sonne, und sie ist bei der Sonne, denn sonst würden Sie die Sonne nicht wahrnehmen.

–: Wenn jetzt ein Nerv durchgeschnitten wird, wie nimmt die Seele trotzdem wahr?

Welcher Nerv?

–: Der Nerv, der den Sinneseindruck weitergibt. Ein Arm z. B. kann ja gefühllos sein.

Ja, das kann er. Was fehlt dann? Dann fehlt das Zwischenstück. Es ist immer viererlei: Das Objekt, das Zwischenstück, das Subjekt und das Subjekt beim Objekt.

Was hatten wir in der letzten Stunde alles vor uns? Zunächst das leibliche Dasein, und die Frage war: Was macht den Leib zum Leib? Der Leib ist ja nicht nur dann ein Leib, wenn er ein in sich geschlossenes Gebilde ist, wenn er einzelne Organe hat, die zusammenwirken, und wenn er schließlich einen sinnvollen Bauplan hat, sondern auch dann, wenn jemand darin wohnt. Was wohnt darin?

Geht man von dem Leiblichen, das ganz äußerlich ist, nach der einen Richtung, dann kommt man in das Seelische. Bedenken Sie bitte, daß es in der Welt überhaupt kein Leibliches gibt, dem nicht ein Seelisches zugehört. Ja, wieso denn? Hat auch ein Bergkristall ein ihm zugehöriges Seelisches? Jawohl, das hat er! Wenn man vom Leiblichen nach der anderen Seite geht, dann kommt man vom Leiblichen in das Lebendige, in die Lebenskräfte. In dem einen Fall geht man mehr nach innen, in dem anderen Fall geht man mehr nach außen, nach außen und nach oben. Es gibt in der Welt überhaupt kein Leibliches, das nicht auch ein Leben in sich hätte; auch beim Kristall ist das so.

–: Was empfindet der Kristall?

Wie empfindet er? So muß die Frage sein. Wo ist seine Seele? Wo ist sein Leben? Ist das Verhältnis des Lebens und der Seele beim Kristall so wie bei der Pflanze? Ist es bei der Pflanze so wie beim Tier? Ist es beim Tier so wie beim Menschen oder jeweils anders? Bedenken Sie, wie Sie z. B. ein Auto und wie Sie ein Motorrad benutzen. Wenn Sie ein Auto benutzen, kriechen Sie hinein. Ungefähr das gleiche Verhältnis hat die Seele beim Tier. Die Seele des Tieres kriecht in den Leib hinein. Wenn Sie auf ein Motorrad steigen, dann sitzen Sie darauf. Ungefähr das gleiche Verhältnis hat die Seele beim Mineral. Bei einem Bergkristall sitzt die Seele darauf, sie ist darum herum. Wie ist das bei der Pflanze? Die Seele der Pflanze ist so lange um das Leibliche darum herum, bis sie ein bißchen näher herankommen kann, und dann berührt sie die Blüte. Die Blüte ist das Zwischenglied zwischen dem Leiblichen und dem Seelischen. Wie steht es beim Menschen? Der ist auch ein Autofahrer, nur kommt da zu dem Seelischen noch ein Geistiges hinzu, das dann auch in dem Leiblichen darinsteckt. Verstehen Sie jetzt, warum ich am Anfang dieses Kurses über die Jahreszeiten die grundlegenden Dinge entwickelt habe? Wir müssen zunächst unsere Voreingenommenheiten gegenüber den Wesenheiten der Natur klar erkennen.

–: Kann man die Seele eines Bergkristalles mit dem Elementarwesen in Zusammenhang bringen?

Warum wollen Sie das machen? Bleiben wir jetzt erst einmal beim Bergkristall. Es ist viel besser, wenn Sie sich zunächst mit dem Bergkristall selbst eine Weile beschäftigen und wenn Sie beobachten, welche Eigenschaften er charakteristischerweise offenbart, zum Beispiel, wenn Sie sich alles das anschauen, was der Bergkristall macht. Da gibt es die durchsichtigen, die halbdurchsichtigen und die undurchsichtigen Quarze. Sie können beobachten, wie er mit der Farbe umgeht, indem er die Metalle in sich hereinnimmt, aber sich chemisch nicht mit ihnen verbindet, so daß er immer ein reiner Bergkristall bleibt. Gleichzeitig kann er aber auch die Farben so in sich hereinnehmen, daß er ein Amethyst, ein Citrin, ein Rauchtopas oder ein Rosenquarz werden kann. Er bleibt aber immer er selbst. Der Turmalin kann das nicht: wenn der rot werden will, dann muß er sich mit einem anderen Eisen verbinden, als wenn er grün werden will. Das tut der Bergkristall nicht, das heißt, in der Art, wie er sich darlebt, zeigt er Adel. Auf der anderen Seite können Sie sehen, wie der Bergkristall nicht nur Metalle in sich aufnehmen kann und trotzdem Bergkristall bleibt, also dann Amethyst oder Rosenquarz oder Rauchtopas wird, sondern wie er sich zum Beispiel vollständig an ein Stück Holz anpassen kann, so daß das Holz restlos verschwindet und der Bergkristall da ist, aber der Bergkristall sieht aus wie das Holz, bis in die Zellstruktur hinein;

wir haben dann verkieseltes Holz. Was hat der Bergkristall denn da gemacht? Er ist völlig selbstlos.

Wovon habe ich jetzt geredet? Vom Adel des Bergkristalls, von der Selbstlosigkeit des Bergkristalls. Wozu brauche ich da Elementarwesen? Der Bergkristall erzählt mir selbst ganz genau, wer er ist, auch wer er seelisch ist. Betrachten Sie daraufhin das Gold, das Silber, den Turmalin und den Diamanten. Obwohl das Seelische beim Bergkristall sozusagen Motorrad und nicht Auto fährt, also nicht darin ist, sondern darum herum, zeigt es in der Leiblichkeit seinen ganzen Charakter. Macht das der Eichbaum auch? Natürlich macht er das! Betrachten Sie mal den Eichbaum, wie er aussieht, wie er wächst, was für Holz er hat, was für Düfte er hat, was für Früchte er hat, was er mit den Früchten macht; Sie können den ganzen Charakter, die ganze Seele, des Eichbaumes an seiner Leiblichkeit ablesen. Deshalb habe ich davon gesprochen, daß alle Stoffe, die leiblich erscheinen, Eigenschaften haben und Qualitäten offenbaren. Geht man auf diese Qualitäten ein, dann erfährt man etwas über das Wesen.

–: Kann eine Pflanzenseele Angst und Schmerz empfinden, und wenn ja, wie? Kann sich eine Pflanzenseele mit der Menschenseele verbinden, und wenn ja, wie?

Warum wollen Sie das jetzt wissen? Aber die Fragen, die Sie stellen, sind ganz berechtigt. Überlegen Sie einmal, wenn Sie zum Beispiel einer Pflanze zuschauen, was denn das Wesen der Pflanze ist. Sie wuchert und wuchert und wuchert. Gehen Sie jetzt hin und schneiden Sie etwas von der Pflanze ab, was geschieht in dem Moment? Etwas von der in die Wucherung hinein inkarnierten Seele der Pflanze wird frei, und die Pflanze fühlt sich dabei sehr wohl. Wenn Sie eine Sense nehmen, über die grüne Wiese gehen und das Gras abmähen, fühlen sich die Gräser wohl. Zunächst strotzen sie voll Leben. Nehmen Sie ihnen das jetzt weg, dann fühlen sie sich befreit, sie können wieder anfangen, und das tun sie. Sobald die Wiese gemäht ist, fängt das Gras von unten sofort wieder an zu wuchern. Wenn Sie jetzt aber hergehen und die Wurzeln ausreißen, was geschieht dann? Dann entfernen Sie die Pflanze, insofern sie ein Lebewesen ist, von ihrer gesamten Lebensmöglichkeit, und die Pflanzenseele erleidet Schmerz. »Sah ein Knab' ein Röslein stehen...« ist ein schönes Gedicht, aber es stimmt nicht ganz. Das Röslein hatte nämlich gar nichts dagegen, gebrochen zu werden. Es hätte nur etwas dagegen gehabt, als Strauch aus der Erde herausgerissen zu werden. (Den Zusammenhang mit dem Menschen lassen wir jetzt heraus.)

Wenn wir noch einmal zurückblicken, dann haben wir ja der Reihe nach das leibliche Dasein angeschaut, dann das seelische Dasein als Innerlichkeit und das geistige Dasein als Bewußtsein. Dann sind wir aber darauf gekommen, daß zwischen diesen dreien – Leib, Seele und Geist – noch etwas Merkwürdiges in der Welt vorhanden ist, und das ist das eigentliche Leben. Das Leben ist dasjenige Geistige, das nicht als Geistiges wirkt und als Geistiges impulsiert, das sich aber auch nicht verinnerlicht und seelisch wirkt, sondern sich lebendig nach außen als Lebenskraft, als ätherische Geistigkeit, als Lebensbildekraft, betätigt.

Jetzt können wir aber weitergehen. Wenn wir hier das rein Gei-

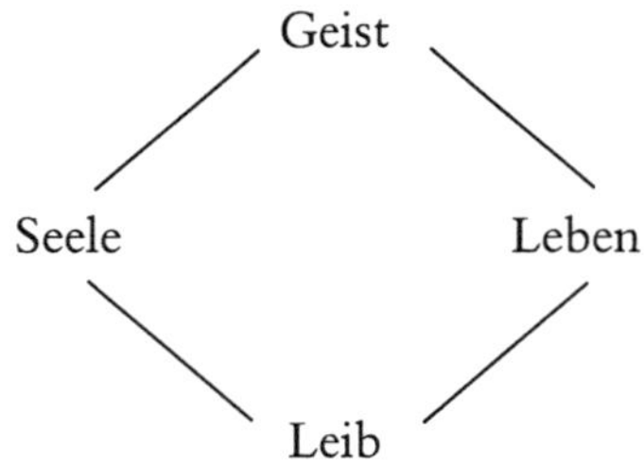

stige haben und hier das Seelische, wenn wir hier das Leben und hier das Leibliche haben, dann können wir vom Geistigen heruntergehen und können sehen, wie in diesem mittleren Bereich das Seelische und das Lebensmäßige, also das Astralische und das Ätherische, miteinander in Wechselwirkung treten.

Wir können aber auch vom Leiblichen ausgehen und sehen, wie sich das Astralische und das Ätherische im Leiblichen abbilden. Also im Leiblichen der Minerale bilden sie die Figur von außen, und beim Leiblichen der Pflanze ist das Lebensmäßige, das Ätherische, in der pflanzlichen Leiblichkeit darinnen, während das Seelische noch wie darum herum ist. Und erst, wenn wir zum Tier kommen, haben wir dann sowohl das Lebensmäßige wie das Seelische in dem Leiblichen vollständig darinnen. Wir sprechen also bei der Pflanze von einer belebten Leiblichkeit und beim Tier von einer beseelten Leiblichkeit. Beim Menschen haben wir eben auch das Geistige vollständig darinnen. Und dadurch unterscheiden sich die Leiblichkeiten von Mineral, Pflanze und Tier, weil das Seelische und Geistige in ihnen in verschiedener Weise darinnen ist, wir können auch sagen, verkörpert ist.

Wie steht das nun mit der Erde? Man muß sich ja darüber klar sein, daß man im Grunde genommen weder das Mineral noch die Pflanze noch das Tier noch auch die Erde verstehen kann, wenn man nicht den Menschen versteht. Die heutige Wissenschaft geht den umgekehrten Weg. Sie versucht aus Mineral, Pflanze und Tier den Menschen zu verstehen. Dadurch bewirkt sie aber von vornherein, daß sie den Menschen nicht erfaßt. Wenn man dagegen vom Verständnis des Menschen ausgeht, also von der vollständigen Menschenwesenheit nach Leib, Seele, Geist und Leben, dann kann man von da aus Tier, Pflanze, Mineral und Erde beleuchten, und dann wird der Mensch zum Schlüssel für das Verständnis der Welt, weil man im Menschen eine Ganzheit vor sich hat, eine Totalität, einen Mikrokosmos. Das ist der alte Begriff dafür. Es gibt eben überhaupt nichts in der Welt da draußen, was nicht im Menschen vorhanden wäre, und – umgekehrt – es gibt nichts im Menschen, was nicht auch irgendwo in der Welt wieder erscheint. Man muß also vom Mikrokosmos Mensch ausgehen, denn der Mensch ist eine Totalität, eine Vollständigkeit. Erst wenn man davon ausgeht, kann man die große Welt, nämlich den Makrokosmos begreifen. Aber der Makrokosmos sieht natürlich vollständig anders aus als der Mikrokosmos. Trotzdem ist das innerlich dasselbe, das eine im Großen, das andere im Kleinen. Nun ist das Interessante, daß man zwischen diesen beiden noch etwas Drittes hat, und das ist die Erde.

Makrokosmos (Welt)
Mesokosmos (Erde)
Mikrokosmos (Mensch)

Die Erde ist merkwürdigerweise auf der einen Seite zwar ein Teil des Makrokosmos, aber sie enthält in sich auch schon das Ganze. Wenn man diesem Mesokosmos Erde ein bißchen näher auf die Spur kommen will, dann muß man versuchen, in dem, was uns die Erde zeigt, etwas deutlicher zu lesen. Man kann z. B. die Jahreszeiten nicht begreifen, wenn man nicht dahinterkommt, daß wir es hier mit den Kontinenten zu tun haben, und das sind sieben (es wird auf dem Globus gezeigt): Europa, Asien, Afrika, Nord- und Südamerika, Australien. Der siebente Kontinent ist hier um den Südpol die Antarktis. Zwischen den Kontinenten haben wir die Ozeane; im Süden drei: der Südatlantische, der Indische und der Südpazifische Ozean, und im Norden drei: der Nordatlantische und der Nordpazifische Ozean und das Polarmeer.

Wir müssen aber bedenken, daß wir außer diesen beiden hauptsächlichen Gestaltungen der Erde noch eine dritte haben, und das sind die Hochgebirge, die von Asien aus nach Europa in ost-westlicher Richtung verlaufen, in Nord-, Mittel- und Südamerika in nord-südlicher Richtung, und dann in süd-nördlicher Richtung nach Asien zurückkommen: Neuseeland – Neuguinea – Japan – Kamtschatka.

Es ist wichtig, daß wir diese Dreiheit ins Auge fassen, also die Kontinente, die Ozeane und die Hochgebirge.

1. Kontinente
2. Ozeane
3. Hochgebirge

Man muß »Hochgebirge« sagen, denn es gibt ja auch andere Arten von Gebirgen, die keine Hochgebirge sind. Warum nicht? Weil sie keine gefalteten Gebirge sind, sondern einfach nur hochgehobene Teile der Erde, hochgehobene Teile der Kontinente. In dieser Dreiheit von Kontinent, Ozean und Faltengebirge haben wir die hauptsächlichen Organe des Mesokosmos. Ich gehe gleich von Anfang an davon aus, daß die Erde ein Organismus ist, ein Leib, und daß dieser Leib charakteristische Organe hat, die nach einem bestimmten Typus gebildet, geformt, sind.

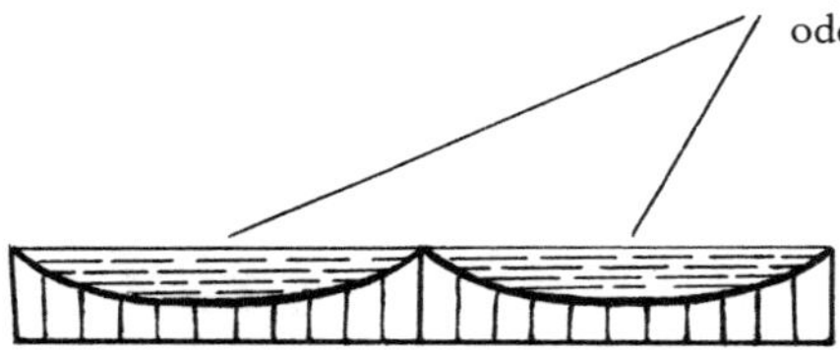

Abb. 1: Die Kontinente (= Rhythmus)

Wenn man sich die Kontinente anschaut, dann sieht man, daß diese aus großen Schüsseln bestehen. Das können Sie am besten an Afrika feststellen. Die Niger-Schüssel, die Tschad-Schüssel, die Nil-Schüssel, die Kongo-Schüssel, die Victoria-See-Schüssel, die Kalahari-Schüssel. Sie können es aber auch an Amerika sehen: die La-Plata-Schüssel, die Amazonas-Schüssel, das Mississippi-Bekken, die Mississippi-Schüssel, die Hudsonbay-Schüssel. Diese Schüsseln sind verschieden groß. Auch in Rußland und in Asien haben wir verschiedene solche Schüsselgebilde. Aus solchen Schüsseln sind die Kontinente zusammengesetzt. Diese Schüsseln bestehen aus Granit und Gneis und machen etwas sehr Merkwürdiges: sie heben sich und sie senken sich in der Senkrechten. Wenn sie sich heben, tauchen sie aus dem Meer auf, und wenn sie sich senken, tauchen sie ins Meer unter, aber nie tief, so daß immer da obendrauf Flachmeere sind oder eben Festland. Sämtliche Schüsseln aller Kontinente sind irgendwann einmal so tief heruntergesunken gewesen, daß das Wasser darüber war, oder man kann auch sagen: das Wasser war so hoch, daß es über ihnen stand. Heute dagegen sind die Kontinente alle über dem Wasser. Sie machen also einen Rhythmus durch.

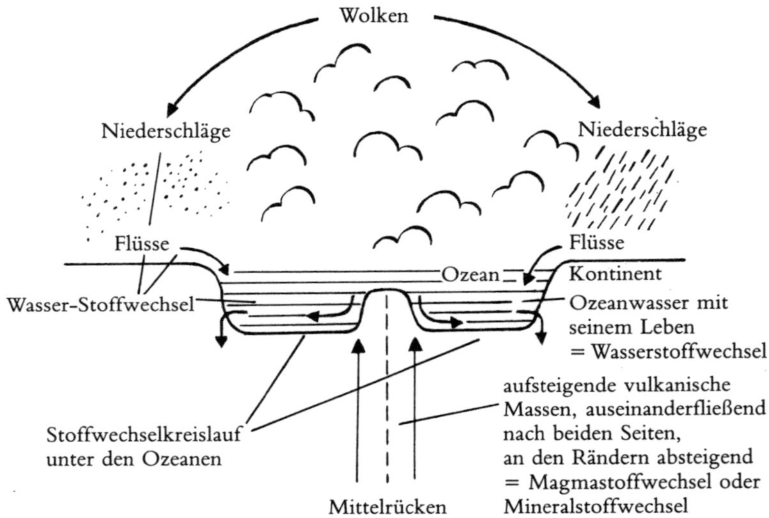

Abb. 2: Die Ozeane (= Stoffwechsel)

Die zweite Sorte von Organen bilden die Ozeane. Die Ozeane sehen vollständig anders aus. Sie gehen vom Kontinent in die Tiefe hinunter, steigen dann in der Mitte wieder auf, bilden einen Rükken, gehen wieder in die Tiefe und steigen dann wieder zum Kontinent auf. Dieser mittlere Rücken befindet sich meistens unter Wasser. Der Ozean ist nicht in der Mitte am tiefsten, sondern am Rand, an den Kontinenten, und hat in der Mitte einen Rücken. Dieser mittlere Rücken ist dadurch charakterisiert, daß da aus der Tiefe fortwährend vulkanische Masse, vulkanische Magmen, aufsteigen und nach beiden Seiten auseinanderfließen, so daß der Rücken immer breiter wird.

Außerdem finden wir, daß zwischen den Kontinenten und dem Rücken das Ozeanwasser mit seinem ganzen Leben zirkuliert, wobei in dieses Ozeanwasser die Flüsse aus den Kontinenten hereinfließen, das Ozeanwasser dann verdunstet, zum Himmel aufsteigt, sich in Form von Wolken über die Erde hin bewegt und als Niederschläge wieder auf die Kontinente herunterfällt. Wir haben also hier einen Wasserstoffwechsel, und wir haben hier einen Magmastoffwechsel, einen Mineralstoffwechsel. Und die Gelehrten haben heute herausgefunden, daß das, was hier nach den Seiten auseinanderquillt, sich bewegt und dort, wo es an den Kontinent anstößt, wieder in die Tiefe heruntergeht, so daß unter dem Ozean auch ein Stoffwechselkreislauf vorliegt. Das ist unter den Kontinenten nicht so. Das bedeutet also: der Ozean ist ein Stoffwechsel-Gebilde. Sämtliche Ozeane, außer dem nördlichen Pazifischen Ozean, sind nach diesem Typus gebildet, auch der Arktische Ozean. Alle haben sie diesen Mittelrücken, in dem aus den Tiefen etwas an Materie aufsteigt, meistens basaltisches Magma. Schwarze, dunkle, schwere Gesteinsmagmen steigen auf, fließen auseinander, bewegen die ganze Fläche der Tiefseeböden nach den Seiten, und da, wo die Kontinente anfangen, gehen sie herunter.

Das dritte der Organe der Erde sind die Hochgebirge. In diesen Hochgebirgen findet etwas völlig anderes statt. Die Hochgebirge sind aus flachen Meeren – sogenannten Mittelmeeren – entstanden, in denen abgelagert wurde, was von den Kontinenten kam, und darum befinden sich die Hochgebirge immer am Rand der Kontinente. In den Mittelmeeren setzen sich also diese Ablagerungen ab (Stufe eins), und dann fangen die Mittelmeere an, Falten zu bilden (Stufe zwei), und zwar so, daß das Abgelagerte darin aufgefaltet und verwandelt wird.

Das letzte Ergebnis einer solchen Faltung ist dieses, daß das so aussieht (Stufe drei), daß da über den Stammfalten eine Deckfalte oder mehrere Deckfalten darüberliegen. Das wird dann natürlich stellenweise abgetragen, und dann guckt das alles da oben als die Gipfelflur eines solchen Gebirges heraus. Jedenfalls ist ein Hochgebirge nach dem Deckfalten-Typus gebildet. Interessant ist, daß z. B. die Alpen ihre Deckfalten über sich selber weg bis zu den Karpaten geschoben haben, und daß in Südamerika dagegen die verschiedenen Faltengebirge meistens nach dem Kontinent zu überwölbt sind. Umgekehrt ist das Himalayagebirge nach Süden übergefaltet, so daß die Deckfalte von Norden nach Süden liegt, umgekehrt wie bei den Alpen. Aber immer finden wir den gleichen Typus, und wenn wir diesen Typus wiederum auf den Menschen zurückführen, also vom Mesokosmos Erde die Beziehung zum Mikrokosmos Mensch suchen, dann sehen wir sofort: das ist kein Stoffwechsel, sondern eine Gehirnbildung, denn im menschlichen Schädel liegt das Großhirn genauso über dem Klein- und Mittelhirn. Dies bedeutet aber, daß wir es bei den Hochgebirgen mit einem Bewußtseinsorgan der Erde zu tun haben.

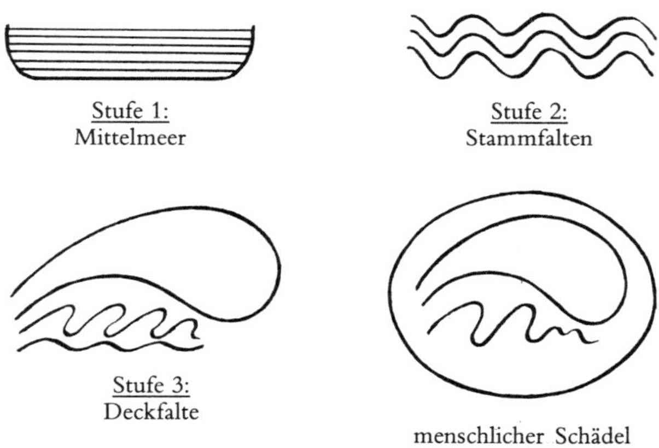

Abb. 3: Die Hochgebirge (= Bewußtsein)

So wie man beim Menschen eine Dreigliederung in Kopf- oder Bewußtseinsorganisation, rhythmischer, atmender Organisation in der Mitte dazwischen, und Gliedmaßen- und Stoffwechsel-Organisation als dritter feststellen kann, findet man das bei der Erde auch.

In den Kontinenten haben wir die rhythmische Organisation der Erde, in den Ozeanen den Stoffwechsel und in den Hochgebirgen das Denkorgan, das Bewußtseinsorgan. Darum bestehen diese Hochgebirge auch meistens aus kristallinen Gesteinen mit Kalkdecken, so wie im Menschen das Gehirn von einer Kalkdecke eingeschlossen ist. So sehen die Alpen aus, so sehen die Karpaten aus, so sieht der Schwarzwald aus, so sehen die Anden und die nordamerikanischen Kordilleren aus, das ist alles ein und dasselbe. Dieses ist die Physiognomie der Organe der Erde. Sie ist dreigliedrig gestaltet, genau wie der Mensch.

–: Demnach gibt es keine Kontinentalverschiebung?

Doch, die gibt es natürlich auch. Die Kontinente steigen und fallen nicht nur, sondern sie bewegen sich so, daß sie im Endeffekt schließlich so verteilt sind wie heute. Denn außer diesen drei Organsystemen – also rhythmisches Kontinental-Organ, stoffwechselartiges Ozean-Organ und gedankenartiges, gehirnartiges Gedankenorgan, Bewußtseinsorgan – haben wir noch ein viertes, das aber jetzt nicht in Form von richtigen Organen auftritt, sondern in Form von Tätigkeiten. Diese Tätigkeiten bestehen erstens darin, daß es Erdbeben gibt, zweitens darin, daß es Vulkane gibt, und drittens darin, daß es Grabenbrüche gibt.

Tätigkeiten: 1. Erdbeben
2. Vulkane
3. Grabenbrüche

Nun ist das Interessante, wie die verteilt sind. Sie sind so verteilt, daß vom Südpol eine Reihe von Vulkanen und Grabenbrüchen bis nach Mexiko heraufreicht. Die Vulkane stecken in dem Faltengebirge darin, die Gräben sind am Rande des Kontinents. Eine zweite Linie geht vom Südpol an der östlichen Seite von Afrika entlang, dann durch das Rote Meer und den Jordangraben bis zum Kaukasus. Die dritte Linie von Vulkanen, Grabenbrüchen und Erdbebenzentren läuft vom Südpol über Australien bis herauf nach Japan.

Wir haben also hier eine Linie (1), hier die zweite Linie (2) und hier die dritte Linie (3). Diese Linien sind aber miteinander verbunden, denn hier läuft jetzt wiederum eine solche Zone quer herüber (4), dann hier weiter bis nach Japan (5), und dann herüber auf der anderen Seite durch den Ozean bis wieder herüber nach Mexiko (6). Das heißt also: es ist da auf der Erde ein eigenartiges Liniensystem vorhanden.

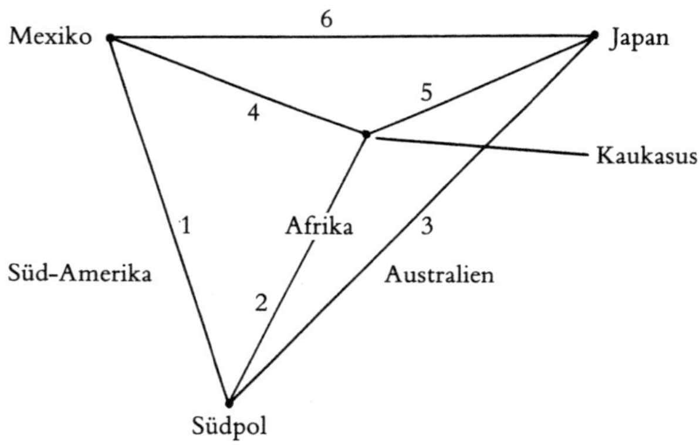

Abb. 4: Zonen der Grabenbrüche und Vulkane (Schema)

Wenn man versucht, sich das am Globus deutlich zu machen, dann hat man das eine System, das afrikanische Grabensystem, das geht hier herauf (2). Dann hat man das zweite, an Australien hoch, das geht hier herauf (3), und dann hat man hier hinten an Südamerika herauf bis nach Mexiko das dritte (1). Und dann gibt es die drei Verbindungsstücke so herüber (4, 5, 6). Man hat hier einen Knoten (Kaukasus), man hat da einen Knoten (Japan), und da einen (Mexiko), und da unten auch noch einen (Südpol).

Wie sieht das aus? Sagen wir, hier ist der Kaukasus, hier ist Japan, hier ist Mexiko, hier ist der Südpol.

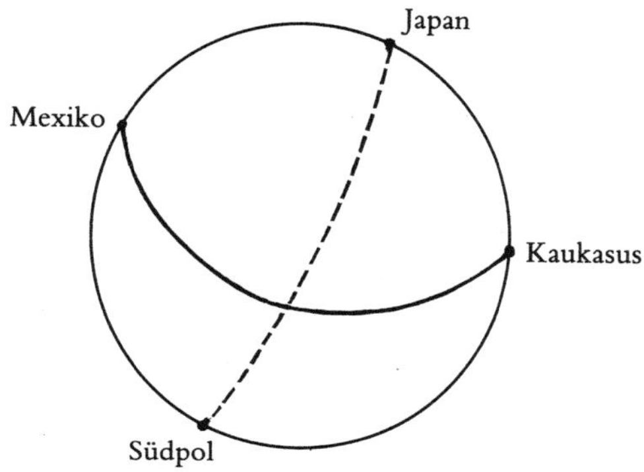

Abb. 5: Die Zonen der Grabenbrüche und Vulkane auf der Erde (vereinfacht)

Wenn Sie diese Linien begradigen und nicht gekrümmt laufen lassen, wie das am Globus der Fall ist, dann bekommen Sie folgendes interessante Gebilde:

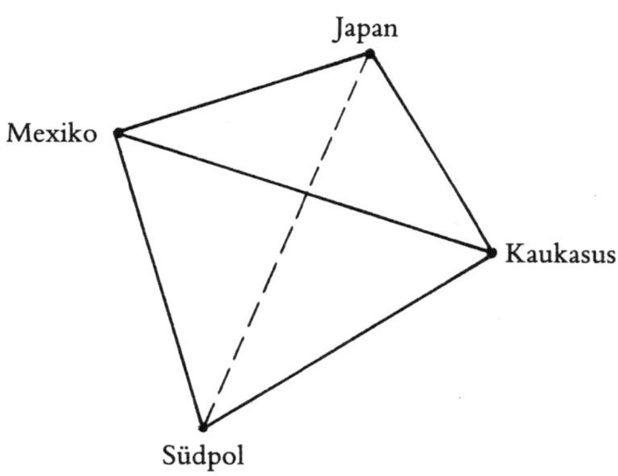

Abb. 6: Abbildung 5 mit geraden Linien

Das ist ein Kristall. Er heißt Tetraeder, weil er vier dreieckige Flächen hat.

Die erste Dreiecksfläche hat ihre Eckpunkte am Südpol, am Kaukasus und in Mexiko. An ihrer Kante befinden sich die Grabenbrüche, Vulkane und Erdbebenzonen, und in der Mitte zieht sich der Ozeanrücken lang im Atlantischen Ozean. Die zweite Dreiecksfläche verläuft vom Südpol über Australien nach Japan, von dort zum Kaukasus und über Afrika zum Südpol zurück. An den Kanten befinden sich die Grabenbrüche und die Vulkane, und in der Mitte finden wir den Ozeanrücken im Indischen Ozean. Die dritte Fläche beginnt wiederum am Südpol. Ihre eine Kante führt über Australien nach Japan, die zweite von Japan nach Mexiko und die dritte von dort wieder herunter zum Südpol. In der Mitte befindet sich wieder der Ozeanrücken im Pazifischen Ozean.

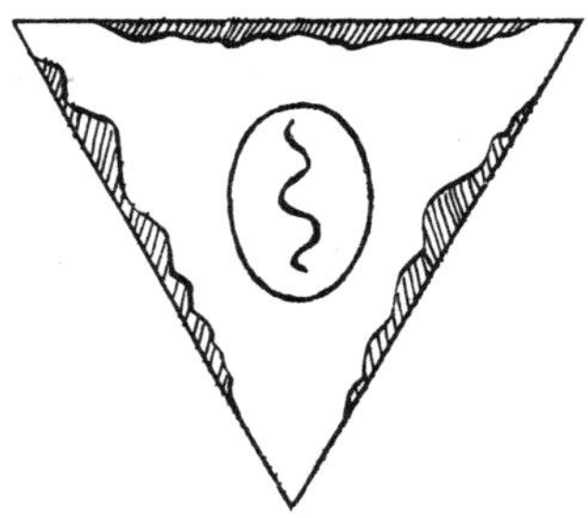

Abb. 7: Idealform der am Südpol zusammenstoßenden drei Tetraederflächen

Wir haben vorhin die Organe der Erde kennengelernt: Kontinent, Ozean, Faltengebirge. Wie sind sie auf einer solchen Tetraederfläche verteilt? In der Mitte befindet sich der Ozean, und in seiner Mitte der Ozeanrücken. Also das Stoffwechselgebilde sitzt in der Mitte der Fläche. Zu beiden Seiten haben wir die Kontinente, und dann haben wir an den Kanten entweder die Grabenbrüche oder das Faltengebirge und die Erdbebenzonen und Vulkane. So sehen die drei Tetraederflächen aus, die am Südpol zusammenstoßen.

Wie sieht die vierte Tetraederfläche aus? Wenn Sie auf den Nordpol des Globus blicken, sehen Sie, daß sich in der Mitte wiederum ein Ozean befindet, das Arktische Meer. Der hat in der Mitte wieder einen Mittelrücken, und die Kontinente sind darum herum wieder am Rand verteilt, nämlich Asien, Europa und Nordamerika. Wir haben hier aber den Unterschied, daß in diesem Gebiet etwas Einzigartiges ist: daß die Faltengebirge in dieser Fläche alle spiralig-strahlig auseinanderlaufen. Das können Sie am schönsten z. B. am Ural sehen, wie von Nowaja Semlja diese Spirale hier herunterkommt, oder wenn Sie von Spitzbergen bis nach Nordnorwegen und Nordengland gehen oder wenn Sie hier die Küste von Grönland nehmen und da die Küste von Grönland. Dadurch unterscheidet sich die vierte Fläche von den drei anderen, daß sie die Faltengebirge strahlenförmig vom Zentrum her ausgebildet hat.

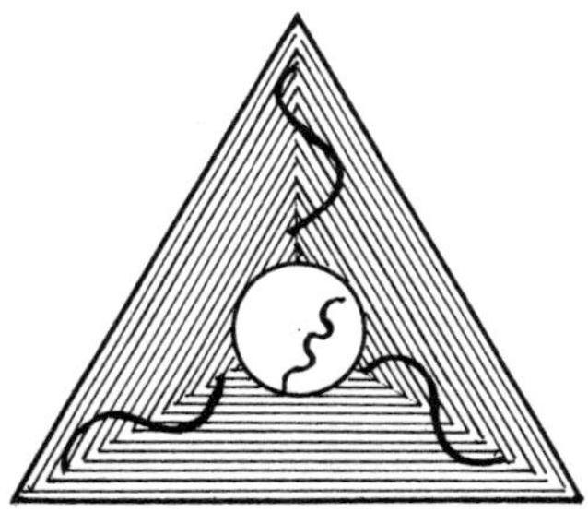

Abb. 8: Idealform der vierten Tetraederfläche am Nordpol

Das bedeutet aber: Die Erde hat, erstens, Organe: rhythmische Organe, Stoffwechselorgane und Bewußtseinsorgane. Die Erde hat aber zweitens ein Gerüst, ein Skelett, und das besteht aus einem Kristall, einem Tetraeder, aber eben einem sphärischen Tetraeder. Sofort bekommt die ganze Sache eine innere Gestalt, wird eine echte Leiblichkeit und ist nicht ein zufälliger Globus mit Meeren und Kontinenten darauf, die irgendwo willkürlich verteilt sind, sondern hat eine geordnete Gestalt. Wir haben es mit einem echten Leib zu tun und haben an diesem Leib ganz bestimmte leibliche Organe.

Wenn wir jetzt die Faltengebirge betrachten, dann sehen wir interessanterweise, daß es drei große Systeme von Faltengebirgen gibt, nämlich das zirkumpazifische, das transatlantisch-asiatische und das radiär-zirkumpolare. Das radiär-zirkumpolare geht von einer Art Mittelpunkt auf der vierten Tetraederfläche aus und strahlt auseinander. Das transatlantisch-asiatische verläuft von Osten nach Westen oder von Westen nach Osten an den Tetraederkanten der beiden Flächen. Und das dritte System läuft rings herum um die dritte Tetraederfläche, und das ist das zirkumpazifische System.

Wenn diese Faltengebirgssysteme Bewußtseinsorgane der Erde sind, so wie die Kontinente rhythmische Organe sind und die Ozeane Stoffwechselorgane, wie sieht das dann aus? Schauen Sie sich das an! Wir haben ein radiäres Bewußtseinsorgansystem auf der vierten Fläche da oben, wir haben ein zirkumpazifisches, das von Nord nach Süd verläuft, und wir haben ein atlantisch-eurasiatisches, das von Ost nach West läuft. Und wenn Sie sich das wieder räumlich vorstellen, wie sieht das dann aus? Wenn ich jetzt den Globus so drehe, daß Afrika zu Ihnen guckt, dann haben Sie hier vorn das eine, Sie haben rückwärts das andere und Sie haben oben das dritte. Wenn wir mit Recht von der Erde als von einem Leib sprechen wollen, dann müssen wir doch die Gestaltbilder, d. h. den Bauplan finden. Dieser Bauplan besteht eben darin, daß erstens ein Skelett darinnen steckt, nämlich ein Kristall. Zweitens hat dieser Kristall aber um sich herum und durch sich hindurch die einzelnen Fundamentalorgane angeordnet, die rhythmischen Organe, die Stoffwechselorgane und die Bewußtseinsorgane, und die Bewußtseinsorgane sind so angeordnet, daß sie eine Dreiheit haben.

Ist das schon alles? Nein, denn nun ist das Interessante, daß wir nicht nur die Organe haben und das Skelett, sondern daß wir drittens die Sphären haben:

1. Organe
2. Skelett
3. Sphären.

Was heißt das? Nun, das ist verhältnismäßig einfach. Das kann man sofort sehen, wenn man jetzt noch einmal zu den Kontinenten zurückkehrt. Ich habe Ihnen ja gesagt, daß alle Kontinente aus großen Schüsseln bestehen und diese bestehen aus Granit und Gneis und kristallinen Schiefern und dann noch einigem, was sich dann immer da abgelagert hat, wenn die betreffende Schüssel unter dem Meeresspiegel war. Da, wo der Kontinent aufhört, hören auch die Schüsseln auf. Das heißt aber, es hört auch der Granit auf.

Was kommt dann, wenn man vom Kontinent in den Ozean herunterkommt? Das ist genau das, was in den Mittelrücken heraufkommt und auseinanderfließt, was in Richtung Kontinent fließt, sogar unter den Kontinenten durchfließen kann bis an die Grenze der Tetraederkante und dort heruntergeht. Es ist dasjenige, was bewirkt, daß sich die Kontinente oft in Richtung auf die Tetraederkanten zubewegen. Am deutlichsten sieht man das an Südamerika, das diese Faltengebirgsbildung genau an der Tetraederkante hat. Und wenn Sie dieses Südamerika herüberschieben, wenn Sie also da in der Mitte etwas weniger annehmen von dem, was hier nach beiden Seiten herausquillt, wenn Sie das wieder zusammenschieben, dann rücken diese beiden ganz nah aneinander, und wir haben fast keinen Ozean dazwischen, sondern wir haben hauptsächlich nur den Mittelrücken und einen ganz schmalen Ozean, und die beiden Kontinente sitzen ganz nah beieinander. Der afrikanische, der sitzt fest, während der südamerikanische sich bewegt hat. Und zwar hat er sich auf dem bewegt, was da ausströmt bis dorthin, wo er nicht mehr weiterkonnte, wo nämlich die Tetraederkante »Stopp!« gesagt hat.

Das heißt also, daß wir unter den Ozeanen nicht mehr Granit und Gneis haben, sondern Basalt und Gabbro. Und so wie der Granit und der Gneis helle Gesteine sind, leichte Gesteine, die aus Quarz, Feldspat und Glimmer bestehen, so sind der Basalt und der Gabbro dunkle, schwere Gesteine, die aus basischen Feldspäten und Pyroxenen bestehen und auch aus dunklen Glimmern und Hornblenden. Es ist also ein völlig anderes Gestein. Und das geht hier bis zu einer bestimmten Tiefe herunter, und unter den Kontinenten geht es sogar noch tiefer herunter. Weil dort nämlich auch der Granit etwas tiefer geht, geht auch der Basalt etwas tiefer.

Wir haben also Granit-Schüsseln, wir haben eine Basalt-Gabbro-Sphäre, und was kommt darunter? Darunter kommt das, was die Geologen den »Mantel« nennen. Denn sie nennen das hier (1) die Oberkruste und das (2) die Unterkruste und das (3) den Mantel.

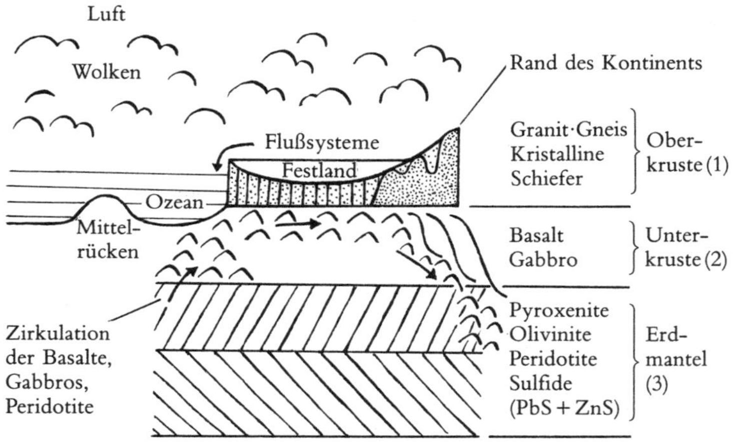

Abb. 9: Aufbau der Kontinente

Dieser Mantel kommt an manchen Stellen der Erde auch zum Vorschein, nämlich dort, wo die Faltengebirge ganz tief heruntergesunken waren und dann wieder aufgestiegen und hochgefaltet worden sind. An solchen Stellen kann man diese Gesteine finden, die da unten darunterstecken. Die sind nun das Allerdunkelste, das Allerschwerste, denn sie bestehen überhaupt nur noch aus ganz wenigen, ganz einfachen dunklen und schweren Mineralien, wie z. B. eben den Pyroxenen und dann vor allem den Olivinen, den Peridotiten; darin ist Eisen, Magnesium, Mangan, alles schwere Mineralien. Noch weiter darunter vermutet man Sulfide, also z. B. Bleiglanz (PbS), Zinksulfid (ZnS) usw., also ganz schwere Stoffe.

Daran sehen Sie die sphärische Anordnung der Mineralien unter den Kontinenten, unter den Ozeanen, unter den Faltengebirgen. Denn unter den Faltengebirgen geht die Sache dann oft noch etwas tiefer herunter, da gehen oft auch die Granite noch tiefer herunter, auch die Basalte, wenn da oben ein Faltengebirge am Rande des Kontinents ist. Wenn Sie dieses primitive Bild, das ich hier angezeichnet habe, umdrehen, können wir es auch auf Südamerika anwenden und haben dann hier die Anden, hier das Amazonas-Bekken, da den Atlantik, da den Mittelrücken vom Atlantik. Sehen Sie, das ist sphärisch angeordnet, von oben nach unten abgesetzt, und bildet die Masse der mineralischen Welt.

Nun sehen Sie, wie interessant diese Leibbildung ist. Da sind erstens die Organbilder: der Ozeanboden mit diesen schweren dunklen Massen, den Basalten, den Gabbros und den Peridoditen usw., die haben hier unten eine Zirkulation, wo sie aufsteigen, auseinanderfließen und wieder absteigen, während zweitens die Kratone, also die kontinentalen Becken, diese Schalen, diese Schüsseln, immer nur herauf und herunter gehen und sich im ganzen als kontinentale Flächenwanderung dann an den Rand der Tetraederflächen bewegen. Und wir haben drittens als Organ der Erde die Faltengebirge, diese Gebirgsbildung, wo also das Material erst einmal heruntergebracht wird, verwandelt wird und dann hoch hinaufgebaut wird und als Deckfalten, als Gehirnbildung der Erde darübergedeckt wird.

Neben diesen Organen der Erde haben wir – zweitens – ihr Gerüst, ihr Skelett: den sphärischen Tetraeder, und drittens gehören dazu die Sphären. Zu diesen Sphären gehört nicht nur die Lithosphäre, also das Gestein, sondern es gehört ja dazu auch das Wasser, denn hier ist ja der Ozean (s. Abb. 9), und es gehören dazu die Flußsysteme und die Wolken. Und was kommt dann? Nun, dann kommt die Luft.

Jetzt schreibe ich das ganze Spektrum noch einmal auf, damit Sie den Überblick bekommen: Wir haben also erstens die Organe: die Kontinente, die Ozeane und die Faltengebirge mit ihren Mittelmeeren. Wir haben zweitens das Gerüst, d. h. drei Dreiecksflächen plus eine, was den Tetraeder ergibt. Und wir haben drittens die Sphären. Sie bestehen von oben nach unten aus der Atmosphäre, der Hydrosphäre und der Lithosphäre (lithos heißt Stein), aber alle drei sind mineralisch.

I. ORGANE:
  Kontinente
  Ozeane
  Faltengebirge (mit ihren Mittelmeeren)

II. GERÜST (SKELETT):
  3 + 1 Dreiecksflächen (Tetraeder)

III. SPHÄREN:
  Atmosphäre }
  Hydrosphäre } (alle mineralisch wirkend)
  Lithosphäre }

In der Lithosphäre haben wir im wesentlichen drei Schichten, in der Hydrosphäre haben wir im wesentlichen drei Zustände: den Ozean, die Wolken und den Fluß. In der Atmosphäre haben wir wiederum im wesentlichen drei Schichten: die untere Atmosphäre, in der sich das Wetter abspielt, die höhere Atmosphäre, die sog. Stratosphäre, in der sich um die Erde herum Wärme bildet, und die äußerste Atmosphäre, in der das Material mehr und mehr verschwindet und der kosmische Weltenraum auftaucht. Aus diesem Grunde ist der Kristall sphärisch aufgebaut, ist also ein sphärischer Tetraeder.

Wir haben:
  die Organe des Leibes Erde,
  das Gerüst des Leibes Erde,
  die sphärische Anordnung seiner Stoffe.

Die sphärische Anordnung seiner Stoffe – was heißt nun das eigentlich? Das heißt, daß wir in diese sphärische Anordnung die Lebenskräfte einbauen müssen. Denn es ist doch ganz klar, daß in der Lithosphäre, in der Gesteinsschicht, andere Lebenskräfte wirken, nämlich der Lebensäther, daß in der Hydrosphäre der chemische Äther wirkt, daß in der Atmosphäre der Lichtäther wirkt und daß in der oberen Atmosphäre, in der Wärmezone, in der Ozonzone, der Wärmeäther wirkt. In der oberen Atmosphäre haben wir Wärmeäther, in der unteren Atmosphäre haben wir Lichtäther, in der Hydrosphäre haben wir chemischen Äther, und in der Lithosphäre haben wir den Lebensäther. Das heißt, die Ätherkräfte sind sphärisch angeordnet, oder umgekehrt gesagt: Dadurch, daß die Ätherkräfte sphärisch angeordnet sind, sind auch die Stoffe sphärisch geordnet, sowohl nach ihrem Gewicht hin wie nach ihrer Verteilung. Das Leichteste ist oben, das Schwerste ist unten.

Die sphärische Anordnung der Stoffe und der Lebenskräfte des Leibes der Erde:

I. ATMOSPHÄRE

Im wesentlichen drei Schichten:

1. *Äußerste Atmosphäre*
   Das Material verschwindet mehr und mehr, der kosmische Weltraum taucht auf.
2. *Obere oder höhere Atmosphäre* — *Wärmeäther*
   Stratosphäre oder Wärmezone oder Ozonzone; bildet Wärme um die Erde herum.
3. *Untere Atmosphäre* — *Lichtäther*
   Wettergeschehen

II. HYDROSPHÄRE

Im wesentlichen drei Zustände: *Chem. Äther*

1. Wolke
2. Fluß
3. Ozean

III. LITHOSPHÄRE

Im wesentlichen drei Schichten: *Lebensäther*

1. *Oberkruste*
   Granit, Gneis, kristalline Schiefer
2. *Unterkruste*
   Basalt, Gabbro
3. *Mantel*
   Pyroxenite, Olivinite, Peridotite,
   noch weiter darunter Sulfide.

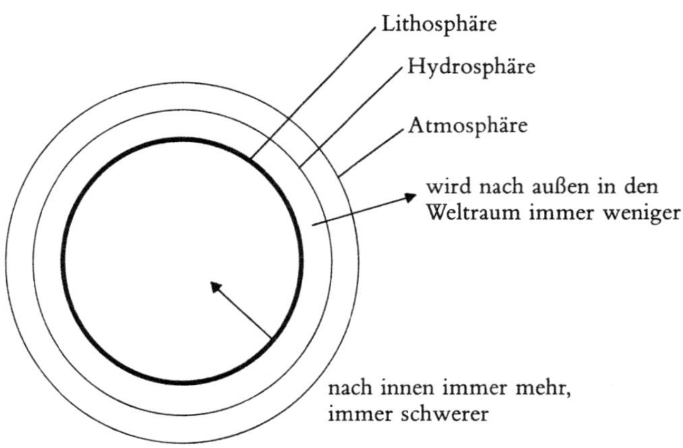

Abb. 10: Die materiellen Hüllen der Erde

Wenn man diese dreimal dreifältige sphärische Ordnung vor sich hat, also drei Sphären in der Gesteinswelt, drei Gebiete in der Wasserwelt, drei Gebiete in der Luftwelt, und wenn man sieht, daß diese Sphären aus dem Hereinwirken der einzelnen Bildekräfte, der ätherischen Bildekräfte, hervorgehen, dann kann man sich fragen: Wo ist das Seelische zu lokalisieren? Damit kommen wir jetzt auf den springenden Punkt unseres ganzen Kurses, denn dieses ist ja der Leib. Aber in diesem Leib ist das Leben, und es muß in diesem Leib und in diesem Leben die Seele verborgen sein. Wo zeigt sie sich? Das ist die eine Frage. Und die zweite Frage lautet: Wieweit geht die materielle Leiblichkeit nach innen und nach außen? Denn Sie können sich ja denken, daß die heutigen Naturwissenschaftler sagen: Nun ja, wenn hier meinetwegen die Lithosphäre um die Erde herum ist mit ihren drei hauptsächlichen Schichten, also Oberkruste, Unterkruste, Mantel, und dann darüber die Wassersphäre liegt und darüber sich die Atmosphäre befindet, dann geht das ja nach außen in den Weltraum und wird immer weniger. Die denken sich das aber so, daß es nach innen immer mehr wird, weil sie sehen, daß hier die leichte Luft ist, dann das schwere Wasser kommt, die leichteren Gesteine, die schweren, die noch schwereren Gesteine, und so sagen sie: Also da nach innen zu, da muß es noch schwerer werden.

Man kann weder beweisen, daß es wirklich so ist, noch kann man das Gegenteil beweisen. Die Geisteswissenschaft sagt: Da innen ist überhaupt keine Materie mehr vorhanden, sondern da sind gewaltige Kräfte. Im Erdinneren sind Kräfte, und diese Kräfte wirken nach allen Seiten herauf und begegnen anderen Kräften, die von außen hereinwirken. Und da, wo die von innen herauswirkenden gewaltigen Kräfte und die von außen hereinwirkenden gewaltigen Kräfte aufeinanderstoßen und miteinander spielen und miteinander ins Gleichgewicht kommen, entsteht die materielle Erde. So daß also unsere Erde, die materielle Erde, auf der wir herumgehen und die ein Stoff ist, die aus Wasser und Luft, Wärme und Leben besteht, daß die eben eine Sphäre ist und nicht eine dicke Kugel. Es gibt natürlich Ergebnisse der Erdbebenforschung und alles mögliche, wodurch man geradezu gezwungen wird anzunehmen, daß im Inneren der Erde dann Eisen und Nickel steckt, und was weiß ich, was es noch für Theorien darüber gibt. Es hat aber auch andere Leute gegeben, die gesagt haben, da wäre Sonnenmaterie darin, was natürlich etwas anderes ist als Eisen oder Nickel in gewaltig zusammengepreßtem Zustand.

Die eine Frage lautet also: Ist das wirklich Stofflich-Materiell-Leibliche der Erde nur in diesem sphärischen Gebiet nach den Ordnungen, die wir vorhin angeschaut haben, enthalten, und darinnen, im Erdinnern, ist Geistiges? Man kann auch weiter fragen: Wenn man von der Erde in den Weltraum hinauskommt, kommt man da auch wieder in Geistiges? In beiden Fällen ist es Ätherisch-Geistiges, und das würde bedeuten, daß es sowohl nach dem Erdinneren zu immer ätherischer wird wie auch nach außen zum Weltenraum hin. Die andere Frage ist dann: Wo zeigt sich in diesem Leib mit seinem Leben die Seele?

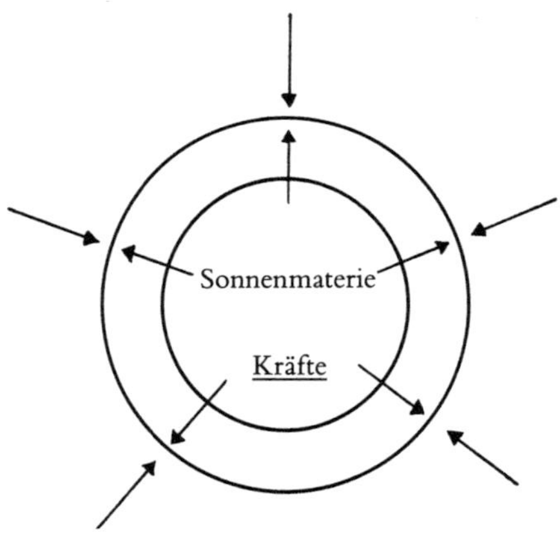

Abb. 11: Das Erdinnere aus geisteswissenschaftlicher Sicht

Damit komme ich zu dem eigentlichen Schmerzenspunkt, der darin besteht, daß die Menschen seit einigen Jahrhunderten die Vorstellung haben, die Erde sei ein Fußball. Ich drücke es absichtlich so kraß aus, um die Drastik der ganzen Angelegenheit vor Ihre Seelen zu rücken und Sie alle miteinander ein bißchen zu schocken. Nehmen Sie es mir bitte nicht übel! Denn die Vorstellung ist die, daß das alles früher ein Gas war oder ein Staub, der sich dann langsam zusammengesammelt hat und dann in eine Rotation, in eine Drehung, gekommen ist, und diese Drehung hat es noch heute. Sie haben doch gewiß alle schon einmal Fußball gespielt. Da kennen Sie sicher auch das »dreibeln«. Wenn jemand gut dreibeln kann, was macht er dann? Er gibt dem Fußball einen solchen Schubs, daß der nicht nur geradeaus durch die Welt saust, sondern daß er sich um sich selber dreht. Sehen Sie, so denkt man sich das auch mit der Erde. Das ist die »Dreibel-Theorie«, die »Fußball-Theorie«. Stimmt denn das überhaupt? Darf man denn so denken, daß dieses organische Wesen, dieses lebendige Wesen, auf dem die Menschen und die Tiere und die Pflanzen und die Engel und die Erzengel und so weiter gedeihen, daß das vom lieben Gott eines Tages mal so einen Fußballtritt gekriegt hat und jetzt stumpfsinnig durch die Weltgeschichte weiterrollt? So drastisch ist die Fragestellung. Denn wenn man dahinterkommen will, wo sich in diesem Wesen nun die Seele offenbart, dann genügt es nicht, wenn man nur auf das Wachstum hinschaut, sondern dann muß man irgendwie herausfinden, wo die Bewegung ist. Die Pflanzen bewegen sich nicht, die wachsen nur. Die haben das Seelische noch nicht in sich darin wie die Tiere. So wie die Tiere Seelisches in ihrem Leibe darin haben und auch das Leben, fangen sie sofort an, sich zu bewegen. Die Erde bewegt sich aber auch. Wie bewegt sie sich? Sie dreht sich um sich selber. Aber wie macht sie das? Es muß doch irgend etwas in ihr vorhanden sein, was diese Drehung der Erde um sich selber bewirkt. Denn die Drehung der Erde um sich selber bewirkt ja die Tageszeiten, und die Tageszeiten sind das Maß für das Jahr. Wir haben heute den 20. Juni, morgen ist der 21.; wenn Sie den Kalender aufschlagen, dann sehen Sie mal nach, wann jetzt eigentlich die Sonne aufgeht; oder weiß das jemand?

–: 4.32 Uhr.

Donnerwetter, das war eindeutig! Es stimmt nämlich! Aber lassen Sie mich noch einige Daten hinzufügen. 11. Juni: 4.32 Uhr; 12. Juni: 4.32 Uhr; 13. Juni: 4.32 Uhr; 14. Juni: 4.32 Uhr; 15. Juni: 4.32 Uhr; 16. Juni: 4.32 Uhr; 17. Juni: 4.32 Uhr; 18. Juni, 19., 20., 21., 22. Juni: immer 4.32 Uhr. 23. Juni: 4.33 Uhr, eine Minute später. Und wie ist es abends, wann geht abends die Sonne unter? Bitte sehr: 15. Juni: 20.29 Uhr; 16. Juni: 20.30 Uhr; 17. Juni: 20.30 Uhr; 18. Juni: 20.30 Uhr; 19. Juni: 20.31 Uhr, also immer ein bißchen später. 20. Juni: 20.31 Uhr; 21. Juni: 20.31 Uhr; 24. Juni: 20.32 Uhr, also sogar noch etwas später. 25. Juni: 20.32 Uhr; 26., 27., 28. Juni: 20.32 Uhr; 29. Juni: 20.31 Uhr. Sehen Sie diese Daten im Kalender nach, da steht das genau so darin. Das bedeutet also: Vor der Sonnenwende hat die Sonne den Morgenmoment festgehalten und den Abendmoment verspätet, nach der Sonnenwende geht sie mit dem Morgenmoment wieder rückwärts etwas später auf, während sie den Abendmoment noch eine ganze Weile festhält. Der längste Tag und die kürzeste Nacht entstehen merkwürdigerweise dadurch, daß diese beiden wunderbaren Bewegungen nicht gleichzeitig aufeinanderzulaufen und dann wieder auseinanderlaufen, sondern die eine kommt und bleibt stehen, dann bewegt die andere sich darauf zu, dann bleibt die auch stehen, und dann bewegt sich diese wieder davon weg. So haben wir tatsächlich am 21. Juni den längsten Tag, nämlich volle 16 Stunden Tag, von 4.32 Uhr bis 20.31 Uhr, und 8 Stunden Nacht. Und interessanterweise ist die Erde zu dieser Zeit gleichzeitig am weitesten von der Sonne weg. Wie kommt das? Denn im Sommer ist es doch so heiß! Es stimmt aber trotzdem; die Erde läuft, wenn es am heißesten ist, ausgerechnet am weitesten von der Sonne weg. Wir sprechen von Tag und Nacht. Tag und Nacht kommen dadurch zustande, daß sich die Erde um sich selber dreht. Wodurch geschieht das, daß die Erde diese Tageslängen bewirkt und daß sie diesen 24-Stunden-Rhythmus hat? Wie kommt es, daß sie sich einmal in 24 Stunden um sich sel-

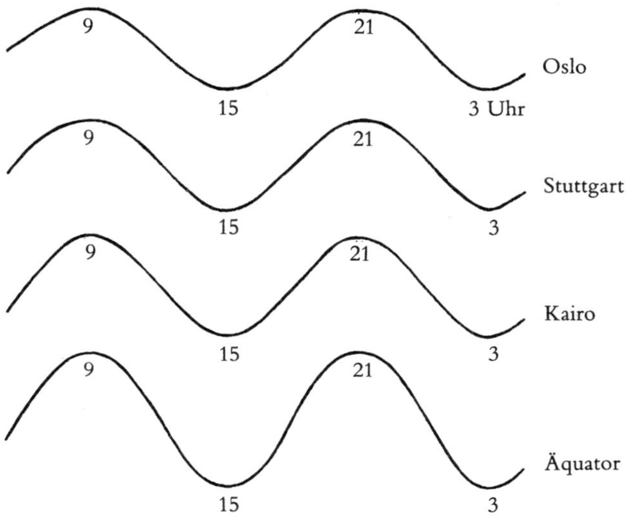

Abb. 12: Luftdruck um 9 Uhr, 15 Uhr, 21 Uhr und 3 Uhr an verschiedenen Orten der Erde

ber dreht und dabei einmal den ganzen Kosmos rings herum anschaut, wie macht sie denn das?

Das macht sie auf eine sehr einfache Weise: Stellen Sie sich mal vor, wir wären in Oslo und würden durch viele Jahrzehnte hindurch den Druck der Luft messen und dann feststellen, daß dieser Luftdruck morgens um 9 Uhr steigt, mittags um 15 Uhr abnimmt, abends um 21 Uhr wieder steigt und nachts um 3 Uhr wieder abnimmt. Jetzt fahren wir von Oslo nach Süden, z. B. nach Stuttgart, messen dasselbe und konstatieren, daß der Unterschied zwischen dem höchsten und niedrigsten Druck größer wird. Fahren wir noch weiter nach Süden, stellen wir fest, daß er immer größer wird und am Äquator am größten ist. Zeichnen wir das einmal auf, dann sieht das so aus: um 9 Uhr und um 21 Uhr ist der Luftdruck am höchsten, um 15 Uhr und um 3 Uhr morgens am niedrigsten, und diese Schwankung steigert sich von Oslo bis zum Äquator, wo der Unterschied zwischen dem sogenannten Maximum und dem sogenannten Minimum am größten ist. Der Luftdruck bewegt sich also so, daß wir zweimal am Tag ein Maximum und zweimal am Tag ein Minimum haben. Was bedeutet das denn?

Wenn ich hier die Erde habe und auf den Nordpol schaue, dann kann ich mir ja sagen, daß die Erde sich von West nach Ost dreht. Darum geht ja die Sonne im Osten auf und im Westen unter. Die Erde dreht sich also von West nach Ost so um sich selber um den Nordpol herum. Und wenn hier (1 auf Abb. 13) die Sonne ist, habe ich hier (2) 12 Uhr mittags. Wenn hier aber 12 Uhr mittags ist und die Sonne am höchsten steht, dann habe ich hier (3) 18 Uhr und da (4) 24 Uhr und da (5) 6 Uhr, und dazwischen 15 Uhr, 21 Uhr, 3 Uhr und 9 Uhr.

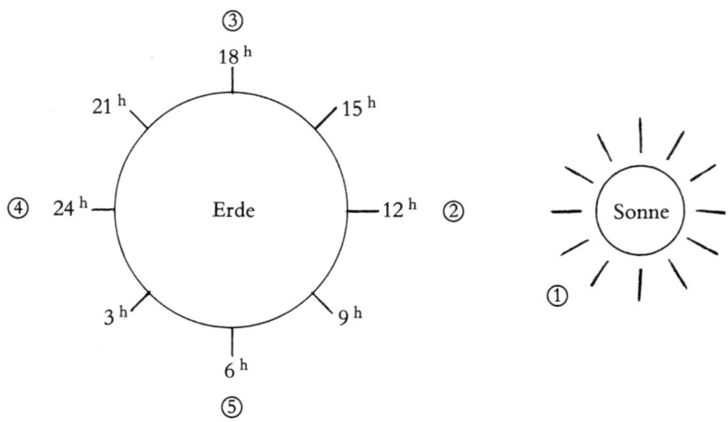

Abb. 13: Sonne und Erde mit Tageszeiten

Wo war jeweils der hohe Luftdruck? Bei 9 Uhr und bei 21 Uhr. Und wo war der schwache Druck? Bei 15 Uhr und bei 3 Uhr. Der Wissenschaftler Guenther Wachsmuth hat ein umfangreiches Buch geschrieben mit dem Titel: »Erde und Mensch. Ihre Bildekräfte, Rhythmen und Lebensprozesse«[2]. Darin steht, daß diese Luftdruck-Unterschiede überhaupt nur so zu erklären sind, daß zu den konzentrischen Sphären der Erde – also Lithosphäre, Hydrosphäre,

Atmosphäre, Thermosphäre – eine exzentrische Sphäre hinzugekommen ist. Und diese exzentrische Sphäre sitzt so darin, daß sie hier (1 auf Abb. 14) in dieser Zone und hier (2) in dieser Zone – also 9 und 21 Uhr – durch die feste Erde und die flüssige Erde und die Luft hindurchgeht, und daß sie an dieser Seite (3) in der Erde darinsteckt und auf dieser Seite der Erde (4) sich draußen befindet.

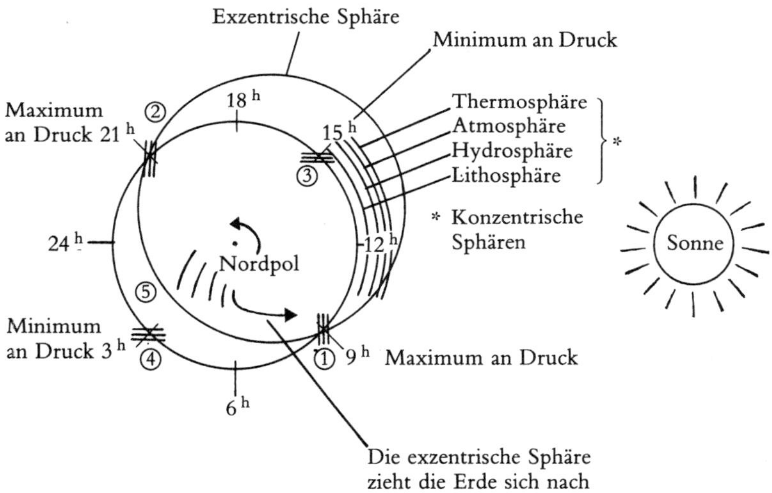

Abb. 14: Sonne und Erde mit Tageszeiten und exzentrischer Sphäre

Diese Sphäre hat die Kraft der Zusammenziehung. Die kann sie aber nur dann haben, wenn sie aus Lebensäther und chemischem Äther besteht. In dieser Sphäre ist Leben, genau wie Leben im Ätherleib des Menschen ist, das Leben, das das Blut in Bewegung setzt und das Herz klopfen macht. So ist in dieser exzentrischen Sphäre ätherische Bewegungskraft enthalten, und die bewirkt dort, wo sie die Atmosphäre durchdringt, also hier (2 auf Abb. 14) bei 21 Uhr von oben nach unten, daß die dort die Atmosphäre zusammendrückt und ein Maximum an Druck erzeugt. Hier dagegen, bei 3 Uhr (4), wo sie in das Erdinnere eingetaucht ist, läßt sie die Atmosphäre frei, und wir haben ein Minimum. In dem Moment, wo sie wieder herauskommt, also bei 9 Uhr (1), drückt sie die Luft wieder zusammen, und wir haben ein Maximum, und in dem Moment, wo sie weit draußen ist (4), läßt sie die Luft darunter wieder frei, und wir haben wieder ein Minimum.

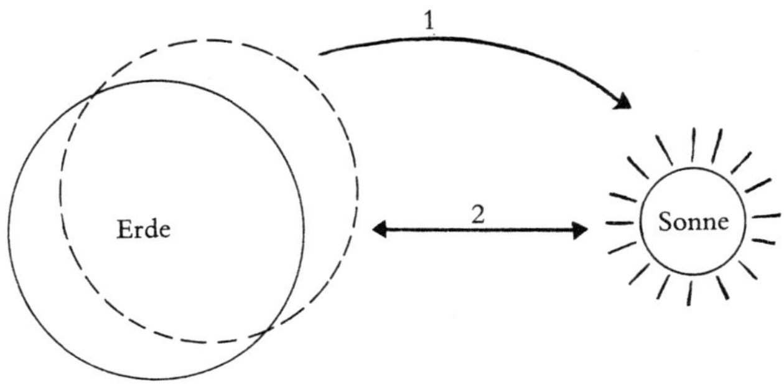

Abb. 15: Exzentrische Sphäre und Erdbewegung um die Sonne

Das kann sie aber nur dann, wenn diese Phäre selber zur Sonne eine feste Position hat und sich die feste Erde mit ihrer Sphäre in dieser ätherischen Sphäre dreht, so daß immer ein neuer Punkt der Erde da durchzieht, und zwar sowohl da (2) wie da (3) wie da (1). Sie hat aber ihre feste Position nicht so zur Sonne, daß ihr größter Ausatmungszustand direkt zur Sonne guckt, sondern daß sie einen Bogen zur Sonne hat. Ich will Ihnen das jetzt hier an diesem Globus vorführen, der nämlich die interessante Eigenschaft hat, daß er den Punkt zeigt, wo die Sonne jeweils senkrecht über der Erde steht. Ich habe ihn so eingestellt, daß der Meridian von Stuttgart genau auf 21.30 Uhr steht. Und jetzt sehen Sie, daß wir hier in Stuttgart schon in der Nacht sind, hier ist Afrika, da ist Europa. Wir haben die Dämmerungszone, und wir haben die Stelle, wo die Sonne jetzt senkrecht darübersteht, und wo ist das? In Hawaii. Nun sehen Sie, das ist nun die Position, die die Erde direkt zur Sonne hat. Die Sphäre, die exzentrische Sphäre aber, die hat nicht die direkte Position zur Sonne, denn jetzt ist bei uns gerade der Punkt, wo die

Sphäre herausgeht, nämlich 21.30 Uhr, d. h. wir haben ein Maximum des Luftdrucks. Das bedeutet also, die Sphäre kommt jetzt hier (2 auf Abb. 14) gerade herein und geht unter die Erde, läuft dann die Nacht hindurch da unten (5) durch und kommt morgens hier (1) wieder zum Vorschein. Und dann läuft sie so um die Erde herum. Das heißt also, diese Sphäre hat zur Sonne eine gebogene Beziehung. Wenn man das jetzt ganz klein aufzeichnet, dann hätten wir hier die Sonne und hier die Erde, ganz klein, dann müßte das so aussehen (1) und nicht so (2). Die Sphäre guckt hier so heraus.

Was verrät uns dieser interessante Tatbestand? Sehen Sie, der verrät, daß die Erde zur Sonne gar nicht ein Gravitationsverhältnis hat, so wie sich das die Mechanisten vorstellen: da ist die Sonne mit ihrer Gravitation und Schwerkraft, und da ist die Erde, und die ziehen sich gegenseitig direkt an, sondern ätherisch gesehen hat die Erde ein Bogenverhältnis zur Sonnenbewegung, das heißt also die Sonne läuft irgendwo durch den Weltraum, und die Erde zieht ihr in einem Bogen nach, und der Bogen bleibt konstant. Der ist aber nicht mehr physisch, der ist ätherisch. Und was bewirkt das? Sehen Sie, diese Sphäre, die zusammenziehende Kräfte hat und aus Lebensäther und chemischem Äther besteht, was macht die? Die zieht die Erde sich nach und dadurch dreht sich die Erde um sich selber, und das bewirkt Tag und Nacht. Der exzentrisch-sphärische Ätherleib der Erde greift in den konzentrisch-sphärischen Ätherleib der Erde so ein, daß sich die Erde bewegt.

Der Bewegungsimpuls aber geht von ihrer Seele aus. Wieso denn? Nun, weil die Erde eben in 24 Stunden mit allen ihren Teilen eine Beziehung zur Sonne, zum Mond und zu sämtlichen Sternen haben will, und darum dreht sie sich einmal um sich selber. Aber die Kraft, sich um sich selbst zu drehen, die bekommt sie aus den ätherischen Konfigurationen, aus den Konfigurationen der Lebenskräfte. Die betreiben das so, wie die Lebenskräfte im Menschen das Blut und den Atem in Bewegung halten. Warum strömt denn das Blut? Nun, weil die Seele das Blut braucht. Wir haben es also mit der exzentrischen Tagespuls-Sphäre zu tun.

Wer sich näher dafür interessiert, dem kann ich nur dringend raten, sich das Buch von Guenther Wachsmuth »Erde und Mensch« vorzunehmen, und dann werden Sie sehen, daß es sich wirklich um einen Lebensvorgang handelt. Denn Wachsmuth hat nachgewiesen, daß sich nach diesem Rhythmus – 3 Uhr, 9 Uhr, 3 Uhr, 9 Uhr – eine ganze Fülle von physiologischen Prozessen bei Pflanze, Tier und Mensch richten. Bis zu Geburtenhäufigkeiten usw. wirkt dies auf die Lebensvorgänge bei Pflanze, Tier und Mensch und auf die Bewegung der Erde ein.

Damit habe ich Ihnen heute die Grundlage für das »Tages-Jahr« der Erde vermittelt. Denn das Tages-Jahr der Erde hat in den Solstitien (Sonnenwendepunkten) und in den Äquinoktien (Tag- und Nachtgleichen) seine Anfänge und seine Impulse. Was heißt das? Nun, Solstitium haben wir morgen. Und Sie sehen ja, wie das Solstitium aussieht, daß es sich ja wirklich um eine Art Stillstand handelt, das habe ich Ihnen an den Aufgangs- und Untergangszeiten und Minuten gezeigt. Wie sich da etwas beruhigt, wie das zur Stille kommt, wie das mehrere Tage hintereinander dieselbe Minute für den Sonnenaufgang ist und nur der Sonnenuntergang etwas später und später wird, bis dann dieser merkwürdige mittlere Tag kommt, der 21., und sich dann der Sonnenaufgang langsam anfängt zu verspäten und der Sonnenuntergang eine Weile ganz ruhig stehenbleibt, wodurch sich die Tagesverlängerung und -verkürzung in eine gewisse ruhige, beruhigte, gleichgewichtige Region begibt. Dann wissen Sie ja, wie es weitergeht und im Juli und im August die Verlängerung der Nacht und die Verkürzung des Tages immer schneller und schneller wird. Die größten Unterschiede haben wir am 23. September, wenn die Tag- und Nachtgleiche kommt. Dann verläuft das wieder langsamer und langsamer, bis sie sich dann beim Winter-Solstitium, also am 21. Dezember, wieder beruhigt. Das sind also die vier Jahreszeitenpunkte des Tageslauf-Jahres. Das ist nämlich noch etwas anderes als das Jahreszeiten-Jahr, das ist nicht dasselbe. Nach den Tageszeiten beginnt tatsächlich der Sommer am 21. Juni, aber nach dem Jahreszeiten-Jahr nicht. Der

Sommer hat nämlich schon längst angefangen und fängt nicht erst morgen an. Die Tageszeiten-Sommerlichkeit fängt morgen an, d. h. ein bestimmter Rhythmus, der mit der Umdrehung der Erde um sich selber und mit der Tageszeit etwas zu tun hat.

Aber der andere Sommer, der Jahreszeiten-Sommer, der ist schon vier Wochen alt. Der hat nämlich Ende Mai angefangen und ist schon durch den ganzen Juni hindurchgelaufen. Wie das läuft, das stelle ich Ihnen in einer der nächsten Stunden dar. Wir haben heute die Erde als Leib mit ganz bestimmten Organen kennengelernt, die ihre Dreigliedrigkeit so entfalten, daß sie sofort die Verwandtschaft mit dem Menschen zeigen: rhythmische Organe (Kontinente), Stoffwechselorgane (Meere) und Bewußtseinsorgane (Faltengebirge) entsprechen der Brustorganisation, der Gliedmaßen-Stoffwechselorganisation und der Kopforganisation des Menschen.

Wir haben zweitens gesehen, daß diesem Erdwesen ein merkwürdiges Gerüst zugrunde liegt, das bewirkt, daß die Organe auf eine merkwürdige Weise verteilt sind, und zwar in drei sphärischen Tetraederflächen, deren Spitzen am Südpol zusammenlaufen, und einer vierten Fläche, in deren Mittelpunkt der Nordpol liegt. Und von daher versteht man ja überhaupt erst, warum das alles nach Süden spitz zuläuft. Das kann man doch sonst gar nicht verstehen. In diesem spitzen Zulaufen der Kontinente zeigt sich einfach, mit Händen zu greifen, der Tetraeder, der darin steckt. Er zeigt sich aber auch in der Verteilung der Vulkane, der Erdbeben, usw. Er zeigt sich auch in der Verteilung der Organe auf den vier Flächen.

Und dann haben wir das Sphärische der Erde kennengelernt. Die Erde ist eben ein Himmelskörper, und sie ist im ganzen sphärisch gebaut, und in diesem sphärischen Bau zeigen sich die Lebenskräfte, die ätherischen Lebenskräfte, bereits deutlich in der Lithosphäre, Hydrosphäre, Atmosphäre und Thermosphäre.

Wir sind dann noch ein Stück weitergegangen und haben beobachtet, wie diese ätherischen Lebenskräfte, die diesen Leib durchziehen, tätig werden, indem sie Tag und Nacht bewirken, indem sie den Erdball um sich selber sich drehen lassen, indem sie ihn rotieren lassen. Und das bewirkt diese exzentrische, zusammenziehende, aus Lebensäther und chemischem Äther bestehende exzentrische Tagespuls-Sphäre; das pulsiert. »Im inneren Erdenball pulsieren die Kräfte, die zur Nacht uns führen und wieder zu dem Tag hinan.« Wer redet so? Hören Sie, was für ein Gedicht Johann Wolfgang von Goethe gedichtet hat:

»Das Leben wohnt in jedem Sterne:
Er wandelt mit den andern gerne
Die selbsterwählte, reine Bahn;
Im innern Erdenball pulsieren
Die Kräfte, die zur Nacht uns führen
Und wieder zu dem Tag heran.«[3]

Woher weiß er das? Nun, weil er eben tiefer fühlt und tiefer sieht und ein deutliches Gefühl dafür hat, daß die Erde nicht nur ein Leib ist, sondern tatsächlich eine von Leben und Seele durchwobene Leiblichkeit.

Damit haben wir jetzt den ersten Übergang von der Leiblichkeit und dem Leben der Erde zu ihrem Seelischen. Wir haben den Übergang zum Tages-Jahr. Im Tages-Jahr bedeuten Sommersolstitium: längster Tag, kürzeste Nacht; Herbstpunkt: Tag- und Nachtgleiche; Wintersolstitium: kürzester Tag, längste Nacht; Frühlingspunkt: Tag- und Nachtgleiche. So ergibt sich der astronomische, tageslaufmäßige Beginn von Frühling, Sommer, Herbst und Winter, nicht aber die Jahreszeiten. Die Tageszeiten, das Wachsen und das Abnehmen der Tageszeiten, sind nur die eine »Sorte« Jahr. Mit Hilfe der Zunahme und der Abnahme der Tageszeiten nimmt die Erde wahr und verschafft sich ein Bewußtsein von dem, was sie im Jahreszeiten-Jahr längst schon getan hat.

Das ist ja beim Menschen genauso. Der Mensch lebt und handelt, und nachher kommt er dahinter, was er gemacht hat. So ist es auch mit der Erde. Darum sind die Tage die Wahrnehmungsorgane für das Jahr. Mit den Tagen nimmt die Erde das Jahr wahr, das schon längst im Gange ist. Und darum sind die Jahreszeiten-Anfänge nicht der 21. Dezember und der 21. März usw.; man redet ja heute deshalb nur so, weil einem nichts anderes übriggeblieben ist als diese ganz dürren, äußerlichen astronomischen Tageslauf-Berechnungen. Aber wir haben gesehen, daß schon der Tageslauf selbst ein bißchen etwas anderes ist, als was man sich dabei vorstellt.

Schauen Sie sich daraufhin noch einmal diesen Globus an. Er ist so gemacht, daß man hier in dieser Zone die Dämmerungszone hat. Auf dieser Seite ist Nacht, auf der Seite ist Tag, und dort hat man den Punkt, wo die Sonne senkrecht darübersteht. Und wenn Sie das bewegen, so können Sie den Stand der Sonne für jeden Tag des Jahres einstellen. Was passiert jetzt z. B. bei uns, wenn ich hier den Zeiger nicht auf den 21. Juni, sondern auf den 21. Dezember umstelle? Jetzt stelle ich auch noch für Stuttgart die Zeit von 21.30 Uhr ein. Wenn wir also am 21. Dezember in Stuttgart 21.30 Uhr haben, dann sehen Sie, wie das aussehen wird: Die Sonne steht jetzt senkrecht hier, wieder gegenüber von uns, aber Sie sehen, die ganze Nordpolzone ist dunkel und die Südpolzone ist hell. Verstehen Sie? Jetzt drehe ich weiter zum 21. März, zur Frühlings-Tag- und Nachtgleiche, und Sie sehen, wie die Nordhalbkugel und die Südhalbkugel der Erde gleichmäßig beleuchtet sind. Drehe ich jetzt weiter zum Sommer-Solstitium am 21. Juni, dann komme ich zu unserem Sommer. Und was passiert? Der Nordpol ist hell. Da kann sich die Erde in 24 Stunden drehen, wie sie will – ich drehe jetzt von West nach Ost, die Sonne scheint hier immer. Das heißt: ein halbes Jahr lang ist im Norden Tag. Dieser Tag wird dann allerdings immer schattiger, wenn es gegen den Herbst zugeht. Und bei der Tag- und Nachtgleiche verschwindet die Sonne am Horizont und geht den ganzen Winter über nicht auf. Und die Grenze, bis wohin das so ist, wo sie den ganzen Winter über nicht mehr scheint und dagegen den ganzen Sommer über scheint, nennt man den »Polarkreis«. Der Polarkreis, der läuft hier so herum, und man nennt ihn auch die »Polarkalotte« der Erde. Man kann an diesem Globus aber auch sehen, wo die Sonne im Laufe eines Jahres senkrecht daraufscheinen kann, und das ist zwischen dem nördlichen und dem südlichen Wendekreis der Fall. Nur in diesem Gebiet kann die Sonne senkrecht auf die Erde scheinen. Und da wir ja jetzt Hochsommer haben, steht sie natürlich genau auf dem Wendekreis. Da sehen Sie, wenn ich jetzt wieder auf den 21. Juni einstelle, daß die Sonne genau auf dem Wendekreis steht.

In der nächsten Stunde wollen wir dann von dem Tages-Jahr zum Jahreszeiten-Jahr übergehen.

DRITTE STUNDE

Das Tageszeiten-Jahr und das Jahreszeiten-Jahr

In der ersten Stunde haben wir versucht, uns gewisse Grundlagen zu erarbeiten, und die erste Frage war: Was ist das Wesen eines leiblichen Daseins? Was macht den Leib zum Leib? Der Leib muß so sein, daß er für ein Inneres, für ein Lebendiges, eine Behausung sein kann. Er muß Organe haben, er muß aber vor allem so gebildet sein, daß alle einzelnen Teile in einem sinnvollen Gesamtzusammenhang stehen.

Wir haben uns dann weiter gefragt, was das Wesen des Seelischen ist. Was macht die Seele zur Seele? Da kommen wir natürlich in einen vollkommen anderen Bereich, man möchte beinahe sagen, in das Gegenteil hinein. So wie das Leibliche das Äußerste, das Äußerlichste, die Behausung, die Hülle ist, so ist das Seelische das Innere, das Innerliche. Aber das Seelische ist nur dann seelisch, wenn es sich selbst fortwährend durchdringend, sich selbst berührend, durch und durch in allen seinen Teilen als Innerlichkeit empfindet und erlebt. Das Seelische ist die Ur-Subjektivität, es ist das, was das Subjektive, das Innerliche, das Selbstbezogene ausmacht.

Wir haben dann gesehen, daß das Geistige etwas ist, was nur mit dem Bewußtsein zusammenhängt, wobei aber dieses Bewußtsein selbst nun wiederum seine Inhalte hat, die geistiger Natur, gedanklicher Natur sind. Aber diese Gedanken, diese Ideen, sind im Geistigen Wesen, sie sind wesenhaft, und das Bewußtsein und der Inhalt dieses Bewußtseins sind identisch. Das Geistige ist etwas völlig anderes als das Seelische, das sich mit sich selber durchdringend berührt und erlebt. Das Geistige leuchtet, es schafft. Wir haben aber dann gesehen, daß dieses Geistige auch im Seelischen und im Leiblichen sich betätigt, daß es also in seinen Hüllen lebt.

Wir sind dadurch aufmerksam geworden auf zwei ganz verschiedene geistige Welten: die eigentlich geistige Welt und eben die, wo das Geistige sich nur nach außen wendet, wo es sich auslebt, wo es gestaltet, wo es das, was es innerlich bewußt schafft und konzipiert, herausarbeitet, heraussetzt, verräumlicht. Das ist die Welt, die wir in der Geisteswissenschaft die Welt der Lebenskräfte, der Bildekräfte, des Ätherischen nennen. Wir können also auf der einen Seite vom Geistigen zum Leiblichen dadurch gehen, daß wir das Geistige sich zum Seelischen verinnerlichen und das Seelische dann seine leibliche Behausung finden lassen. Wir können aber auf der anderen Seite vom Geistigen auch zum Leiblichen kommen, zum Leben, zu den Lebenskräften, die sich dann verdichten lassen zum Leiblichen, zum Körperlich-Physischen. Wir haben dann jeweils die Stoffe, die Substanzen, also einmal die sinnliche, materielle, stoffliche Substanz, dann die Seelensubstanz und dann die Geistsubstanz angeschaut, wir haben die sinnlich-physischen, seelischen und geistigen Kräfte angeschaut, wir haben die Lebenszustände, die verschiedenartigen Zustände des Geistigen, des Seelischen, des Leiblichen und des Lebendig-Ätherischen angeschaut und haben damit eine umfassende Grundlage für die Betrachtung der Erde und des Jahreslaufes bekommen.

Ich wiederhole das deshalb, weil wir nun noch einige Schritte weitergehen müssen. Bevor wir das tun, möchte ich Sie aber auch an die zweite Stunde erinnern, in der wir nun versucht haben, die Erde anzuschauen und dabei darauf aufmerksam geworden sind, daß die Erde tatsächlich ein Leib ist, also nicht ein Haufen Materie, sondern eine Leiblichkeit mit Organen. Diese Organe verraten sogar eine gewisse Verwandtschaft, wenn man den Menschen mit seiner Leiblichkeit als eine Art Schlüssel, als eine Art Hieroglyphe nimmt, in der man lesen lernt. Und so fanden wir die Dreigliederung, die wir in der Organisation, in den Organen des Menschen haben, auch bei der Erde wieder. Wir fanden da Bewußtseinsorgane, ähnlich wie wir das beim Menschen in der Kopforganisation, in den Sinnen, im Gehirn, in dem Nervensystem haben. Wir haben dann bei der Erde auch rhythmische Organe, genauso wie wir beim Menschen auch den rhythmischen, den mittleren Menschen haben. Bei der Erde sind das im wesentlichen die Kontinente, die aber wie lebendig sind, die auf- und absteigen, sich sogar an der Oberfläche der Erde bewegen, bis die Erde fertig geformt ist. Es sind die Kontinente, die vor allem auch das ganze Wachstum von Pflanze und Tier und Mensch in sich tragen und die Wasserzirkulation der Flüsse auf sich tragen. Wir haben dann gesehen, daß wir in den Tiefen der eigentlichen Ozeane so etwas wie eine Stoffwechselorganisation haben, wo nicht nur das Wasser, sondern eben auch sogar die feste Erde sich bewegt und einen Stoffwechsel zeigt in dem inneren Aufstieg in den mittelozeanischen Rücken und dem Auseinanderfließen und dem Absteigen an den Rändern.

Wir haben dann gesehen, daß diese Organe das Antlitz, die Oberfläche sind, daß diese Oberfläche aber nach einem Grundgerüst, nach einem Skelett, geordnet ist. Dieses Skelett ist eine geometrische Figur, eine Art Kristall mit vier Flächen. Dabei wurde sofort deutlich, daß drei von diesen Flächen eine gewisse Ähnlichkeit miteinander haben, und das sind die, die an der Spitze des Südpols zusammenstoßen und nun einen gewissen Typus entwickeln, bei dem wir in der Mitte das Stoffwechselorgan haben, an den beiden Rändern die rhythmische Organisation in den Kontinenten haben, und ganz am Rande haben wir dann die Bewußtseinsorgane, die Faltengebirge, die immer mit mittelmeerartigen Gebilden zusammenhängen. Die vierte dieser vier Tetraederflächen, dieser sphärischen Tetraederflächen, trägt dann den Nordpol in sich. Man sieht sofort, welch eine ungeheure Polarität da zwischen dem nördlichen Pol, der in der Mitte einer Tetraederfläche liegt, und dem Südpol, wo sich die drei anderen Tetraederflächen treffen, besteht. Und mit einem Mal wird die Gestalt der Kontinente verständlich, die eben den überraschenden Anblick bieten, an den man sich ja anhand der Weltkarten gewöhnt hat, daß sie nämlich alle nach unten, das heißt nach Süden, spitz zulaufen und sich nach Norden flächig ausbreiten. In diesem Zusammenhang darf ich vielleicht auch nochmal darauf hinweisen, daß die drei Südkontinente, also Südamerika, Afrika und Australien eigenartigerweise dann auch wieder von Ost nach West eine merkwürdige Polarität aufweisen. Diese zeigt sich darin, daß Südamerika ganz zusammengedrängt ist, Afrika eine gewisse ruhige mittlere Gleichmäßigkeit hat mit seinen wunderbaren großen Schüsseln, aus denen es aufgebaut ist, daß es aber in seiner östlichen Hälfte ausgesprochene Bruchzonen zeigt, und daß Australien vollständig aufgelöst ist. Sie müssen nämlich verstehen, daß dieses Australien, als es noch über dem Wasser war, in den frühesten Perioden der Erdentstehung so ausgesehen hat:

Abb. 16: Australien in der Uranlage

Sie bemerken sofort, daß das die gleiche Gestalt mit umgekehrter Spiegelbildlichkeit wie die von Südamerika ist. Man muß das aber ergänzen, denn hier ist ein Trümmerfeld. Nun, je länger Sie das anschauen, desto deutlicher werden die organischen leibartigen Gestaltungen, besonders dann, wenn man nun auch noch entdeckt, daß dieses Gesamtbild einer großen nördlichen flächenartigen Ausdehnung in der Nordkalotte, der Nord-Tetraederfläche, und der drei interessanten Südkontinente sich wiederholt z. B. in Europa, wo der westliche Teil wieder zusammengedrängt ist (Spanien), der mittlere eine große Insel bei sich hat (Sizilien) so wie Afrika mit

Madagaskar, der östliche in drei Halbinseln ganz aufgelöst ist (Griechenland). Dasselbe wiederholt sich in Asien noch einmal: wir haben die westliche Halbinsel (Arabien), die entspricht Südamerika, dann haben wir diese mittlere mit der großen Insel (Indien und Ceylon), die Afrika mit Madagaskar entspricht, und wir haben diese hier ganz aufgelöst (Indonesischer Archipel). Dasselbe tritt hier sogar noch einmal auf (Mittelamerika): diese kleine Halbinsel, die dann ganz aufgelöst ist (Florida, Bahamas), die mittlere mit einer Insel daran, die aber zusammengebacken ist (Mexiko, Yucatan), und die westliche, die total zusammengequetscht ist (Kalifornische Halbinsel).

Sie sehen also, dieser Typus, dieses Bild eines organischen Lebendigen, einer organisch-lebendigen Gestaltung wird immer deutlicher. Und im Endeffekt kann man schließlich die Frage haben: Was für ein Leitbild, was für eine Leibgestalt, liegt eigentlich dem Ganzen zugrunde?

Da kommt man auf die unmittelbarste, beinahe kann man sagen, auf die naivste Weise auf einen menschlichen Kopf. Denn man kann sagen, daß bei der Erde die Kopf-Kalotte, der obere Teil dieses Hauptes, im wesentlichen die vierte Tetraederfläche mit den Wölbungen, mit den starken Bildungen der Kontinente ist. Da sind ja drei Kontinente versammelt: Nordamerika, Europa und Asien, während die südliche Erde dem entspricht, was wir beim Menschen dreigliedrig in seinem unteren Haupte haben, nämlich die beiden Backenknochen, die beiden Kieferbildungen, Ober- und Unterkiefer, und in der Mitte das, was mit der Nasenbildungspartie zusammenhängt. Von diesem Bild, bei dem jetzt die Erde tatsächlich ganz nahe an eine organische Bildung heranrückt, nämlich an die Bildung des menschlichen Hauptes, kommen wir außerdem auf eine noch ganz außerordentlich wichtige Tatsache. Wir kommen nämlich darauf, daß dieses Haupt bewußtseinsmäßig einen Mittelpunkt hat, welcher aber nicht der Erdmittelpunkt ist, sondern der Mittelpunkt, der auch beim menschlichen Haupte der Bewußtseinsmittelpunkt ist, und das ist die Stirnhöhle über der Nase, der Ort, wohin sich der Mensch konzentriert, wenn er z. B. nachdenkt. Auf der Erde liegt eben an dieser Stelle das Land Palästina, das heißt der Ort, an dem die Gottheit diesen Erdenplaneten, diesen Erdenleib als Mensch betreten und begangen hat.

Wir haben dann weiter gesehen, daß dieser Organismus, diese Leiblichkeit, auch von Lebenskräften durchzogen ist, also von jenen ätherischen Bildekräften, von denen wir am Anfang gesprochen haben. Dann haben wir hauptsächlich die sphärische Anordnung der drei großen Materie-Gebilde, nämlich erstens der mineralischen Welt der Steine, des Gesteins, der Mineralien im engeren Sinn, also des festen Erdkörpers, der zweitens von dem wässerigen Element umwogt und umwölkt ist, also von dem Wasser der Hydrosphäre, und das Ganze ist dann drittens umleuchtet, umzogen, von der Luftsphäre, von der Atmosphäre. Je genauer man hinschaut, desto deutlicher sieht man, daß diese Sphären in einer ganz großartigen Weise spiegelbildlich um eine Nullsphäre angeordnet sind, und das ist die Oberfläche des Meeres. Von der Oberfläche des Meeres nach innen zu haben wir den einen Teil des Wassers, nämlich das Wasser, das im Ozean liegt oder sich bewegt. Wir haben von dieser Nullsphäre nach oben den anderen Teil des Wassers, den Teil, der in den Wolken auf- und absteigt, und dann die Luft. Das Wasser ist wieder ganz deutlich die mittlere Sphäre zwischen der Lithosphäre – der Gesteinssphäre – und der Atmosphäre, der Luftsphäre.

Innerhalb dieses Wesens, das im menschlichen Haupte nicht nachgebildet, sondern vorgebildet ist, haben wir also diese sphärische Anordnung, in der sich eben die Lebenskräfte offenbaren. Denn der Lebensäther und der chemische Äther sind hauptsächlich in der Gesteinssphäre darin und wirken von da aus z. B. auf das Pflanzenleben, während der Wärme- und der Lichtäther eben hauptsächlich im Umkreis wirken, in der Atmosphäre. Und das Wasser bildet wiederum die Mitte, die aufsteigt und absteigt und vermittelt. Das bedeutet also, der Leib Erde ist lebendig, er hat Lebenskräfte in sich.

Wir haben dann gemeinsam den ersten Schritt getan, nun dieses Leib-Wesen Erde daraufhin anzuschauen, welche Lebensprozesse es nun offenbart, welche Lebensprozesse es zeigt. Da sind wir ja zunächst darauf aufmerksam geworden, daß sich dieses Wesen im Ganzen bewegt, d. h. daß es sich um sich selbst herum bewegt, so daß, wenn wir nun den Vergleich mit dem menschlichen Haupte ganz konkret nehmen, das Antlitz, die Vorderseite, innerhalb von 24 Stunden den gesamten Sternenhimmel anschaut, und umgekehrt die Rückseite, das Hinterhaupt, sich auch wiederum in 24 Stunden dem gesamten Sternenhimmel aussetzt. Das bewirkt also die Rotation der Erde. Sie wissen ja, und ich habe das auch kurz angedeutet, wie die heutige Naturwissenschaft, die ja aus ihren Voraussetzungen heraus ganz mechanistisch-materialistisch denkt und denken muß, die ganze Sache als einen reinen Mechanismus interpretiert. Davon kann aber natürlich überhaupt keine Rede sein. Denn ein Organismus ist eben kein Mechanismus, auch dann nicht, wenn er scheinbar mechanische Bewegungen ausführt wie die Rotation, diese Drehung um sich selber. Vielmehr muß man nach der eigentlichen lebendigen Ursache für diese gewaltige Bewegung suchen, im Sinne von Johann Wolfgang von Goethe, der da sagte:

»Und schnell und unbegreiflich schnelle
Dreht sich umher der Erde Pracht;
Es wechselt Paradieseshelle
Mit tiefer schauervoller Nacht.«[4]

In einem Gedicht, das ich Ihnen schon in der letzten Stunde vorgetragen habe, hat er es so ausgedrückt:

»Das Leben wohnt in jedem Sterne:
Er wandelt mit den anderen gerne
Die selbstgewählte reine Bahn;
Im innern Erdenball pulsieren
Die Kräfte, die zur Nacht uns führen
Und wieder zu dem Tag heran.«

Und so haben wir, angeregt durch ein Werk, das schon vor vielen Jahren aus dem anthroposophischen Zusammenhang heraus erschienen ist – Guenther Wachsmuth »Erde und Mensch« –, nach den Lebenskräften, nach den ätherischen Bildekräften gesucht, die diese Bewegung genauso verursachen, wie die Bewegung des Blutes im menschlichen Leibe durch die Lebenskräfte verursacht wird, durch die ätherischen Bildekräfte, die unmittelbar an dem Blute angreifen und das Blut zum Strömen bringen. Sie können auch daran denken, wie mit Hilfe dieser Lebenskräfte die Seele des Menschen, der Wille des Menschen, an der Muskulatur angreifen kann und dieses Muskelsystem zur Zusammenziehung und Ausdehnung bringen kann, so daß dadurch aus dem Seelischen, aus dem Willen heraus eine leibliche Bewegung zustande kommt. Der Mensch ist ja gerade nicht ein Wendehals. Der Wendehals ist imstande, seinen Kopf so ungefähr zweimal um sich selbst herum und dann wieder zurückzudrehen. Aber ein bißchen drehen können wir den Kopf natürlich auch. Die Kräfte, die das bei der Erde bewirken, die sind sozusagen in jener Sphäre konzentriert, die nun mit den anderen Sphären, die den Leib der Erde bilden, nicht konzentrisch ist. Das ist also die exzentrische Sphäre, von der wir gesehen haben, wie man ihr auf die Spur kommen kann, wenn man beobachtet, daß in bestimmten Bereichen der Erde ein Rhythmus von Zusammenziehung und Ausdehnung zustande kommt, also ein echter Pulsschlag, wo sich etwas zusammenzieht und wieder ausdehnt. Das ist in diesem Falle die Atmosphäre, und zwar die Atmosphäre in einem ganz bestimmten Bereich.

Wenn wir uns noch einmal an die Bilder zurückerinnern, die man sich jetzt ja davon machen kann, dann können wir deutlich sehen, daß diese exzentrische Sphäre, die mit den Uhrzeiten 9 Uhr, 15 Uhr, 21 Uhr und 3 Uhr zusammenhängt, zur Sonne eine ganz bestimmte Beziehung hat. Sie ist durch die ätherischen Kräfte, die in ihr konzentiert sind und die im wesentlichen Lebens- und chemische Ätherkräfte sind, tatsächlich in der Lage, solange sie unter die Erdoberfläche untergetaucht ist, diese Erde zu ergreifen und zu ziehen, zu bewegen, um sich herum in Drehung zu bringen. Daß es sich dabei tatsächlich um solche zusammenziehenden Lebenskräfte handelt, dazu hat eben G. Wachsmuth reichhaltiges Material zusammengetragen. Damit zeigt er deutlich, daß dieser Rhythmus, durch den die Erde ja in 24 Stunden hindurch bewegt wird, sich in sämtlichen Lebensprozessen von Pflanze, Tier und Mensch, aber auch in den elektrischen und magnetischen Prozessen abbildet. Es ist dadurch ganz eindeutig und in gewissem Sinne bewiesen, daß es sich dabei eben um einen Lebensprozeß handelt, der bei der Erde diese Bewegung bewirkt und durch diese Bewegung die Stellung zur Sonne verändert, aber auch die Stellung zum Mond, zu den Fixsternen und zu den Planeten. Auf diese Weise entsteht der erste Jahresrhythmus, nämlich das Tageszeiten-Jahr.

Dieses Tageszeiten-Jahr wollen wir uns nun noch ein bißchen näher vor Augen führen, wobei ich Sie gleich darauf aufmerksam mache, daß dieses Tageszeiten-Jahr wiederum in sich dreigliedrig aufgebaut ist, nämlich so, daß nicht nur das Licht-Finsternis-Geschehen sich dabei abspielt, also hell-dunkel, Tag-Nacht, sondern daß dieses Tag-Nacht-Geschehen von zwei weiteren Grundprozessen überlagert ist, die auch im Tagesrhythmus ablaufen. Das ist auf der einen Seite der Rhythmus von Wärme und Kälte, also warm-kalt, und das ist auf der anderen Seite das, wovon wir ausgegangen sind, nämlich Zusammenziehung und Ausdehnung, also Puls. So haben wir eigentlich den dreifachen Tag als Tagesvorgang: den Tag des Hell und des Dunkel, Licht und Finsternis; wir haben zweitens den Tag mit Wärme und Kälte, also den Wärme-Tag und die Wärme-Nacht, so wie wir den Licht-Tag und die Licht-Nacht haben; und wir haben drittens den Zusammenziehungs- und Ausdehnungs-Tag.

Aus diesen drei Komponenten entsteht das alles, was wir Tag und Nacht zu nennen berechtigt sind. Diese drei großartigen Prozesse gehören zusammen. Wir haben also den Licht-Tag, den Wärme-Tag und den Pulsschlag-Tag.

Wenn wir nun zunächst einmal den Licht-Tag betrachten, dann

können wir sehen, daß dieser Licht-Tag dadurch charakterisiert ist, daß die Erde ihr Verhältnis zur Sonne innerhalb der Tagesstunden fortwährend majestätisch ruhig verändert, so daß wir als Phänomen von Licht und Dunkel dieses haben: Wir haben den vollen hellen Tag, die Tageshöhe, wir haben die volle dunkle Nacht, die Nachttiefe, und wir haben die beiden Dämmerungen, Abenddämmerung und Morgendämmerung.

Wenn wir uns zunächst die beiden Dämmerungsprozesse näher anschauen, dann sind wir überrascht, was wir da beobachten können. Natürlich müssen wir als Voraussetzung einen vollkommen wolkenlosen, klaren Tag haben – das kann ein Wintertag, das kann ein Frühlings-, ein Sommer- oder ein Herbsttag sein, das ist ganz gleich –, so daß wir die Lichtveränderungen der Dämmerungsprozesse vollständig wahrnehmen können. Wie gehen die eigentlich vor sich? Am leichtesten sieht man das ja beim Sonnenuntergang, weil man den öfter beobachtet. Wenn die Sonne aufgeht, dann schlafen ja die meisten modernen Menschen noch, oder sie sind so beschäftigt, daß sie gar nicht die Gelegenheit haben, einmal in Ruhe zuzusehen. Gehen wir also von der Abenddämmerung aus. Da haben wir zunächst einmal die Phase, in der wir die Sonne noch nicht anschauen können, in der sie also noch weiß ist. Und dann sehen wir, wie allmählich diese Überhelle der Sonne nachläßt, wie sie sich etwas dämpft in ihrer Leuchtkraft, gleichzeitig aber farbig wird. Und so haben wir als zweite Phase der Dämmerung das Farbigwerden des Sonnenballes. Diese Farbigkeit geht zunächst von weiß in ein ganz helles Gelb, dann allmählich in ein tiefes Goldgelb, schließlich in ein Zinnober und allmählich in ein Purpurrot über. Die Sonne selbst, der Anblick der Sonne, wandelt sich durch diese Stufen des Farbigen, wobei am Ende dieses Prozesses eine Farbe entsteht, nämlich das Purpur, und das fängt nun an, sich von der Sonne aus auf die Atmosphäre zu übertragen. In dem Moment, wenn der Sonnenball untergegangen ist, beginnt diese Purpurwirkung sich auszubreiten. Das können wir dadurch wahrnehmen, daß wir diese Purpurwirkung zunächst am entgegengesetzten Horizont beobachten. Die Sonne geht also im Westen purpurn unter, aber die erste Purpurwirkung haben wir hinter uns am Osthorizont, wo mit einem Mal der Dämmerungsbogen aufleuchtet, diese eigenartige, leicht grau durchwobene Purpurfarbe. Diese Purpurfärbung beginnt nun allmählich sich vom Osthorizont zu lösen. Sie hat nach dem Westhorizont hin zwei Flügel, und sie beginnt den ganzen Zenit zu verweben, was dann weniger sichtbar, weniger wahrnehmbar ist. Dafür sieht man sie jetzt auf der Erde nachschimmern, und wir haben damit die dritte Phase, die sogenannte Phase der Haupt-Purpur-Dämmerung. Während dieses Purpur vom Osthorizont langsam nach dem Westhorizont herüberflutet und die Erde in diese zarte Purpurfärbung taucht, beginnt über der Sonne sich etwas zu bilden, was allmählich mehr und mehr eine Dreiecksform annimmt, in deren Mitte unter dem Horizont die Sonne steckt, eine hell leuchtende, oft ganz weiß leuchtende Dreiecksform mit einem zarten grauen Rand, und außerhalb dieses Randes ist jetzt der farbige Himmel. Diese Erscheinung nennt man den »klaren Schein« oder das »Auge Gottes«. Und dann zieht sich dieses Dreieck, dieser klare Schein allmählich immer mehr und mehr zusammen und wird nun von der Purpur-Dämmerung abgelöst, die jetzt im Westen ankommt. Während die Haupt-Purpur-Dämmerung allmählich mit der Sonne den Westhorizont erreicht und allmählich unter ihm verschwindet, steigt im Osten eine noch feinere, die Nach-Purpur-Dämmerung auf, welche die ganze Bewegung wiederholt. Das dauert so lange, bis dann allmählich die Farben verschwinden und die Graudämmerung beginnt, und aus dieser Graudämmerung heraus blitzen dann die ersten Sterne heraus. Wir haben damit ein Spektrum von einer sich siebenfältig entfaltenden Dämmerungstätigkeit.

Dasselbe finden Sie am Morgen, wenn Sie von dem letzten Blitzen der Sterne in die frühmorgendliche Graudämmerung hineinschauen und dann den ganzen Prozeß in umgekehrter Reihenfolge sich wiederholen sehen bis zu dem Moment, wenn die Sonne aufgeht, aber noch farbig ist, während man sie noch anschauen kann, bis zur letzten Phase, wo sie schließlich gleißend weiß wird und wir nicht mehr hineinblicken können. Das sind also die beiden Dämmerungsvorgänge: Abend und Morgen, Morgen und Abend.

Wenn wir von der Phänomenologie der Dämmerung nun zu dem zweiten Vorgang übergehen, dann können wir wahrnehmen, wie diese Dämmerung von einer unmittelbar am Licht selbst wahrnehmbaren Prozessualität begleitet ist. Wenn man das morgendliche Aufgehen der Sonne beobachtet, hat man den Eindruck, daß das Licht jetzt nicht einfach immer stärker wird, indem es heller wird, sondern daß sich das Licht gewissermaßen aus sich selber heraus steigert, daß also gewissermaßen Licht dem Licht entquillt, daß das Licht sozusagen die Flügel entfaltet. Man hat gar nicht den Eindruck, daß es direkt von der Sonne herkommt, sondern es erfüllt den Raum, und indem es den Raum erfüllt, erkraftet es sich in sich selbst, steigert sich aus sich selbst heraus und bildet aus sich selbst das sich selbst entquellende Helle bis dahin, daß diese Steigerung eben nachläßt, wenn die Dämmerung vorbei ist. Die Farbenstufen der Dämmerung, die ich vorhin beschrieben habe, werden begleitet von dieser Lichtentfaltung. Und dasselbe haben wir abends vor uns, wenn das Licht sich gewissermaßen wieder in sich zusammenzieht, wenn es gewissermaßen die Flügel einfaltet, indem es sich in sich selbst zusammenzieht, in sich verdichtet, verdunkelt und verschattet. Wir haben also erstens die siebenfältigen Dämmerungsprozesse, wir haben zweitens die Lichtauffaltung und die Lichteinfaltung.

Nun geht die Sache aber noch weiter. Als weiteres Phänomen haben wir die Schattenbildung. Der Schatten ist etwas, womit sich das Bewußtsein der Menschen nicht genügend beschäftigt, denn die Schattenbildung gehört ganz wesenhaft zu dem ganzen Vorgang der Tageszeitenbildung dazu. Bedenken Sie nur, was das heißt, daß die Schatten morgens und abends ganz lang sind, daß sie sich im Laufe des Tages verkürzen, aber dadurch auch gegenüber dem hellen Teil der Welt dunkler werden. Ich habe in verschiedenen Bereichen der Erde z. B. beobachten können, daß diese Dunkel-Intensität der Schatten bei hellstem Tageslicht, also bei Mittagssonne, verschieden dicht ist. In der ganzen asiatischen Welt sind die Schatten nicht so dunkel wie im Westen in Amerika. In Nord- und Südamerika macht man oft die Beobachtung, daß das helle Licht über einem Busch z. B. unter diesem Busch ganz dunkel verschattet ist, viel stärker als bei uns hier oder als im östlichen Teil der Erde. Die Schattenqualitäten sind also über der Erde hin nicht überall die gleichen.

Was ist das aber eigentlich mit dem Schatten? Daß der Schatten auf der einen Seite eine Verlängerung und Verkürzung durchmacht, auf der anderen Seite eine Intensivierung und ein Wieder-Aufgelockert-Werden. Denn je mehr das Licht nachläßt, desto mehr gleicht sich ja der Schatten dem Hellen an, und der Gegensatz zwischen Schatten und Licht ist nicht mehr so stark. Was bedeutet es, daß schließlich der Schatten nicht nur verschiedene Länge hat und verschiedene Intensität, sondern daß er sich um jeden Gegenstand herum im Kreise bewegt? Darauf beruht ja das Prinzip der Sonnenuhr. Also diese Schatten machen eine Bewegung durch, sie machen eine Ausdehnung und Zusammenziehung durch, sie atmen. Sie machen im Laufe des Tages eine Intensivierung und Auflockerung durch.

Achten Sie von heute ab einmal auf die Schattentätigkeiten in der Welt! Warum? Weil wir schließlich und endlich doch darauf aufmerksam werden müssen, daß das Licht selbst ja nur auf der einen Seite dieses äußerlich wahrnehmbare Sinnenlicht ist, also dieses äußerlich wahrnehmbare Tageslicht mit den Dämmerungseffekten, mit den Aus- und Einatmungseffekten, die ich vorhin beschrieben habe, und daß in diesem äußerlich wahrnehmbaren sinnlichen Licht eine Fülle von Leben enthalten ist. Das Licht ist ja ein lebentragendes Wesen.

Wenn Sie z. B. die Lichtqualität nicht nur im Tageslauf, sondern auch im Jahreslauf beobachten, sehen Sie, wie z. B. das Frühlingslicht einen ganz anderen Charakter hat als das Sommerlicht. Ich will das ein wenig charakterisieren. Denken Sie einmal an den

Glanz eines Frühlingsvormittages und denken Sie an den Seidencharakter des Lichtes im Sommer. Es ist dann wie Seide, – wie fein verwobene kostbare Seide sind die Lichtschleier jetzt in diesen Tagen, in diesen Sommertagen, um die Erde herum. Diesen Charakter haben sie aber im Frühling z. B. ganz und gar nicht. Das heißt, daß die Lebenstätigkeiten des Lichtäthers im Frühjahr mehr strahlenden Charakter, lebenweckenden Charakter haben, während sie im Sommer die Eigenschaft haben zu verweben. Das kommt daher, weil sie in der Wärme leben, was sie im Frühjahr gar nicht tun. Durch die Wärme wird das Licht dazu angeregt, sich mit sich selbst zu verweben, und dadurch bekommt es einen wunderbar seidenglänzenden Charakter. Das Licht ist also nicht nur äußerlich das, was wir mit den Augen sehen. Wenn wir genauer hinschauen, bemerken wir, daß in dem äußerlichen Licht Lebenskräfte weben, die dem Licht durch den Jahreslauf, ja sogar durch den Tageslauf von früh bis abends verschiedene Charaktere geben, die man bei bewußterem Hinschauen wahrnehmen kann. Lernen Sie feiner auf die zarten Nuancen hinzuschauen, die das äußerlich sichtbare Licht durch das innere Leben, das es in sich trägt, offenbart!

Aber das Licht hat auch noch eine dritte Seite. Es hat neben dieser äußerlich-sinnlich wahrnehmbaren physischen Seite von Helligkeit und Dunkelheit, neben dieser lebendigen, lebenserfüllten, durch das Jahr und durch den Tag hindurch sich fortwährend wandelnden Lebendigkeit auch noch einen seelischen Inhalt. Wir haben es mit physisch-sinnlichem Licht, mit Ätherlicht, mit Astrallicht, mit Seelenlicht zu tun.

Was ist eigentlich nun in diesem Astrallicht enthalten? Was ist die seelische Innenseite des Lichtes? Die physische, sinnliche Außenseite ist das äußere Hell-Dunkel. Was macht das äußere Hell-Dunkel? Nun, das äußere Hell-Dunkel macht einfach Bilder. Es macht die Welt zum Bild. Eine Landschaft, die vom Licht durchflutet ist, vom Licht beleuchtet wird, bewirkt, daß wir die einzelnen Teile der Landschaft zusammenschauen können. Das Licht, insofern es äußerlich wirksam ist, hat bildschaffenden Charakter. Indem das

Licht aber Leben in sich trägt, hat es die Fähigkeit zu verweben, z. B. in den Pflanzen die Luft mit dem Wasser zu verweben und daraus Zucker zu machen. Mit Hilfe der Lebenskräfte des Lichtes macht ja die Pflanze aus der Kohlensäure, die sie aus der Luft holt, und aus dem Wasser, das sie aus den Wurzeln herauf holt, Zucker, eine lebendige Substanz, schließlich sogar Stärke. Und das Astralische des Lichtes? Das Astralische, das Seelische des Lichtes, ist genau wie das Seelische des Menschen voller Vorstellungen. Es hat nicht nur die Kraft der Empfindung wie die menschliche Seele – die hat es auch, es wird sensibel. Die seelische Innenseite des Lichtes macht das Licht so unendlich sensibel, empfindlich für die leisesten Nuancen, mit denen es umgeht. Ob es durch feuchte, durch trokkene Luft hindurchgeht, es ist ja unendlich empfindlich und sensibel dafür. Aber es trägt in sich auch eine Fülle von Bildern, und diese Bilder sind die Bilder der lebendigen Wesen. Also wir haben die dreifältige Innerlichkeit, die dreifältige Kräftigkeit, des Lichtes vor uns: Das Sinnenlicht, das Leben im Licht und das seelische Innere des Lichtes, das immer auch mit Bewußtsein verbunden ist.

Nehmen Sie nun das Äußere des Lichtes weg, d. h. setzen Sie einen Schatten. Dann kann das Licht nicht mehr in seiner vollen äußeren Wucht dahinströmen, dahinweben, sondern es wird ihm sowohl die Webekraft wie die Strahlenkraft teilweise weggenommen, und es wird gezwungen, um den Schatten herum zu gehen und in diesen Schatten als etwas Aschenartiges noch aufzudämmern, denn alle Schatten haben ja Dämmerungscharakter. Was finden Sie dann aber in diesen Schatten? Darin finden Sie das Seelische des Lichtes. In dem Schatten des Lichtes webt fast ausschließlich das Seelische, das seelische Innere.

Damit kommen wir von der Lichtseite des Tages auf die Nachtseite des Tages zu sprechen. Denn die Nachtseite des Tages auf der Erde entsteht ja dadurch, daß die Erde ihren eigenen Schatten wirft. Bitte bedenken Sie, was das heißt! Wir haben also auf der einen Seite die erleuchtete Hälfte der Erde, – da, wo Tag ist – und auf der anderen Seite die verschattete Hälfte der Erde, da, wo Nacht ist. Wenn wir am Abend aus dem Fenster schauen, nehmen wir wahr: die Außenseite des Lichtes ist weg. Auch die verwebende Lebendigkeit des Lichtes ist wie gedämpft, wie weg. Statt dessen aber kommt dieses Innere, das Gestaltete, das Vorstellungsartige, das Empfindliche, das Seelische, des Lichtes jetzt zu sich selbst. Wir haben also den Licht-Tag, dann die Licht-Dämmerung und schließlich die Licht-Nacht. Die äußeren Konturen verschwinden, die Farben verschwinden vollständig, und man denke, was das bedeutet! Es ist ja da draußen in der Nacht nicht total finster so wie in einem dunklen Keller. Auch in der dunkelsten Nacht ist ja immer noch etwas von diesem Dämmerungsschimmer des Schattenhaften vorhanden. Und wenn Sie sich vorstellen, daß die Erde einen gewaltigen Schatten in den Weltraum hinaufwirft, der bis zum Monde reicht, so daß, wenn die Himmelskörper in einer richtigen Position zueinander stehen, dieser Schatten der Erde den Mond tatsächlich vollständig verschatten kann, und wenn der Mond in dieser merkwürdigen rötlich schimmernden Dunkel-Helligkeit auftritt, dann hat man tatsächlich in den Erdschatten gewissermaßen hineingeschaut. Das Äußerliche, das Physisch-Sinnliche ist weg, auch das Ätherisch-Lebendige ist gedämpft, und statt dessen kommt das Innerliche, das Erlebnismäßige, das Empfindliche, zum Vorschein, und das ist das Geheimnis der Nacht.

Nun haben wir aber noch eine zweite Sorte Tag. Wir haben nicht nur den Licht- und Nacht-Tag, den Hell- und Dunkel-Tag, den Dämmerungs-Tag, sondern wir haben auch den Wärme-Tag. Bemerken Sie bitte, wie der Wärme-Tag seine Rhythmen nicht mit dem Licht-Tag identifiziert. Denn mit dem Sonnenaufgang wird es hell, aber noch nicht warm. Die Sonne muß schon bis zu einem gewissen Grade aufgestiegen sein, bis die von ihr herunterströmende Wärme die Erde so weit erwärmt hat, daß die Wärme-Dämmerung langsam in die volle Wärme-Wirksamkeit übergeht und der Wärme-Tag beginnt. Wir bemerken überraschenderweise, daß die Rhythmen des Wärme-Tages in etwa mit den Rhythmen des Druck-Tages übereinstimmen. Denn ungefähr um 9 Uhr beginnt es richtig warm zu werden. Und die größte Wärme liegt nicht mittags um 12 Uhr, sondern nachmittags um 14 Uhr, 15 Uhr, also in derselben Zeit, wo wir in dem Druck-Tag, in dem Kontraktions-, in dem Pulsations-Tag wiederum das Druckminimum haben. Und dann wird es wieder kühler, aber die kühlste Zeit ist noch nicht die Mitternacht, sondern die kühlste Stunde ist nach Mitternacht, 2 Uhr, 3 Uhr morgens. Der Rhythmus von Wärme-Tag und Wärme-Nacht läuft also parallel mit dem Druck-Tag, mit dem Puls-Tag.

Was bewirken nun dieser Wärme-Tag und diese Wärme-Nacht? In dem Moment, wenn die Wärme anfängt zu wirken, arbeitet sie dem Druck-Tag genau entgegen. Sie versucht nämlich, alles aufzulösen, locker zu machen, ein bißchen zu chaotisieren, und aus dem allzu kristallisierten, gefestigten Zustand herauszuholen, also das Wasser aus dem flüssigen Zustand in den gasförmigen hinaufzuführen, durch die Erwärmung des Wassers Auflösungen herbeizuführen usw. Und dann haben wir die Kulmination des Wärme-Tages nachmittags um 14 Uhr, 15 Uhr. Von da ab nimmt die Wärme wieder ab und bewegt sich langsam auf den kältesten Punkt hin, und wir haben die Wärme-Nacht. Die Wärme-Nacht wirkt nun so, daß sich das Ganze zusammenzieht, daß das Ganze die Tendenz hat zu kristallisieren, im Winter vielleicht sogar richtige Kristalle zu bilden. An einem Wintermorgen wacht man auf, und plötzlich sind die Kristalle da. Wir haben also den Licht-Tag und die Licht-Nacht und dazwischen die Licht-Dämmerungen, Morgendämmerung und Abenddämmerung. Wir haben den Wärme-Tag und die Wärme-Nacht. Zum Wärme-Tag gehören Auflösungsprozesse, Chaotisierungsprozesse. Mit der Bewegung des Zusammenziehens in Richtung des Kristallisierens beginnt die Wärme-Abenddämmerung. Die Wärme-Nacht ist bestimmt durch Kristallisationskräfte, Verfestigungskräfte, Bildekräfte. Der Wärme-Morgen bringt wieder in Bewegung zur erwärmten Auflösung, zur erwärmten Auflockerung.

So haben wir auf der einen Seite den Tageslauf des Luftdruckes, den Puls, wir haben auf der anderen Seite den Tageslauf von Bildung und Entbildung, Kristallisation und Chaotisierung, die Wärme. Diese beiden Prozesse laufen ungefähr parallel miteinander, wobei allerdings der Puls-Tag zweimal erscheint, während der Wärme-Tag nur einmal erscheint. Und wir haben zwischen den beiden, unabhängig davon, gewissermaßen als die eigentlich bewirkende Ursache, den Hell-Dunkel-Tageslauf.

Wenn wir nun diese drei Tagesprozesse anschauen, können wir uns fragen: Was haben wir da eigentlich vor uns? Denn diese drei Tagesprozesse laufen ja im Jahr verschieden, und zwar nicht nur im Jahreslauf verschieden, sondern auch in bezug auf die geographische Verteilung verschieden. Und so müssen wir von jenen interessanten Grenzzonen auf der Erde sprechen, die von diesen Tagesprozessen – wobei ich unter Tagesprozesse jetzt immer alle drei verstehe, also: Hell-Dunkel-Tag, Wärme-Tag und Puls-Tag – deutlich abhängen. Und das sind dann vier interessante Breitenkreise, nämlich:

der nördliche Polarkreis,
der Wendekreis des Krebses,
der Wendekreis des Steinbocks
und der südliche Polarkreis.

Wo verlaufen denn diese merkwürdigen Gebilde? Die Wendekreise verlaufen 23,5° nördlich und südlich vom Äquator. Auf diesem Globus sind die Wendekreise eingezeichnet, und wenn Sie sich das näher anschauen, werden Sie sehen, wie der nördliche Wendekreis des Krebses durch die Westsahara verläuft, dann durch die Sahara, Saudi-Arabien, Indien, Birma und Taiwan, und noch zu den Hawaii-Inseln, dann weiter nach Mexiko, etwas oberhalb von Kuba. Der südliche Wendekreis, der sogenannte Wendekreis des Steinbocks, verläuft durch Südwest-Afrika, an der Südspitze von Madagaskar, mitten durch Australien, durch Polynesien, und in Südamerika durch Bolivien und Brasilien, wo er genau durch Sao Paulo und südlich von Rio de Janeiro verläuft.

Was ist der Wendekreis des Krebses und der Wendekreis des Steinbocks? Wodurch kommen sie zustande? Sehen Sie, das sind jene beiden Linien, an denen die Bewegung der Erde im Verhältnis zur Sonne im Jahreslauf so verläuft, daß zwischen diesen beiden Zonen, also von 23,5° nördlich vom Äquator bis 23,5° südlich vom Äquator, in dieser ganzen äquatorialen Zone die Sonne die Möglichkeit hat, senkrecht über der Erde zu stehen, also im Zenit zu stehen. Ich kann Ihnen gar nicht beschreiben, was für ein sehr merkwürdiges Erlebnis und tiefer Eindruck das ist, die Sonne im Zenit über sich zu haben. Man sucht sie und findet sie nicht. Denn man ist nicht gewöhnt, die Sonne da oben zu haben, sondern sie als einen Gegenstand um sich zu sehen, der aufgeht und untergeht, dem man abends und morgens sogar ins Antlitz schauen kann und von dem man am Tage geblendet wird. Man denkt gar nicht daran, den Kopf direkt nach oben zu drehen und die Sonne zu betrachten. Außerdem kommt hinzu, daß die Sonne, wenn sie senkrecht über dem Kopf steht, ganz klein ist. Sie wissen ja, daß für das menschliche Anschauen die Sonne um so kleiner wird, je höher sie steht, und um so größer, je mehr sie sich dem Horizont nähert. Wenn Sie hier die Sonne untergehen sehen und die Größe der Sonne so ungefähr in der Seele haben und dann am Äquator nach oben schauen und die Sonne suchen, dann werden Sie feststellen: Sie ist mittags nur genau halb so groß wie bei uns im Aufgehen oder Untergehen. Sie ist also ein kleines Etwas. Und nun meint man ja, wenn die Sonne senkrecht über dem Kopf steht, dann ist es sehr hell. Das ist es aber gar nicht, denn das Licht flutet senkrecht herunter, und man steht wie in einer Lichtglocke, die da oben dieses halb sichtbare Zentrum hat, das man gar nicht irgendwie erleben kann, das man auch gar nicht recht anschauen kann. Von dort aus flutet das Licht wie eine Glocke senkrecht herunter und – macht keinen Schatten! Und weil dieses Licht keinen Schatten macht, wirkt es so merkwürdig unwirklich, so merkwürdig unlichthaft. Die Sonne ist wie okkult, verborgen, obwohl sie nun wirklich im Höhepunkt ihrer Existenz dasteht. Man verliert sie gewissermaßen aus dem Auge.

Und diese eigenartige Situation, daß die Sonne senkrecht über dem Menschen und über der Erdoberfläche steht, bedeutet, daß dort immer der Tag zweigeteilt wird: zwölf Stunden Tag und zwölf Stunden Nacht, um 6 Uhr Sonnenaufgang und um 18 Uhr Sonnenuntergang. Das heißt also, das Tag-Nacht-Phänomen verändert sich in einer ganz merkwürdigen, für den in den gemäßigten Breiten lebenden Menschen ganz ungewohnten Weise. Es bekommt einen eigenartig starren und wiederum unwirklichen Charakter.

Das vollständige Gegenteil davon findet innerhalb des Bereiches statt, der nun nicht durch die beiden Wendekreise charakterisiert ist, sondern durch die Polarkreise. Der nördliche Polarkreis verläuft oberhalb von Island, dann geht er durch Lappland, durch das Weiße Meer nach Kanada und nach Sibirien. Der südliche läuft entsprechend um den Südpol. Er umschließt im Grunde nur die Antarktis. Diese beiden Polarkreise sind nun wiederum genau 23,5° von den Polen entfernt, so wie die Wendekreise 23,5° vom Äquator nach Norden und Süden entfernt sind. Die Polarkreise sind also 23,5° von den Polen entfernt, und vom Äquator aus gerechnet verlaufen sie also 66,5° nördlich und südlich vom Äquator.

Wenn man am Nordpol steht, dann geht die Sonne am 21. März auf, geht Tag für Tag um den Horizont herum, wobei sie langsam in einer Spirale immer höher steigt, bis sie 23,5° über dem Himmel steht. Höher kann sie nicht steigen. Hat sie diese Stellung erreicht, ist der 21. Juni gekommen. Dann bewegt sie sich auf einer Spirale langsam wieder herunter, und am 23. September verschwindet sie wieder unter dem Horizont. Können Sie sich das vorstellen? Das ist wieder ungeheuer interessant. Wenn man die Gelegenheit hat, das einmal anzuschauen, erlebt man die sogenannte Mitternachtssonne. Es ist dieses merkwürdige Phänomen, daß man zusehen kann, was die Sonne in 24 Stunden macht. Man erlebt sie dabei so, daß sie einen mitnimmt, man geht mit ihr mit rings um den Horizont. Wenn man also von Süden her im nördlichen Alaska oder im nördlichen Norwegen ankommt, wo sich die Sonne im Kreise um den Horizont dreht, wird man feststellen: Sie nimmt einen fortwährend mit. Wenn man da sitzt und sich die Welt betrachtet und es Nachmittag 18 Uhr wird: die Sonne ist im Westen. 19 Uhr: Sonne im Westen. 20 Uhr: Sonne im Westen? Ich habe doch ein Gefühl dafür, was die Sonne macht, wenn es Abend wird, dann ist sie doch im Westen! So ist das aber hier nicht. Denn inzwischen ist nämlich die liebe Sonne nach Norden gewandert, aber sie steht immer noch am Himmel. Und jetzt fängt mein ganzes Weltgefühl an, sich in Bewegung zu setzen, ich bekomme eine Art Sonnendrehwurm und muß mir immer wieder einen Ruck geben und sagen: nein, da ist Norden! Und da im Westen ist die Sonne nicht mehr, sondern sie ist im Norden. Und dann fängt sie wieder an, im Osten weiterzulaufen, und mittags steht sie 23,5° im Süden, wenn man sich am 21. Juni genau am Pol befindet.

Aber was sieht man noch? Was ich Ihnen vorhin beschrieben habe, daß das Licht ja nicht einfach nur so wie ein Körper durch die Welt saust, sondern daß es die Helligkeit in sich trägt, die dann aus sich selber heller und heller wird, so daß das Licht seine Helligkeitsqualitäten aus sich selber herausquellen läßt, das sieht man ja dort auch. Wenn die Mitternacht gerade vorbei ist, also nachts um halb eins, sieht man die Morgensonne, die das Licht aufquellen läßt. Jetzt geht sie da weiter nach Süden, und wenn man sie den ganzen Tag beobachtet, kommt sie nach Westen, nach Nordwesten, nach Nordnordwesten, und man bemerkt, daß die Sonne das Licht wie in sich zusammenziehen läßt. Merken Sie, wie spannend die Sache wird? Was passiert jetzt, wenn es eine Viertelstunde vor Mitternacht ist? Da kann man mit Augen zusehen, wie die Abendsonne, am Himmel bleibend, in die Morgensonne übergeht und wie das nachmittägliche und das abendliche Licht sich für das äußere Auge sichtbar in das morgendlich werdende, aufstrahlende Licht verwandelt. Darum sage ich: da oben nimmt die Sonne den Menschen mit. So wie sie am Äquator gewissermaßen wie verschwunden ist, wie gar nicht da ist, ist sie ausgerechnet dort, wo sie ein halbes Jahr lang am Himmel herumwandert, nämlich vom Frühjahr bis zum

Herbst, so stark, daß man dort ein viel stärkeres Sonnenerlebnis haben kann als hier bei uns in den gemäßigten Breiten.

Am Äquator haben wir den zweigeteilten Tag, 24 Stunden geteilt durch zwei, also zwölf Stunden Tag und zwölf Stunden Nacht. Die Morgendämmerung und die Abenddämmerung sind beschleunigt. Jetzt müßte ich Ihnen ausführlich so eine Morgendämmerung z. B. am Kilimandscharo beschreiben, wie das aussieht, wenn aus dieser schwarzen tropischen Nacht ein glitzerndes dunkles Blutpurpur am Horizont aufzuleuchten beginnt und dann innerhalb einer Stunde die Sonne da ist. Da haben wir eine aufs äußerste komprimierte Dämmerung, die eine Farbintensität haben kann, die man bei uns nie sieht.

Und demgegenüber diese großartige arktische Sonne! Es ist eigentlich den ganzen Tag im Grunde Dämmerung. Die Abenddämmerung geht in die Morgendämmerung über und am Tag erleben wir dann, wie die Morgendämmerung in die Abenddämmerung übergeht. Eine Ahnung davon können wir auch hier bekommen, wenn wir z. B. im November oder im Januar/Februar diese Übergänge beobachten, weil der Tag so kurz ist.

In den Polarzonen dauert der Tag ein halbes Jahr, in den Äquatorialzonen dauert der Tag genau zwölf Stunden. Und was ist dazwischen, also in den sogenannten gemäßigten Breiten zwischen dem Wendekreis und dem Polarkreis? Man nennt sie die gemäßigten Breiten. Wo ist denn die Mitte zwischen Äquator bei 0° und dem Pol bei 90°, oder zwischen dem Wendekreis bei 23,5° und dem Polarkreis bei 66,5°? Die Mitte liegt genau bei 45°. Und wo sind diese 45° bei uns zu finden? Frankfurt und Mainz liegen genau auf dem 50. Grad nördlicher Breite. Von da aus können Sie nun nach Süden bis zum 45. Breitengrad und bis zum 35. Breitengrad gehen, der genau durch Kreta verläuft. Nach Norden zu können Sie bis 55° hinaufgehen. Und in dieser mittleren Zone finden wir die stärkste Veränderung der Tages- und der Nachtlänge, da verläuft der Tag zwischen 6 und 18 Stunden. Wir haben in den Extremen 6 Stunden Tag und 18 Stunden Nacht oder 18 Stunden Tag und nur 6 Stunden

Nacht. Wir haben also einen eigenartigen, wunderbaren Atem zwischen Tag und Nacht, der nun die Jahreszeiten zeigt.

Auf diesen Punkt wollte ich mit der Beschreibung des Tages-Jahres und seiner Verteilung auf der Erde schon die ganze Zeit kommen. Erinnern Sie sich bitte: Man kann das Licht nach drei Seiten hin auffassen, also zunächst das äußere sinnliche Licht, dann das ätherische Lebenslicht und schließlich das astralische Empfindungslicht. Am Tag sind alle drei versammelt. In der Nacht ist das äußere Sinnenlicht reduziert, das ätherische auch, aber das innere Seelenlicht ist noch vorhanden. Was nimmt die Erde wahr, wenn es in der Arktis und in der Antarktis ein halbes Jahr lang Tag und ein halbes Jahr lang Nacht ist, was geht da vor? Was geht andererseits in den Äquatorialzonen vor, wo die Sonne senkrecht über der Erde steht, wo dieser eigenartige Eindruck entsteht, den ich vorhin beschrieben habe, und wo tatsächlich der mittlere Zustand aufrechterhalten wird, den wir hier bei uns ja nur dann haben, wenn Tag- und Nachtgleiche ist, also am 21. März und am 23. September: zwölf Stunden Tag und zwölf Stunden Nacht. Was wird da von der Licht- und Dunkeltätigkeit, von der Kalt- und Warmtätigkeit und von der Pulstätigkeit wahrgenommen? Was ist überhaupt das Tageszeiten-Jahr mit seiner dreifachen Wirksamkeit: Hell-Dunkel, Kalt-Warm, Zusammenziehung-Ausdehnung, worin besteht es?

Man kann das sofort verstehen, wenn man sich klarmacht, daß ja auch wir selbst im Grunde die Jahreszeit z. B. im Sommer mit Hilfe des Tages wahrnehmen. Das ist etwas ungeheuer Wichtiges für das Miterleben mit dem Jahr, daß man sich das ins Bewußtsein ruft, daß das Tageszeiten-Jahr, also dieser grandiose Wechsel von Tageslänge und Tageskürze und auch die ganze Art der Verteilung des Tagesphänomens um die Erde in den einzelnen Klimazonen, ein kompliziertes Auge, man kann auch sagen: ein kompliziertes Ohr für die Wahrnehmung des Jahreslaufes ist. Der Tag ist das Auge für das Jahr. Mit Hilfe des Tages nehmen wir das Jahr wahr. Und so ist der Sommertag mit seiner hellen Nacht die Wahrnehmung für den Sommer, der Frühlingstag das Wahrnehmungsorgan für die Frühlingsjahreszeit und der Wintertag mit der Winternacht das Wahrnehmungsorgan für die winterliche Jahreszeit.

Dies ist das Jahr Nummer eins, das Tageszeiten-Jahr mit seinen Rhythmen, mit seiner Verteilung über die Geographie der Erde hin. Man kann es auch das Jahr der Wahrnehmung des Jahreszeiten-Jahres nennen, denn das Jahreszeiten-Jahr mit Frühling, Sommer, Herbst und Winter ist das eigentliche Jahr. Aber wie kommt das zustande? Um das zu verstehen, müssen wir noch einmal diesen interessanten Punkt berühren, den ich schon angedeutet habe, daß nämlich der Jahreszeiten-Rhythmus ein anderer ist als der Rhythmus des Tageszeiten-Jahres. Das Tageszeiten-Jahr hat seine vier Fixpunkte:

Wintersonnenwende: kürzester Tag, längste Nacht;
Frühlings-Tag- und -Nachtgleiche: 12 Stunden Tag,
12 Stunden Nacht;
Sommersonnenwende: längster Tag, kürzeste Nacht;
Herbst-Tag- und -Nachtgleiche: wieder 12 Stunden Tag,
12 Stunden Nacht.

Ich nehme also den Sommer, der in seinem höchsten Punkt, in seiner höchsten Entfaltung, am 21. Juni ist, mit Hilfe dieses Tages wahr, der 16 Tagesstunden und acht Nachtstunden hat. Lasse ich mich auf diesen Tag wirklich ein, und das kann man ja, d. h. opfere ich einmal diesen 24-Stunden-Rhythmus meines bürgerlichen Daseins, dann gehe ich vielleicht irgendwo auf einen Berg und setze mich da hin, packe mich vielleicht auch ein bißchen warm ein, falls es nachts kühl wird, und sehe jetzt einmal dieser Nacht zu: Sommernacht, Sommernachtstraum, 8 Stunden lang, sommerliche Morgendämmerung. Wann fangen die Vögel in den Tagen um den 21. Juni an zu singen? Um halb drei schon. Meistens fängt das Rotschwänzchen an, und dann kommen die anderen hinterher. Langsam beginnt der Sonnenaufgang, es kommt die Sonne, und es folgt der Tag. Diese Tage um die Sonnenwende, das sind doch majestätische Gebilde! Die Menschen stöhnen zwar immer: es ist so warm.

Das ist aber nur die äußere Seite des Ganzen. Die innere Seite ist die Sommermorgendämmerung, der Sommertag, dann schließlich der Abend und wieder die Nacht: Wahrnehmungsorgan für den Sommer! Das ist aber nicht identisch mit dem Sommer. Denn der Sommer ist doch nicht der Tag, sondern der Sommer ist die Jahreszeit. Aber der Tag, der in dieser Jahreszeit in einer ganz bestimmten Weise darinnensteht, ist das Wahrnehmungsorgan für die Jahreszeit. Und der 21. Juni als Datum ist sozusagen die höchste Möglichkeit der Wahrnehmung des Sommers. Da aber hat der Sommer schon längst angefangen. Er fängt nicht am 21. Juni an, wie es im Kalender steht. Was am 21. Juni anfängt, ist sozusagen das Tages-Jahr, das Tageszeiten-Jahr. Das Jahr selbst verläuft anders.

Ich habe kürzlich in einer Zeitung einen interessanten Aufsatz gefunden mit der Überschrift: »Für die Physiologie des Menschenleibes beginnt das Frühjahr im Februar.« Das heißt also, die Physiologie des menschlichen Blutes und Atems und der menschlichen Verdauung wird schon im Februar frühlingshaft. Dann müßte also der Frühling im Jahreszeiten-Jahr schon im Februar anfangen, und der 21. März mit der Tag- und Nacht-Gleiche ist dann nur ein angestrebter Punkt. Schon Ende Februar beginnt eigentlich der Jahreszeiten-Frühling, und der Tag bewegt sich dann langsam auf die Tag- und Nacht-Gleiche hin, wo dann der schon vorhandene Frühling voll wahrnehmbar wird. Wann fängt denn dann der Sommer an, wann der Herbst, wann der Winter?

Wir kommen damit zu der zweiten »Sorte« Jahr, nämlich zum Jahreszeiten-Jahr. Wie ich Ihnen schon sagte, ist dieses Jahreszeiten-Jahr nun etwas ganz anderes als das Tageszeiten-Jahr. Und es erhebt sich die interessante Frage: Wie kommt das zustande? Wir haben ja mit Hilfe von G. Wachsmuth herausgefunden, daß der Tag dadurch zustande kommt, daß diese exzentrische Tagespuls-Sphäre da ist, die eine ganz bestimmte Stellung zur Sonne einnimmt und die in sich die Kraft hat, die Erde von West nach Ost um sich herum zur Drehung zu bringen, weil sie in dem Teil, wo sie in das Erdinnere eingetaucht ist, nämlich in die Lithosphäre, eine Zugkraft ausübt und in dieser Sphäre eine Strömung verläuft. Das habe ich Ihnen nicht gezeigt und das hat Guenther Wachsmuth auch nicht dargestellt, aber man kann ja noch ein Stückchen weiterdenken und sich vorstellen, daß diese Strömung in dieser Sphäre nicht im Kreis herumläuft, sondern daß sie als ätherische Strömung in einer Richtung herumläuft und dann um die ganze Sonne herum und wieder zurück. Sie müssen sich diese Strömung in einer wunderbar ätherischen Lemniskate vorstellen. Und diese ätherische Strömung, die bis zur Sonne geht und wieder zurückkommt, die hat in sich alle beide, nämlich die Erde und die Sonne. Wer ist dann aber die Sonne?

Der Schlüssel, der dies Geheimnis aufschließen kann, ist wieder der Mensch. Wir müssen das Haupt des Menschen ernstnehmen und als dasjenige betrachten, was so gebildet ist wie die Erde. Dort, wo unser Haupt seinen geistigen Mittelpunkt über der Nasenwurzel hat, liegt bei der als Haupt angeschauten Erde Palästina. Wir haben bei der Erde dann nach oben (Norden) und unten (Süden) die beiden Hemisphären, und den Hinterkopf dort, wo sich der ganze Pazifische Ozean mit den zirkumpazifischen Gebirgssystemen befindet. Im Vorderantlitz der Erde finden wir in der Augenregion das transeurasische Gebirgssystem, und auf dem Schädel, am Nordpol, das radiäre System. Wenn wir beim Menschen sehen, wie das Blut in dieses Gebilde hineinströmt und in lemniskatischen Gebilden, die sich übergreifen, wieder zurückströmt – also die Halsschlagader und die Venen, die das wieder zurückführen – dann sehen wir, wie sich das oben alles ausbreitet, dann aber zum Herzen zurückkommt. Der Kopfkreislauf kehrt zum Herzen zurück.

Wenn wir jetzt die Erde sehen, wie sie sich dreht und wie diese Drehung durch eine ätherische Strömungsbewegung entsteht, die um die Sonne mit herumläuft, dann heißt das also, daß sie um etwas herumläuft, was das Herz mit umgreift. Auch zu diesem »Kopf« Erde gehört ein Herz, und dieses Herz ist die Sonne. Und dieser Kopf Erde, dieses Haupt, hat eine unsichtbare ätherische Blutströmung, die es mit der Sonne verbindet. So wie wir beim Menschen nach unten gehen müssen, wenn wir vom Haupt zum

Herzen kommen wollen, so müssen wir von der Erde hinauf in den Weltraum nach oben gehen, wenn wir vom Haupt zum Herzen kommen wollen. Das gewaltige Weltenherz, Sonne genannt, ist der Ort, von woher und wohin die belebenden ätherischen Ströme, welche die Erde am Leben erhalten, hin- und hergehen.

Erst wenn man das anzuschauen beginnt, wenn man das zu begreifen beginnt, kommt man langsam dahinter, was nun bei der Erde den Jahreslauf, und zwar den Jahreszeiten-Jahreslauf – nicht den Tageszeiten-Jahreslauf, der nur ein Wahrnehmungsorgan ist – zustande bringt. Um das zu verstehen, muß man wieder den Menschen anschauen. Was geht denn beim Menschen vor? Wenn der Mensch einschläft, strömt aus dem menschlichen Haupte das Seelische aus, und wenn der Mensch aufwacht, strömt das Seelische wieder ein und ist anwesend, so daß der Mensch durch die Organe des Hauptes die Welt betrachten kann. Indem aber das Astralische des Hauptes, das Seelische des Hauptes, nachts beim Einschlafen aus dem Menschen ausströmt, strömt umgekehrt ein Teil von diesem Seelischen stärker in das Herz und in das Blut hinein, das ist eine Wechselwirkung.

Was geschieht nun, wenn die Erde in ihren Bewegungen im Tageslauf die Wahrnehmung bekommt, daß der Sommer seinen Höhepunkt überschritten hat, daß also die Tage, die um den sogenannten Sommeranfang, also um den 21. Juni, herum liegen, langsam anfangen, wieder abzunehmen? Oder was geschieht umgekehrt, wenn die Erde wahrnimmt, daß die tiefe Winterzeit um den 21. Dezember herum langsam aufhört? Was bewirkt, daß die Erde versucht, zur Sonne ein verschiedenartiges Verhältnis zu haben, indem sie sich nämlich einmal der Sonne ganz zuwendet, ein andermal sich wieder von der Sonne abwendet, so wie der Mensch die Intention hat, sich einmal von seinem Haupte wegzuwenden und einzuschlafen, ein andermal, sich seinem Haupte wieder zuzuwenden und aufzuwachen? Oder umgekehrt betrachtet, wendet er sich seinem Herzen zu und von seinem Herzen wieder ab, um abwechselnd zu schlafen und zu wachen.

Dieser Vorgang der Ausatmung und Einatmung des Seelischen ist in Wahrheit das Jahreszeiten-Jahr: Frühling, Sommer, Herbst und Winter. Und der Frühling entsteht dadurch, daß die Erde ihr Seelisches auszuatmen beginnt, an die Sonne hinzugeben beginnt, und indem sie das tut, schläft sie in das Sonnenbewußtsein hinein. Das ist die große Überraschung. Während man meint, wenn der Frühling kommt und dann der Sommer, daß all die Natur erwache, was erwacht denn da? Das Leibliche erwacht. Das Leibliche erwacht aber gerade dadurch, daß das Seelische ausströmt. Und umgekehrt, wenn das Seelische wieder eingeatmet wird, dann muß das Leibliche wieder gedämpft werden.

Das ist im menschlichen Haupte ganz genau dasselbe. Während nämlich der Mensch einschläft, beginnt in seiner gesamten Kopforganisation ein intensives Leben, und das Gehirn wird lebendig. Und umgekehrt, wenn das Seelische in den Menschen wieder einströmt, müssen diese Lebensprozesse des Gehirns gedämpft werden, damit sie den Menschen nicht bewußtlos machen so wie beim Einschlafen, sondern daß die Abbau-, die Sterbeprozesse das Bewußtsein im Haupte möglich machen. Wenn man dieses bedenkt, dann kommt man zu dem merkwürdigen Begriff, daß das Jahreszeiten-Jahr ein Bewußtseinsvorgang auf der einen Seite und ein Lebensvorgang auf der anderen Seite ist, indem die Erde ihr Seelisches im Frühling und im Sommer ausatmet und im Herbst und Winter ihr Seelisches dagegen einatmet, daß sie aber ihre Lebenskräfte im Frühling und im Sommer verkörpert und daß sie sie im Herbst und Winter entkörpert. Es ist also so, daß die Lebenskräfte im Frühling in den Erdenleib eingeatmet werden, die Seelenkräfte dagegen ausgeatmet und daß im Herbst die Lebenskräfte ausgeatmet und die Seelenkräfte eingeatmet werden. Einatmung und Ausatmung verlaufen also parallel. Und dieses langsam begreifen zu lernen, das bedeutet Miterleben mit dem Jahreslauf. Dies ist ein Miterleben mit dem Jahreslauf so, daß die Ausatmung der Seelenkräfte im Sommer eine Dämpfung des Bewußtseins für das Erdenbewußtsein bedeutet. Infolgedessen – erinnern Sie sich bitte an die letzte Stunde – werden die Bewußtseinsprozesse der Gebirge gedämpft: auch in den Gebirgen wird es lebendig, der Schnee schmilzt, das Pflanzenwesen wächst, die Seen tauen auf, das tierische Leben kommt in Gang, das Erdgehirn wird vegetativ, auch im Hochgebirge. Umgekehrt ist es, wenn der Herbst kommt. Dann wird im Hochgebirge das Leben herabgedämpft, das ganze Gebirge wird immer kristalliner und kristalliner. Sind Sie in Ihrem Leben schon einmal im tiefen Winter in den Alpen hoch oben gewesen, also meinetwegen im Engadin oder im Berner Oberland? Auch schon im Schwarzwald kann man es natürlich beobachten, aber in den Hochalpen noch deutlicher, wie das ganze Gebirge durch und durch kristallin wird. Wenn man sich in diesen Nächten da oben bewegt – vielleicht in zweitausend, dreitausend Metern Höhe in einer Winternacht, wenn der ganze Himmel kristallklar ist und wenn alle Wintersterne so kristallen glitzern und schimmern, dann hat man diese kristallisierten Gebirge da vor sich mit ihren Schneehäuptern und Gletscherzonen. Dann geht das mit zwei, drei Metern Schnee dick-verschneit bis tief herunter in die Täler –, dann hat man den Eindruck, als könnte man durch diesen Schnee und durch dieses Eis hindurchschauen in das Innere dieser Berge, sie sind wie durchsichtig, kristallklar, voll bewußt. Sie sehen, die mineralische Welt hat ein Bewußtsein.

Ist man dagegen im Sommer wiederum im Hochgebirge, wenn alles lebendig geworden ist, dann findet man, daß der ganze Bewußtseinsvorgang in einen Schlafprozeß übergegangen ist. Solche Prozesse gibt es übrigens auch im Ozean. Es gibt z. B. auch im Ozean Blütenzustände, wenn der ganze Ozean, ich möchte beinahe sagen, von Leben wuchert, wenn dann mit einem Mal Myriaden einzellige Lebewesen anfangen zu wuchern oder wenn die Heringslaichzüge kommen und das Ozeanwasser so richtig lebendig wird. Dann ist das, man kann sagen, wie saftig, vollsaftig, voller Leben.

An diesem Punkt möchte ich jetzt abschließen und will dann versuchen, in der nächsten Kursstunde dieses Ganze, was ich jetzt beschrieben habe, zu einem Gesamtbild zusammenzuziehen, so daß wir das Jahr der Jahreszeiten als gesamte innere Gestalt, als astralisch-seelische Gestalt vor uns haben. Dann bleibt uns noch das Dritte übrig, denn wie immer ist auch hier die Welt trinitarisch aufgebaut. Wir haben das Tageszeiten-Jahr, wir haben das Jahreszeiten-Jahr, und wir haben das Sternen-Jahr: die Sonne im Widder, die Sonne im Stier, die Sonne im Löwen usw. Drei Jahresprozesse sind ineinandergewoben, sie laufen gleichzeitig mit einer gewissen wunderbaren Verschiebung gegenseitig ab, so daß sie sich gegenseitig durchdringen und beleuchten. Ich hoffe, daß wir auf diese Weise zu einer ganz vernünftigen anthroposophischen Weltanschauung des Jahres durchdringen.

VIERTE STUNDE

Das Jahreszeiten-Jahr

Bei unserem Blick auf den Jahreslauf ist vielleicht etwas Verwirrung entstanden dadurch, daß wir drei ineinanderlaufende Jahresprozesse vor uns haben. Den einen, das Tages-Jahr oder Tageszeiten-Jahr, haben wir in der letzten Kursstunde etwas näher betrachtet. Dieses Tages-Jahr beginnt an der Stelle des Jahreslaufes, die man als den Beginn des Winters ansieht, also am 21. Dezember. Die Bezeichnung »Winteranfang« ist aber verwirrend, denn was da wirklich anfängt, ist das Wachstum des Tages: die Tage werden länger. Nach dem Wintersolstitium, der Wintersonnenwende, mit der längsten Nacht und dem kürzesten Tag, verkürzt sich die Nacht, und der Tag wird wieder länger. Damit beginnt der Tages-Jahreslauf.

Wenn man begreift, daß die Tage und natürlich auch die Nächte sowohl für die Erde wie für ihre Wesen, vor allem für den Menschen, das Wahrnehmungsorgan für das Jahr sind, dann versteht man, daß das Tageslauf-Jahr vor dem Jahreslauf-Jahr, also dem Jahreszeiten-Jahr, beginnt. Die Erde muß eben ihr Wahrnehmungsorgan, den Tag, aus dem winterlichen Zustand zuerst bis zu einem gewissen Maße entfalten, damit sie die Möglichkeit hat, mit den Frühlingstagen den Frühling wahrzunehmen. Dies geschieht in den Tagen um den 21. März, der in den Kalendern nicht sachgemäß als Frühlingsanfang bezeichnet ist. Wir werden nachher sehen, daß das zwar in gewisser Weise auch berechtigt ist, aber auf einem anderen Felde.

Vom 21. März an wächst der Tag weiter, und die Nacht verkürzt sich weiter. Um die Sommersonnenwende, am 21. Juni, hat die Erde dann die Möglichkeit, mit Hilfe des längsten Tages und der kürzesten Nacht den Sommer wahrzunehmen. Von diesem Wendepunkt an beginnen sich die Tage zu verkürzen und die Nächte zu vergrößern, zu verlängern. Wenn Tag und Nacht wieder gleich lang sind, also zur Herbst-Tag-und-Nacht-Gleiche um den 23. September, nimmt die Erde den Herbst wahr und mit der Erde auch der Mensch. Danach nimmt der Tag noch weiter ab bis zum 21. Dezember. Da ist ein ganz wunderbarer, sehr empfindlicher Rhythmus eingebaut, der darin besteht, daß die Zu- und Abnahmen nicht gleichmäßig erfolgen, sondern so, daß z. B. nach dem 21. Dezember die Tageszunahme ganz sachte anfängt. Es sind zunächst nur wenige Minuten, um die der Tag dann anfängt, länger zu werden. Das steigert sich aber, und zur Zeit der Frühlings-Tag-und-Nacht-Gleiche, also um den 21. März, beträgt die Vergrößerung der Tageslänge nicht nur Minuten, sondern Viertelstunden. Um soviel nimmt dann täglich der Tag zu und die Nacht ab. Das beruhigt sich dann wieder und kommt eben zur Zeit der Sommer-Sonnenwende zu einem ganz zarten Vermindern, ja sogar zu einer Art Stillstand. Wir haben gesehen, wie da z. B. die Sonnenaufgangsminute am Morgen in diesem Jahr bei 4.32 Uhr während zwölf Tagen stehenbleibt. Es sind natürlich noch Sekunden, um die es sich täglich doch etwas ändert, aber die minimalen Veränderungen treffen sich mit denen, die am Abend stattfinden, wenn die Untergangsminute ebenfalls durch mehrere Tage die gleiche bleibt. Das geht so bis Ende Juni.

Diese Organbildung, also diese Tages- und Nachtzeitenbildung, erfolgt in einem ganz feinen Rhythmus. Es ist schon so, daß wir mit Hilfe eines Sommertages mit seinen Lichtverhältnissen, den Wärme- und Windverhältnissen, mit dem ganzen Zustand der Vegetation, der Tiere, usw. den Sommer wahrnehmen können. Dies gilt aber genauso für die Erde selbst. Ich darf auch noch kurz in die Erinnerung holen, daß wir ja gesehen haben, wie dieses Tageszeiten-Jahr über die Erde so verteilt ist, daß wir in den Zonen innerhalb der Polarkreise, um die Pole herum, das Faktum vorfinden, daß der Tag da ein halbes Jahr lang dauert. Man kann sich ja fragen, welche Qualität des Jahres nimmt die Erde mit diesem Halb-Jahr-Tag am Nord- und am Südpol wahr?

Noch einmal: Welche Qualitäten des Jahres, also des Jahreszeiten-Jahres, nimmt die Erde an den beiden Polen wahr mit einem Tag, der ein halbes Jahr dauert und gleichzeitig eine Art Jahreszeit ist? Welche Seite der Jahreszeiten im Jahreslauf nimmt die Erde wahr, wenn sie in Tag und Nacht dieses Auge aufmacht? Wir können uns aber auch fragen: Welche Seite des Jahreslaufes nimmt die Erde um den Äquator zwischen den Wendekreisen wahr, wo die 24 Stunden in zwei Hälften eingeteilt sind, so daß Tag und Nacht sich immer in annäherndem Gleichgewicht befinden? Dort ist ja – wir werden das nachher noch etwas näher betrachten – dauernd Sommer, es gibt also praktisch nur eine Jahreszeit. Während die Erde innerhalb der Polarkreise wahrnimmt, daß ein halbes Jahr lang Tag und ein halbes Jahr lang Nacht ist, aber das ganze Jahr über der Winter herrscht, hat sie innerhalb der Wendekreise die Wahrnehmung, daß eigentlich immer Sommer ist. Das sind ja ganz merkwürdige Phänomene.

Wenn man den Tag nicht von seiner Innenseite anschaut, wo wir mit dem Tag mitleben und mit Hilfe des Tages das Jahr wahrnehmen, sondern von seiner Außenseite, kann man das eigenartige Bild haben, daß die halbe Erde immer vom Sonnenlicht angestrahlt wird, während ihre andere Hälfte im Schatten liegt. Die halbe Erde ist der äußerlich physischen und elementarischen Wirkung der Sonne ausgesetzt, während ihre andere Hälfte, die im Schatten liegt, mehr dem eigentlich Seelischen des Tagesgeschehens und des Jahresgeschehens ausgesetzt ist. Denn im Schatten wird ja die physische Wirkung weggenommen und die ätherische Wirkung reduziert, bzw. sogar in ihr polares Gegenteil, in die zusammenziehenden Kräfte der Erde, reduziert. Das Geheimnis des Schattens ist aber, daß in ihm gerade das Seelische, das Empfindungsmäßige, das Stimmungsmäßige, stärker zum Vorschein kommt. Darum sind die Nächte ebenfalls Wahrnehmungsorgane für das Jahr, für das Jahreszeiten-Jahr, aber eben in ganz anderer Weise als die Tage. In einer Sommernacht z. B. mit ihrem eigenartigen Charakter, daß es gar nicht richtig dunkel wird, daß das Tageslicht, das Helligkeitslicht, wie über seine höchste Steigerung am Tage hinaus weiterwirken möchte, haben wir ebenfalls ein Wahrnehmungsorgan für den Jahreslauf. Für diese eigenartig durchlichteten Nächte sind die Johanniswürmchen, die Glühwürmchen, charakteristisch.

Damit stehen wir vor der Frage nach dem Übergang von der einen Jahrestatsache, dem Tages-Jahres-Prozeß, zum eigentlichen Jahreslauf-Jahr mit Frühling, Sommer, Herbst und Winter. Wann der Frühling beginnt, muß man zunächst einmal die Bauern fragen, denn der beginnt auf unserer Erdhälfte bestimmt nicht erst am 21. März. Da hat er längst angefangen. Aus alten und teilweise sogar heidnischen Traditionen heraus haben die Bauern in ihren Kalendern ganz andere Tage als die Astronomen für ihre Jahreszeiten-Anfänge fixiert, in die dann später bestimmte christliche Heilige hineingenommen wurden. Das Christentum hat ja diese großartige Genialität besessen, das Charakteristische bestimmter Persönlichkeiten, die in der Geschichte des Christentums eine besondere Bedeutung hatten, den besonderen, kosmisch bestimmten Naturprozessen wie eine Art menschliches Abbild oder auch menschliches Urbild hinzuzufügen. Und so wurde der Frühlingsanfang auf einen Tag gelegt, der in den alten Bauernkalendern folgendes Sprüchlein bekommen hat:

»Sankt Mattheis bricht das Eis
Find't er keins, so macht er eins.«

Diese Bauernsprüche sind eben keine intellektuellen Angelegenheiten, die logisch stimmen, sondern sie stammen aus Beobachtungen. In einem solchen Satz drückt sich ja zunächst eigentlich nur dies aus: am 24. Februar, dem Tag des Apostels Matthias, geschieht ein Umschwung in der Winternatur. Es beginnt der Frühling.

Das Jahreszeiten-Geschehen des Frühlings läßt sich aber nicht so fixieren, wie man das Tagesjahr fixieren kann. Der kürzeste Tag, der längste Tag und die Gleichheit von Tag und Nacht lassen sich genau bestimmen, nicht aber das Jahreszeiten-Geschehen von Frühling, Sommer, Herbst und Winter. Auch der Frühlingsanfang ist deshalb nicht genau auf den 24. Februar fixiert, aber er liegt in der dritten und letzten Februar-Dekade, zwischen dem 20. und 28. bzw. 29. Februar. Den Sommeranfang haben die alten Bauern dann auf den 25. Mai, den Tag des heiligen Urban, gelegt, den Herbstanfang auf den 24. August, den Tag des heiligen Bartholomäus, und den Winteranfang auf den 25. November, den Tag der heiligen Katharina. Wenn man genau hinschaut, sieht man, daß diese Daten tatsächlich mit dem Geschehen in der Natur übereinstimmen.

Denn das Frühlingsgeschehen beginnt in der Zeit, in der gewissermaßen die eigentliche Auflösung der Verfestigungs- und Kristallisationskräfte des Winters in Gang kommt. Dies geschieht nicht nur dadurch, daß nun endgültig die Schneeschmelze eintritt – natürlich kann es später noch ganz kräftigen Schneefall geben, das stört nicht –, sondern vor allem durch den Beginn der Tätigkeit der Lebewesen im Boden. In dem, was vom Herbst nicht verarbeitet wurde in den Wald-, Acker- und Wiesenböden, also in dem Bereich, aus dem die Pflanzen sich ernähren, aus dem sie herauswachsen, da beginnt mit Frühlingsbeginn eine intensive Tätigkeit. Diese besteht interessanterweise aber nicht so sehr darin, daß da etwas zersetzt wird – das geschieht meistens schon im Herbst –, sondern daß eine ganze Kette von hochinteressanten, beinahe unsichtbaren Lebewesen aus der Gruppe der Krebse, der Spinnen, der Asseln, der Milben, der Würmer, der Larven von diversen Insektenarten sowie Scharen von verschiedenartigen Bakterien dafür sorgen, daß eine Verdichtung erfolgt. Durch diese Verdichtung werden das anorganische Bodenartige, also was von der Verwitterung der Gesteine herstammt, und das organische Bodenartige, also was aus der Fäulnis der Pflanzenreste stammt, miteinander fest zu dem verbunden, was man im eigentlichen Sinne »Humus« nennt. Dieses Duftende, Schwellende, Quellende, Halb-Lebendige der eigentlichen Bodensubstanz also wird da herangebildet, und das beginnt mit ganz gewaltiger Intensität eben in der letzten Februar-Dekade. Dies führt dazu, daß nun im Laufe der folgenden Wochen der Frühling in Gang kommt, daß also die noch nicht gekeimten Samen anfangen zu schwellen und zu quellen und aufzukeimen, und daß die noch nicht in Bewegung gekommenen Wurzelstöcke und Wurzelaugen, die unter der Erde schlafenden Augen der Pflanzen, anfangen, sich zu regen. Auch der Saftstrom in den Baumpflanzen steigt jetzt schneller, der bei manchen Pflanzen allerdings schon Mitte Januar, also vier Wochen früher, zu steigen angefangen hat. Das eigentliche Frühlingsgeschehen setzt jetzt ein, und das besteht in der Verdichtung des Anorganischen mit dem Organischen zum Lebendigen des Humus – das große Mysterium der biologisch-dynamischen Landwirtschaft – und im Keimen und Wurzeln der Pflanzen, und damit beginnt das Wachstum dessen, was dann grüne Pflanze wird. Wir haben also im Frühling die Verdichtung, die Verlebendigung und die Verkörperung der ätherischen Bilder der grünen Pflanzenteile.

Das Blühen gehört also gerade nicht zum eigentlichen Vorgang des Frühlings. Was im Frühling als Blühen auftritt, das stammt alles aus dem vorangehenden Sommer und Herbst, das war an den Pflanzen schon fix und fertig angelegt, blieb in einem zusammengefalteten Zustand in den Knospen oder sonstigen Organen erhalten und kommt im Frühling nur zeitlich verschoben zum Vorschein. Das Frühlingsgeschehen selbst besteht in der Verdichtung der Lebenskräfte, der Verkörperung der Lebenskräfte und im Wachstum der grünen Pflanze.

Das Interessante ist, daß dieser Prozeß sich steigert und dabei verschiedene charakteristische Stufen durchläuft. Vom Beginn dieser Ackergare, dieser Ackergärung, geht es über das Keimen und Wurzeln schließlich zum Sprossen und Sprießen und kommt zur Blattbildung. Am schönsten sieht man das natürlich auf den Äkkern und auf den Wiesen, aber man sieht es zum Schluß auch in den Baumkronen, denn die letzte Phase dieser Begrünung der Natur ist das Ausschlagen der Bäume, das immer ganz regelmäßig Ende

April – Anfang Mai stattfindet. Das Wachstum hat unter der Erdoberfläche im Ackerboden angefangen – denn die Bildung des Akkerbodens ist auch ein Verlebendigungsprozeß und Wachstumsprozeß –, steigt dann herauf in Gräser und Kräuter und Büsche und landet schließlich in den Baumkronen. Dieser Prozeß fängt Ende Februar an und dauert bis Anfang oder Mitte Mai.

In dem Moment, wenn der Wald grün ist, tritt nun eine Art Wachstumsstopp ein, und zwar nicht nur für das Grüne der Bäume, sondern auch für das Grüne der Wiesen. Denn die Gräser sind jetzt langsam so weit, daß sie gegen Mitte Mai ihre Rispen, ihre Ähren, herausstrecken, und die grün wachsenden Blumen der Wiese sind so weit, daß sie ihre Knospen entwickelt haben. Ich meine die einjährigen, richtig mit dem Jahreslauf mitgehenden Pflanzen und nicht die Frühblüher, die ihre Blütenprozesse aus dem vorigen Jahr herübergebracht haben. Das ganz Bedeutsame besteht darin, daß der Frühling Anfang bis Mitte Mai dadurch zum Ende kommt, daß das Wachstum abgestoppt wird. Es gibt nur ganz wenige Pflanzen, die nach Mitte Mai noch weiter wachsen, und das sind dann die Spätblüher, also z. B. die Sonnenblume und der Mais.

Mitte Mai tritt eine Beruhigung des Wachstums durch Abkühlung ein, und da sieht man plötzlich, daß auch das Wetter mitmacht. Die berühmten Eisheiligen, die jedes Jahr Mitte Mai in Erscheinung treten, sind eigentlich auch wettermäßig der äußere Ausdruck dafür, daß dieser gewaltige Wachstumsschub, der mit dem Frühlingsgeschehen zusammenhängt, jetzt beruhigt wird.

Der Sommer, der nach den alten Bauernkalendern um den 24./25. Mai, also wiederum in der letzten Dekade des Mai, beginnt, zeigt sich darin, daß jetzt nicht das Wachstum nach oben stattfindet, sondern daß das Blühen einsetzt. Nachdem diese Verdichtungsprozesse, diese Belebungsprozesse, diese eigentlichen Begrünungs- und Wachstumsprozesse, d. h. die Ausbildung der Sproßteile der Pflanzen, zum Stillstand gebracht wurden, setzt als das eigentliche Sommergeschehen statt des strotzenden, vitalisierenden Wachstums ein ganz feiner Todesprozeß dadurch ein, daß nun anstelle des Grünen die Blüte auftritt. Es ist noch kein Absterben im eigentlichen Sinne, aber es ist ein Verfeinern der sprossenden Wachstumsprozesse in der Richtung, daß jetzt eben feinere Stoffe ausgebildet werden, daß feinere Organe ausgebildet werden und daß diese Organe nun tatsächlich das Wachstum in der Knospen- und Blütenbildung endgültig beenden.

Dieser Blütenprozeß ist in Wirklichkeit ein ganz leiser Feuerprozeß, der sich sogar chemisch nachweisen läßt. Die Träger dieser Feuerprozesse sind ganz bestimmte Sonnenkräfte, über die wir nachher genauer sprechen werden. Jetzt will ich nur zeigen, wie grandios sich das ganze Geschehen, das wir im Frühjahr als das Ergrünen erleben, das von unten unter der Erdoberfläche und vom Erdboden selber bis in die Kronen der Bäume hinaufsteigt, jetzt noch einmal denselben Weg geht. Denn was jetzt zunächst blüht, sind die Wiesen. Es gibt bei diesen Blütenprozessen immer bestimmte, sozusagen führende Pflanzen, und das sind bei Wiesenblühern verschiedene Hahnenfußarten oder z. B. die Margerite. Das ist eine ganze Gruppe von Pflanzen, die dann in den Wiesen blühen. Heute sind die Wiesen allerdings oft stark geschädigt, weil die Bauern Düngemethoden anwenden, durch welche das Blühen zurückgeht. Um eine so richtig blühende Wiese wieder zu finden, muß man heutzutage schon in den Schwarzwald oder in die Alpen fahren.

Dann steigt dieses Blühen langsam auf in die Gräser. Anfang Juni kommt es zur Grasblüte, an welche sich die Getreideblüte gewissermaßen anschließt, bei der sich ganze Blütenstaubwolken über den Ackerfeldern herumbewegen. Danach steigt das Blühen dann in die Büsche, wobei wieder einige Pflanzen führend sind, z. B. die Heckenrose und auch der Holunder. Das Blühen steigt aber noch höher hinauf in die Waldbäume und vor allem in die blühende Linde, die Krone alles Sommerblühens. Dieser wunderbare Baum blüht dann, wenn das Tagesgeschehen seinen Höhepunkt erreicht, also um Johanni herum.

Danach kann man beobachten, daß der Blütenprozeß langsam wieder heruntersteigt zu den Spätblühern. Das sind solche Pflanzen wie der Mohn, die man z. B. in den Acker- und Getreidefeldern findet. Es geht dann noch weiter herunter und endet schließlich Anfang August ganz unten, nämlich da, wo die Heidekraut-Gewächse blühen, wo dann aber auch schon die Astern und die Sonnenblumen anfangen zu blühen.

Mitte August geht der Sommer zu Ende, und es gibt wiederum einen eigenartigen Stillstand in der Natur. Ähnlich, wie wir zwischen Frühling und Sommer die Zeit der Eisheiligen haben, gibt es zwischen Sommer und Herbst in der zweiten August-Dekade eine merkwürdige Beruhigung in der Natur. Das Blühen wird gedämpft, und statt dessen setzt das Fruchten und auch das Samenbilden in vielen Pflanzen voll ein.

Diese Stimmung des Übergangs vom Sommer zum Herbst zeigt sich am allerstärksten in der Insektenwelt und in der Vogelwelt. Das ist dann der Moment, wenn die Vögel anfangen zu schweigen, wenn sie die Mauser durchmachen und das Gefieder austauschen. Diese Stimmung hat Johann Wolfgang Goethe damals an einem Septemberanfang in Thüringen so großartig ausgedrückt:

»Über allen Gipfeln
Ist Ruh,
In allen Wipfeln
Spürest du
Kaum einen Hauch;
Die Vögelein schweigen im Walde ...«[5]

Um das nachempfinden zu können, muß man solche Momente abpassen, wenn diese Sommerberuhigung einsetzt und nun sich ganz leise die Herbst-Prozesse anbahnen. Der Flammenprozeß des Sommers hat sich dann gewissermaßen ausgeglüht, und aus diesem Flammenprozeß heraus spielen sich zwei ganz wichtige Entwicklungen ab: die eine führt dahin, daß Frucht entsteht, und die andere, daß Samen sich bilden.

In der Fruchtbildung – denken Sie an die Entstehung einer Weinbeere, eines Apfels, einer Birne, aber auch an Früchte wie den Kürbis oder die Gurke – findet überall eine Art Stoff-Verfeinerung statt, in die interessanterweise aber immer ganz zarte, aschenartige Prozesse eingewoben sind. Man kann das chemisch nachweisen. In dem Zuckergehalt oder in dem Stärkegehalt einer solchen Frucht sind dann Stoffe von Metallen, Salzen und Oxyden hereingewoben, die diesen süß werdenden, reif und schwer werdenden Fruchtprozeß mit einem feinen Ascheprozeß durchziehen. Es wird nicht direkt Asche, sondern es bleibt halb lebendig auf dem Wege zur Aschenbildung stehen, ist aber das Zeichen der Reife. Durch eine richtige Behandlung des Bodens, wie er durch die biologisch-dynamische Landwirtschaft möglich wird, werden gerade diese feineren Qualitäten der Früchte erzeugt, so daß eine solche Frucht nicht einfach dicker Zucker oder dicke Stärke wird, sondern daß da gerade diese feinen, aus dem Feuer-Flammen-Prozeß des Sommers herausfallenden Ascheprozesse in den Früchten enthalten sind.

Die zweite Entwicklung führt zur Samenbildung, wenn also in fleischigen oder ganz trockenen Früchten zahllose Samen entstehen, die ja wiederum aus dem Blütenprozeß hervorgegangen sind und die dann wirklich wie eine Art Asche zur Erde fallen und sich mit dem verwesenden Laub usw. im Boden verbinden.

Dieser Prozeß findet bis Mitte November statt, bis wiederum eine Art Stillstand eintritt, wenn das Herbstgeschehen zu einem Ende gekommen ist, wenn die letzten Früchte gefallen sind und die letzten Samen den Weg zum Boden gefunden haben. Nun setzt das eigentliche Wintergeschehen ein, indem die Samen, diese Aschebildung, vom wäßrigen Prozeß des Novembers aufgenommen werden. Man kann sich gar nicht vorstellen, was es bedeutet, daß jetzt die Wolkenbildungsprozesse aus den Höhen auf die Erde heruntersteigen, denn die Novembernebel sind nichts anderes als Wolken, die aber jetzt nicht mehr in 1000 oder 5000 Meter Höhe entstehen, sondern unten am Boden. In diese Nebelbildung, in diese Feuchtigkeitsbildung, webt sich dann das Ganze herein, was nun tatsächlich als Regen, als Dauerregen, der oft auch von Stürmen begleitet wird, in die Erde hereinströmt. In dieses Feuchtigkeitsweben fällt die trockene Asche der Samenkörner hinein und wird von einem dunklen Feuchtigkeitsprozeß aufgenommen. Dieses Dunkle, Feuchte, das Ende November beginnt, ist das eine Geschehen des Winters. Die sich dann manchmal bildende Schneedecke gehört zu diesem Prozeß ganz intensiv dazu, auch wenn sie nicht lange hält und wieder auftaut.

Nun findet aber in diesem feuchten Dunkel der Erde etwas statt, das man normalerweise überhaupt nicht kennt und auch gar nicht versteht, obwohl es etwas ungeheuer Interessantes ist. Die Menschen, die sich sowohl bei der Heilmittelherstellung der WELEDA wie in der biologisch-dynamischen Landwirtschaft damit beschäftigt haben, weisen immer wieder auf ein großartiges Experiment hin, das ich jetzt schildern will, weil man erst dann begreift, was nun in dem Dunkel und in der Feuchtigkeit da unten in den winterlichen Tiefen der Erde eigentlich geschieht.

Zu diesem Experiment holt man ganz trockenen Sand aus einem Sandboden, der tief genug gelagert hat, also z. B. Sand, der von einem Gletscher mal in der Tiefe abgelagert wurde. Man muß aber aufpassen, daß dieser Sand nicht dem Licht exponiert wird, sondern sofort in einen dunklen Keller gebracht wird, wo er liegenbleibt. Das wird z. B. im Frühjahr gemacht. Eine gleiche Menge Sand vom gleichen Fundort wird auf einen Hügel gebracht, dort ausgebreitet und das ganze Jahr hindurch – also vom Frühling bis zum Herbst – dem Licht, der Luft, dem Regen und den Tieren, die darin herumkrabbeln, überlassen. Im Herbst wird eine Grube angelegt, etwas über einen Meter tief. In diese Grube wird der Sand geschüttet, auf der einen Seite der aus dem Keller und auf der anderen Seite der vom Hügel, jeweils 20 cm tief. Dann werden gesunde Eicheln, die gerade reif sind, von einem Eichbaum geholt und in die beiden Sandflächen gesteckt. Das Ganze wird mit Dachpappe auf einem Gerüst abgedeckt, so daß die Luft durchstreichen kann. Dann wird alles dem Winter überlassen.

Wenn im Frühjahr nachgesehen wird, stellt man fest, daß alle Eicheln gekeimt haben. Aber während diejenigen Keime, die in dem aus dem Keller geholten Sand liegen, weiß aussehen, sind die Keimblätter der anderen, die in dem der Sonne ausgesetzten Sand liegen, diese dicken Keimblätter, die in der Eichel selber darinstekken, grasgrün geworden. Das kommt daher, daß der Sand, der dem Licht ausgesetzt war, chemisch zwar genau derselbe ist wie der aus dem Keller geholte Sand, daß er aber im Gegensatz zu diesem ätherische Kräfte aus dem Sonnenlicht und aus der Atmosphäre in sich aufgenommen hat. Das ist so zu verstehen wie bei einer Fotoplatte oder einem Film, der belichtet wurde und nach der Entwicklung die mit dem Licht aufgenommenen Bilder zeigt. Ist der Film aber nicht belichtet worden, dann kann man entwickeln, solange man will, es kommen keine Bilder zum Vorschein.

Dieser Versuch zeigt, daß der im Sand befindliche Quarz in der Lage ist, das Jahr hindurch übersinnlich-ätherisch-astralisches Licht in sich aufzunehmen, und daß dieses Licht in den Tiefen der winterlichen Erde weiterwirkt. Es verursacht zweierlei in den Pflanzen: einmal, daß die Keimkraft, die Keimfähigkeit der Samenkörner, die im Winter in einer solchen Erde gelagert werden, weitaus günstiger ist, als wenn das nicht der Fall ist. Und zweitens kann man nachweisen, daß die Blühfähigkeit, die Blühbereitschaft, bei bestimmten Pflanzen erst dann entsteht, wenn man sie oder wenigstens ihre Wurzeln einem Winterprozeß unter der Erde ausgesetzt hat. Also sowohl die Keimbereitschaft – was bedeutet das? – wie auch die Blühbereitschaft – was bedeutet das? – werden im Winter in der Erde hergestellt. Es gibt z. B. Samenarten, die gar nicht keimen, wenn sie nicht dem Frost oder dem Schnee ausgesetzt werden. Dazu gehören eine ganze Reihe von Wildpflanzen, die man z. B. in den Alpen beobachten kann. Sie stehen zunächst mit geschlossenen Samenkapseln da, bis der Schnee kommt und sie bedeckt. Dann springt die Samenkapsel auf, und die Samen fallen auf den Schnee. Mit dem Schnee, auf den neuer Schnee fällt, sinken sie immer tiefer hinunter. Im Frühjahr gefriert das sogar und taut wieder auf, aber diese Samenkörner keimen! Werden sie aber vorher abgeerntet, nach Hause mitgenommen und im Frühjahr ausgesät, keimen sie nicht.

Das Wintergeschehen besteht also darin, daß die aus dem Flammenprozeß des Sommers hervorgegangenen Ascheprozesse des Herbstes durch die Feuchtigkeit veranlaßt werden, in sich erstens Lichtkräfte aufzunehmen – das sind aber nicht mehr äußerlich sichtbare Lichtkräfte, sondern solche, wie sie z. B. dieser Sand in sich hatte –, zweitens Keimkräfte und Keimbereitschaft, und drittens Blühbereitschaft. Diese Phänomene sind aber interessanterweise das Gegenteil von dem, was man sich unter dem Winter vorstellt, daß da alles hart und fest und schwer wird. Genau das Gegenteil ist der Fall: Es findet eine ätherische, eine lebensmäßige Auflockerung statt, durch die der Same die Bereitschaft zum Keimen, zum Wachsen und zum Blühen empfängt. Genauso geschieht es mit der Knospe am Baum, wenn da Frost darübergeht, mit den Augen von Wurzelstöcken, die in der Erde sind, oder auch mit den Wurzelstöcken der Getreidepflanzen, die im Herbst gesät wurden, sich bestockt haben und im Frühjahr noch einmal bestocken können. Dies ist das eigentliche Wintergeheimnis. Die Verdichtung, die Konsolidierung, erfolgt gerade erst im Frühling. Man meint immer: der Frühling hätte auflösende Gewalt. Die hat er gerade nicht, sondern der Frühling verdichtet das Prozessual-Stoffliche mit sich selber und das Übersinnlich-Ätherisch-Lebendige mit dem Physischen wie das Physische mit dem Lebendigen. Der Winter stellt dagegen in den dunklen, feuchten und warmen Tiefen der Erde gerade die Empfänglichkeit her. Denn es ist ja im Sommer und Herbst nicht nur Sonnenlicht, sondern auch geistige Sonnenwärme in die Erde eingezogen und bewirkt diese Bereitschaft zu wachsen. Das ist das Wintergeheimnis. In Wahrheit ist es eben völlig anders, als es äußerlich ausschaut.

Diese Winterprozesse dauern bis Anfang Februar, bis in die erste Februar-Dekade. Mitte Februar haben wir ja wieder so eine Art Zwischenbereich zwischen Winter und Frühling. Bevor es im Boden wieder anfängt zu apern, d. h. sich zu öffnen und zu gären, kann der feinere Blick bemerken, wie in den von oben herunterströmenden Lichtprozessen der Frühling bereits anwesend ist. Denn nach dem berühmten Bauerntag von Mariä Lichtmeß am 2. Februar hat das Tageslicht schon den Frühling in sich, der am Boden aber noch nicht angekommen ist. Es besteht ein merkwürdiger, interessanter Zustand einer Art Spaltung in der Natur zwischen dem, was von oben herunterkommt, und dem, was von unten herauf will. Das ist noch voneinander getrennt und fängt dann mit der Ackergärung Ende Februar an, sich zu vereinigen und zu verdichten.

Überschauen wir das ganze Geschehen, so haben wir so etwas wie eine Alchimie des Jahreslaufes vor uns. Im Frühling strahlt das Leben auf und wird dicht, was die Verdichtungsprozesse, die Inkarnationsprozesse, die Wachstumsprozesse bewirkt. Im Sommer erleben wir einen durchgreifenden Blüh- und Feuerflammenprozeß, der aber sehr milde verläuft, wie wir an jeder Blüte sehen: wir brauchen nur an eine blühende Wiese, einen blühenden Rosenstrauch, einen blühenden Baum zu denken. Im Herbst haben wir dann das aus diesem Naturfeuer herausfallende Aschewesen sowohl in der Fruchtbildung, wo man es gar nicht vermuten sollte, wie auch in der Samenbildung, der eigentlichen Qualitätsbildung. Im Winter entwickelt sich das, was nun diesen in die Feuchtigkeit und in die Verwesung aufgenommenen Ascheprozeß lebensbereit, keimbereit, wachstumsbereit und blühbereit macht. Es ist so, als ob die ganze Erde in diesen winterlichen Tagen und Nächten die Bereitschaft zum Leben entwickeln würde, das sich nachher im Frühling in ihr verdichtet.

Nun kann man die Frage haben: Was liegt diesem Jahreszeitengeschehen eigentlich zugrunde? Was ist das eigentlich Agierende dabei? Wer bewirkt diese Alchimie? Wir haben ja gesehen, wie diese Alchimie im Grunde genommen etwas ist, das zwischen dem Ätherischen und dem Physischen immer hin- und herspielt: Lebenskräfte wirken und Stoffe werden verwandelt, werden verdichtet und nachher wieder aufgelichtet. Sie werden schließlich zu Asche verwandelt, aber dann innerlich wieder belebt oder lebensbereit gemacht. Wer steht hinter diesen wunderbaren Alchimieprozessen des Jahreslaufes in den vier Jahreszeiten mit ihren charakteristischen Ereignissen?

Das ist die große Überraschung, die uns Menschen heute durch die Anthroposophie mitgeteilt wird: dahinter steht nämlich die Erdenseele selber. Es ist die Erdenseele selber, die in dieser gewaltigen Jahreszeitenalchimie für sich zwei völlig verschiedene Bewußtseinszustände herbeiführt, nämlich den Zustand des Wachens und den des Schlafens. Der Schlaf des Menschen besteht ja darin, daß seine Seele aus der leiblichen Orientiertheit und Gebundenheit herausströmt – insbesondere aus dem oberen Menschen, dem Kopfmenschen – und sich mit der Seelen- und Geisteswelt des Kosmos verbindet. So schläft der Mensch ein, und umgekehrt erwacht er, wenn sich das Seelisch-Geistige des Menschen wiederum mit dem Leiblichen verbindet – insbesondere mit dem oberen Menschen in seiner Kopf- und Atemorganisation – wodurch der Mensch zwar an die Materie gebunden wird, aber gleichzeitig ein eigenes Bewußtsein und sogar ein Selbstbewußtsein entwickelt.

Das gleiche macht die Erde von sich aus auch. Sie strebt mit ihrer Seele in einer ganz bestimmten Art aus sich heraus und will sich mit demjenigen verbinden, was ihr aus dem dritten, dem kosmischen Jahreslauf entgegenkommt. Ich sagte schon, daß wir drei Jahresläufe haben: den Jahreslauf des Tages, den Jahreslauf der Jahreszeiten und den Jahreslauf der himmlischen Verhältnisse von Sonne, Mond, Planeten und Fixsternen. Indem die Erde einschläft, wendet sie sich dem zu, was ihr aus diesen himmlischen Jahresläufen entgegenkommt. Sie läßt ihre Seele aus ihrem Leibe, aus ihrer Leiblichkeit, ausströmen und verbindet sich dadurch mit den Wesenheiten und Kräften, die in den Sternenweiten walten und wirken, im wesentlichen mit der Sonne. Die Sonne aber ist gleichzeit dasjenige Wesen, das die Wirksamkeit der gesamten Fixsterne und aller Planeten zusammenfaßt und als ihr Licht, ihre Wärme und ihre Lebenskräfte – Licht, Liebe, Leben – ausstrahlt, und mit dieser Ausstrahlung verbindet sich die Erdenseele. Umgekehrt ist es, wenn sich die Erdenseele von dieser Sonnenzugewandtheit wieder zurückzieht. Dann atmet dieser Erdorganismus gewissermaßen sein Seelisches wieder ein, und dann taucht dieses Seelische bis unterhalb des Wassers in die Erde, in die Gesteinsschichten ein. Dann hat sich die Erde von der Zuneigung zu dem außerirdischen Dasein abgewandt, sich selber zugewandt und erwacht.

Manche Mißverständnisse kommen dadurch zustande, daß man meint, wenn die Pflanzen aufkeimen und wachsen, dann wache das Jahr auf. Äußerlich stimmt das auch. Innerlich kommt die Erdenseele aber langsam in einen Schlafzustand, wenn das Frühjahr beginnt, und sie schläft im Sommer. Wenn es umgekehrt im Herbst äußerlich so aussieht, als ob die Erde in einen Winterschlaf verfällt, weil die Lebensverhältnisse abnehmen und verschwinden, ist das innerlich, geistig und seelisch gesehen gerade ein Aufwachen der Erdenseele zu sich selber. Wie sieht das aus?

Um das verständlich zu machen, müssen wir zu dem einen Bilde, das ich anhand des Buches von G. Wachsmuth entwickelt habe, ein zweites hinzunehmen. Wir betrachteten in der zweiten Kursstunde diese exzentrische Sphäre von Lebenskräften – im wesentlichen von Lebensäther und chemischem Äther –, die auf der einen Seite fortwährend unter die Erdoberfläche bis in das Erdinnere, bis in die Tiefen des Erdmantels heruntergetaucht ist, die auf der anderen Seite aber immer aufgetaucht ist und sich in einem Bogen ganz zur Sonne hinwendet. In sich hat diese Sphäre eine Kräfteströmung, durch welche sie die Erde um sich selber dreht, wodurch Tag und Nacht entstehen. Man muß sich vorstellen, daß die Strömung, die in dieser exzentrischen Erdensphäre verläuft, nicht einfach kreist, sondern daß sie eine lemniskatische Strömung ist, die von der Erde ausgeht, die Sonne bis zum Ende der Erdbahn auf der anderen Seite der Sonne umläuft und wieder zur Erde zurückkehrt. Diese Tagespuls-Sphäre durchströmt also die gesamte Erdbahn um die Sonne, diese zweimal 150 Mio km. In sich trägt sie den Erdball, den Erdleib, und bewegt ihn um sich selber, so daß dieses Haupt in 24 Stunden des gesamten Sternenhimmels von vorne, von den Seiten und von hinten ansichtig wird.

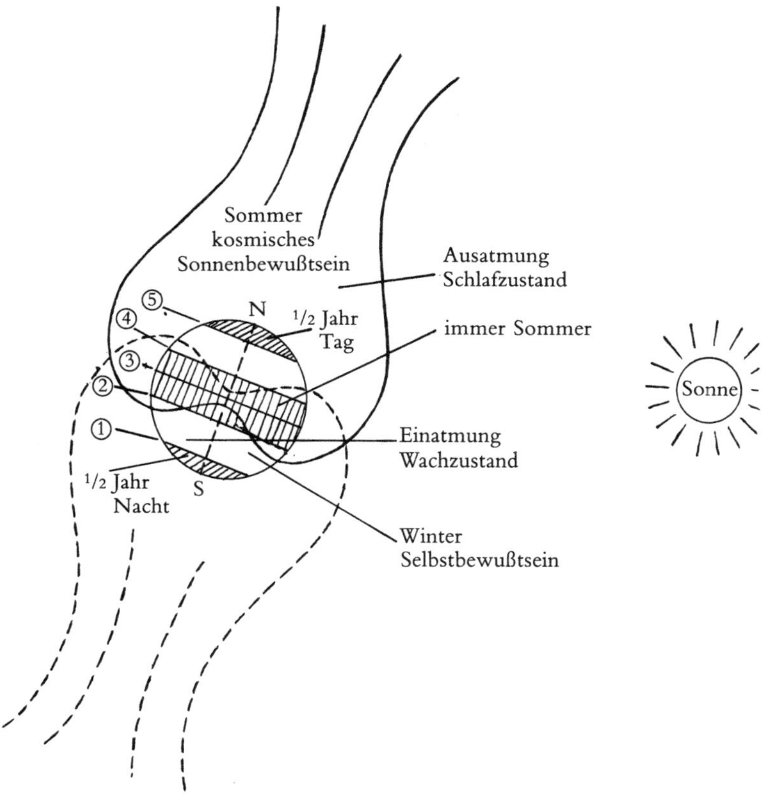

Abb. 17: Aus- und Einatmung der Erde

In diese exzentrische Sphäre ist nun eine zweite exzentrische Sphäre eingebaut, die aber ganz anders liegt. Sie müssen jetzt etwas Phantasie entwickeln, indem ich versuche, auch diese Sphäre zu beschreiben. Wenn wir in unseren Breiten Sommer haben, also Sommer auf der Nordhalbkugel, ist die Astralsphäre, die Seele, dieser

Seelenleib der Erde, über der Nordhalbkugel weit ausgeströmt und zwar wie eine Art Kelch, der sich über der Erde halb schließt, aber weit offen ist für den gesamten nördlichen Sternenhimmel, damit natürlich auch für die Sonne, den Mond und die Planeten, die in diesem nördlichen Sternenhimmel auf- und untergehen. Indem sich diese Sphäre um sich selbst dreht, ist sie fortwährend in diesem ihrem seelischen Gebilde, in dieser Seelensphäre drin, aber so, daß sie im Nordgebiet aus der Erde herausgeatmet ist. Sie müssen sich das so vorstellen, daß das bis zum südlichen Wendekreis heruntergeht, so daß alles, was nördlich vom südlichen Wendekreis, dem Wendekreis des Steinbocks, liegt, zum nördlichen Himmelspol hin ausgeatmet ist. Vereinfacht aufgezeichnet sieht das so aus (s. Abb. 17): Wenn hier die Erde ist, hätten wir hier den Nordpol (N), hier den Südpol (S), hier den südlichen Polarkreis (1), den südlichen Wendekreis (2) und den Äquator (3). Auf der nördlichen Halbkugel wäre dann hier der nördliche Wendekreis (4) und hier der nördliche Polarkreis (5).

Jetzt müssen Sie sich vorstellen, daß dieser Astralleib, dieser Seelenleib, aus der Erde herausragt, daß er eine Art Kelchbildung macht und dann – wie Dr. Steiner sagt – wie ein Kometenschweif den ganzen Sternenhimmel umgreift. Die Sonne wäre jetzt hier, das heißt die Nordhalbkugel der Erde ist der Sonne zugewandt. In diesem Gebiet nördlich des Polarkreises, der sogenannten Polarkalotte, geht die Sonne ein halbes Jahr lang nicht unter. Sie scheint also immer, und wir haben den Tag, der ein halbes Jahr dauert. Zwischen den Wendekreisen haben wir dagegen einen Bereich, den ich jetzt strichle, wo es immer Sommer ist. Sie müssen sich vorstellen, daß dieses Astralgebilde, diese Seelensphäre, außerdem noch durchzogen ist von Lebenskräften, und zwar von Lichtäther und Wärmeäther.

Was geschieht nun dort, wo diese Sphäre nicht draußen ist, sondern eingetaucht? Dort auf der Südhalbkugel ist Winter, und die Erde kann ihr winterliches Selbstbewußtsein entwickeln. Kosmisches Sonnenbewußtsein hat die Erde auf der Nordhalbkugel, wenn bei uns Sommer ist, und gleichzeitig winterliches Selbstbewußtsein auf der Südhalbkugel.

Im Herbst zieht sich diese ganze gewaltige Seelenkraft von der Nordhalbkugel zurück, taucht in die Erde ein und beginnt nach der anderen Seite auszustrahlen. Spiegelbildlich entsteht dann, wenn auf der Südhalbkugel Sommer ist, dieser sommerliche Kelch des kosmischen Bewußtseins der Erde, den ich auf der Zeichnung nur gestrichelt andeute.

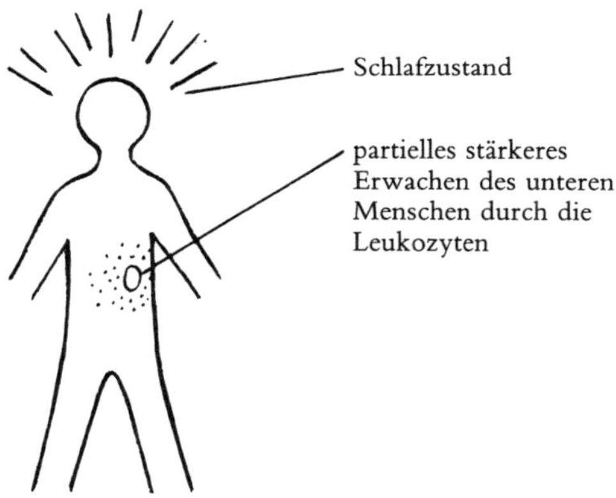

Abb. 18: Das Erwachen im Schlafen

Versuchen Sie, Ihre Phantasie etwas in Bewegung zu versetzen. Das muß jetzt nicht allzu scharf vorgestellt werden, aber es soll ein wenig durchempfunden werden.

Dies ist der Jahresatemzug der Erde! Sie atmet in die betreffende Gegend des Sternenhimmels aus, wenn Sommer ist, also auf der nördlichen Halbkugel in den nördlichen Himmel, und atmet gleichzeitig auf der südlichen Halbkugel ein. In der zweiten Jahreshälfte ist es polarisch entgegengesetzt. Aber das ist ja in Wirklichkeit kein Gegensatz, denn es ist die gleiche Erdenseele, die ihre Ausatmung und ihre Einatmung erlebt, ihren Schlafzustand im Sommer und gleichzeitig ihren Wachzustand im Winter auf der anderen Erdhälfte.

Man muß ja nicht darüber erschrecken, daß es so etwas gibt, denn bei uns Menschen ist das genauso. Denn wenn wir einschlafen und hätten hier (s. Abb. 18) unsere Kopforganisation und hier den übrigen Menschen, dann geht ja im Schlafzustand das Astralische auch aus dem Menschen nach oben heraus.

Das Interessante ist aber, daß gleichzeitig im gesamten übrigen Leib der Mensch stärker erwacht als am Tage, und zwar überall dort, wo das Blut kreist und insbesondere die weißen Blutkörperchen, die Leukozyten. Dieses partielle Erwachen des unteren Menschen durch die Leukozyten, die eine gewisse Verwandtschaft mit den Nervenzellen und Nervengeweben haben, bedeutet, daß wir Träume haben können. Unsere Träume kommen nämlich nicht dadurch zustande, daß wir im Gehirn wach sind, sondern die kommen dadurch zustande, daß wir in den weißen Blutkörperchen unseres Blutes wach sind, aber eben nur so wach, wie man da sein kann, nämlich traumwach.

Wir müssen uns also vorstellen: wenn die Nordhalbkugel der Erde Sommer hat und schläft, ist das Wachen der Erde auf der Südhalbkugel eine Art Traumwachen, hat eine andere Qualität, als wenn umgekehrt die Sphäre sich hier oben einzieht und die Erde im Winter auf der Nordhalbkugel wacht. Dieses Wachen ist ein völlig anderes, es ist nämlich so, wie wenn wir mit unserem Bewußtsein im oberen Menschen, d. h. im Nervensystem, wachen. Es ist grundfalsch zu sagen: Nordhalbkugel-Sommer ist gleichbedeutend mit Südhalbkugel-Sommer, und Nordhalbkugel-Winter ist gleichbedeutend mit Südhalbkugel-Winter. Weil manche Leute so denken, kommen sie auf die verrückte Idee, man müßte auf der Südhalbkugel Ostern dann feiern, wenn hier bei uns Michaeli ist. Das ist natürlich totaler Unsinn! So denkt man nur dann, wenn man nicht versteht, daß das Wachen auf der Südhemisphäre ein anderes Wachen, ein anderer Winter, eine andere Art von Weihnacht, ist, als wenn die Erde auf der Nordhemisphäre wacht, da, wo der Bewußtseinspol der Erde sitzt.

Erinnern Sie sich bitte, wie wir in der zweiten Stunde über das radiäre Bewußtseinssystem und über das ost-westliche Bewußtseinssystem der Faltengebirge auf der Nordhalbkugel sprachen. Auf der Südhalbkugel gibt es fast nichts von einem solchen Bewußtseinsorgan. Im Menschen entspricht das den weißen Blutkörperchen, den Leukozyten, und dem Traumbewußtsein. Man muß aus dem Menschen heraus verstehen, daß die Jahreszeiten auf den Hemisphärenhälften qualitativ unterschiedlich sind und daß man auf der Südhalbkugel nicht einfach Weihnachten feiern kann, weil dort Winter ist. Weihnachten muß auf der ganzen Erde dann gefeiert werden, wenn die Erde im Nordgebiet ihr Bewußtsein entwickelt, wenn auf der Nordhalbkugel Winter ist.

Wir haben gesehen, daß in der Jahreszeitenalchimie der eigentliche Prozeß darin besteht, daß der heruntergefallene Ascheprozeß des Herbstes die Keimbereitschaft, die Blühbereitschaft und die Wachstumsbereitschaft empfängt, und zwar durch die Feuchtigkeit, das Licht und die Dunkelheit, die im Winter unter der Erdoberfläche vorhanden sind. Diese winterlichen Prozesse sind im Norden und Süden die gleichen, nicht aber die Bewußtseinsprozesse.

Wenn man die verschiedenen Kontinente besucht, kann man das in gewissem Sinne äußerlich mit Augen sehen, daß z. B. in Südamerika – also Brasilien, Argentinien, Chile, Peru – und ebenso in Südafrika und in Australien Frühling, Sommer, Herbst und Winter etwas ganz anderes sind als in Europa.

Nun kommt die zweite Überraschung, daß es die vier Jahreszeiten, wie wir sie kennen, auf der Erde so nur in Europa gibt. Erinnern Sie sich bitte an die Phänomene:

Ende Februar:	Frühlingsanfang. Aufsteigende Keim- und Wachstumsprozesse von unten, vom Boden, bis in die Baumkronen.
Anfang Mai:	Der Wald ist grün.

Mitte Mai, zweite Maidekade:	Eisheilige. Pralāya zwischen Frühling und Sommer.
Sommerprozeß:	Das Blühen fängt von unten an, die Wiese, die Sträucher, die Bäume blühen. Dann steigt der Blühprozeß wieder herunter, und die Sträucher, die Stauden blühen, die Heide blüht.
Mitte August:	Stille, Übergang vom Sommer zum Herbst.
Herbstprozeß:	Es fängt an zu rieseln, und die Asche fällt aus dem Flammenprozeß herunter. Das geht so bis Anfang November.
November-Pralāya:	Das Ganze kommt zur Ruhe, und der eigentliche Winterprozeß fängt an, nämlich die Durchfeuchtung der Ascheprozesse und damit die Empfänglichmachung dieser Ascheprozesse für Wachstum, Blühen usw.

Diese vier ausgeprägten Jahreszeiten gibt es so nur in Europa. Warum? Weil die Erdverhältnisse auf den anderen Kontinenten anders sind. Nordamerika, das ja auch auf der Nordhemisphäre liegt, hat z. B. keine Ost-West-Gebirge, und infolgedessen sind dort die Klimaprozesse sehr stark Nord-Süd gerichtet. Dies bewirkt, daß der Herbst auf diesem Kontinent weit überwiegt. Ich deute das jetzt nur an, was sich geistgeographisch genau beschreiben läßt. Nordamerika ist der Herbstkontinent. Der Herbst fängt bereits im Juli an und geht dann bis Dezember. Ein unglaublicher Herbst ist das, der dort als »Indianersommer« berühmt ist. Sie können sich nicht vorstellen, wie schön der nordamerikanische Herbst ist: der Himmel, die Bäume, die Laubfärbung, alles ist wie in glühende Farben gemalt! Von den vier gleichmäßigen Jahreszeiten, die in Europa urbildlich ausgebildet werden, ist in Nordamerika eine Jahreszeit, nämlich der Herbst, dominant.

Gehen wir von Nordamerika nach der anderen Seite, nach Asien, hinüber, dann finden wir dort etwas anderes Interessantes. Wir finden nämlich, daß der asiatische Kontinent durch die Monsunverhältnisse charakteristisch ist. Der Monsun entsteht dadurch, daß sich im Frühjahr diese riesigen Landmassen, die teilweise nur aus Steppen und Wüsten bestehen und überhaupt nicht bewaldet sind, sofort nach der Schneeschmelze ganz schnell erwärmen. Die aufsteigenden Luftströmungen ziehen die feuchte Meeresluft über den beiden Ozeanen, dem Pazifik und dem Indik, heran und bringen sie dadurch zum Kontinent. Dieser ganze Bereich hier ringsherum (er wird auf der Karte gezeigt) ist dadurch charakterisiert, daß im Frühjahr – so gegen Ende März, Anfang April – der Monsunregen einsetzt, und dieser Monsunregen verlängert den Frühling. Es will gar nicht Sommer werden! Sie können sich nicht vorstellen, wie herrlich die Steppen Asiens aussehen, wenn der Frühling kommt. Wenn die Schneeschmelze kaum vorbei ist und die warmen Märztage kommen, blüht die Steppe über und über, und sogar die Wüste blüht! Dann kommt der Monsunregen und verlängert diesen Blütenprozeß, so daß die Gräser auf den Steppen reif werden und diese Steppenblüten alle auch noch fruchten können. Von den vier Jahreszeiten, die in Europa gleichmäßig ausgebildet werden, dominiert in Asien der Frühling. Asien ist der Frühlingskontinent! In ganz Mittelasien, Ostasien, Südasien bis teilweise herein in die westasiatischen, ja sogar bis in die europäischen Verhältnisse herein wirkt dieses Frühlingsgeschehen. Das ist wie ein riesiger Frühlingshalbmond hier so ringsherum um diesen riesigen Kontinent. In Sibirien wirkt das natürlich nicht, so weit geht das nicht, da herrschen andere Verhältnisse.

Wenn Sie sich das bewußt machen und vielleicht sogar mal erlebt haben, wie so ein Frühling in Japan aussieht oder ein Frühling in Katmandu am Südhang des Himalaya, kurz bevor der Monsun kommt und die Regenzeit anfängt – es ist unbeschreiblich! Man lernt diesen ganzen riesigen Kontinent überhaupt erst richtig lieben, wenn man versteht, daß es ein Frühlingswesen ist.

Nun haben wir daneben noch die eigentlichen Sommerkontinente, in denen es das ganze Jahr über Sommer ist: Südamerika, Afrika, Australien. Nur hier unten (es wird auf der Karte gezeigt) an den Spitzen haben wir dann Frühling, Sommer, Herbst und Winter ausgebildet, aber ganz schwach, nur wie angedeutet.

Wir sehen also, daß die vier Jahreszeiten des Jahreszeiten-Jahres außerdem auch noch über die Kontinente verteilt sind, genauso wie die Tageszeiten über die Kontinente verteilt sind.

In dem Ineinanderspielen des Jahreszeiten-Jahres mit dem Tageszeiten-Jahr haben wir das eigentliche astralisch-seelisch-ätherische Geschehen dieses großen Atemzuges der Erde. Man muß aber verstehen, daß die Ausatmung der Erde im Sommerschlaf und das Einatmen dieses Seelischen beim Wintererwachen auf der Nordhalbkugel etwas anderes sind als das entsprechende Geschehen auf der Südhalbkugel. Das sind Vorgänge, die sich gegenseitig bedingen und entsprechen, und nur die Kenntnis vom Menschen und seinen Bewußtseinsvorgängen im Wachen und Schlafen, vor allem die grandiose Polarität zwischen Nervensystem und weißen Blutkörperchen, macht die ganze Angelegenheit verständlich.

Heute wollte ich Ihnen das Jahreszeiten-Jahr ein bißchen näher bringen. Morgen will ich dann versuchen, zum Himmelsjahr als dem dritten großen Jahresprozeß überzugehen, damit wir dann auch noch das Zusammenspiel dieser drei Prozesse studieren können.

FÜNFTE STUNDE

Das Sonnen-Fixstern-Jahr

Wir haben gesehen, wie das Jahr – also der Jahreslauf, das Jahresgeschehen, der Jahresprozeß – ein Organismus ist, und zwar ein Zeitorganismus. Und so, wie bei einem leiblichen Organismus die einzelnen Organe miteinander zusammenhängen und ihr sinnvoller Zusammenhang, also der Bauplan, den Leib zum Leibe macht – das ist dann eben ein materieller, ein räumlicher Leib –, so hat das Jahr einen Zeitleib. Dieser Zeitleib hat eine Dreigliederung in drei hauptsächliche Prozesse.

Der erste Prozeß im Jahr ist der Tag. Wir haben diesen Tag im Jahr angeschaut und gesehen, wie er dadurch zustande kommt, daß da eine Tagespuls-Organisation, ein Tagespuls-Organismus vorhanden ist, welcher die Erde in einer erstaunlichen Regelmäßigkeit um sich herum bewegt. Diese Erdumdrehung in 24 Stunden, diese Rotation, ist im Zeitenlauf eine Art Sinnesorgan. Je mehr man sich das bewußt macht, desto deutlicher wird es doch wohl, daß die Erde und mit ihr der Mensch und alle übrigen Lebewesen mit Hilfe der Tage das Jahr wahrnehmen.

Den zweiten Prozeß bilden die eigentlichen Jahreszeiten. Wir haben bereits gesehen, daß diese Jahreszeiten im Ganzen des Erdorganismus eine urphänomenale Zone haben, wo sie am vollendetsten auftreten, und diese Zone befindet sich am Leib der Erde merkwürdigerweise dort, wo das stärkste Bewußtsein ist, nämlich in Europa. Dieser Kontinent mit seiner im Vergleich zu den anderen Kontinenten feinen Gliederung, in seiner empfindlichen Durchgestaltung, Durchbildung, ist der Träger der klassischen vier Jahreszeiten.

Wir haben auch gesehen, daß wir in diesem Jahreszeiten-Jahr eigentlich den Lebensprozeß haben. Erinnern Sie sich an diese eigenartige Alchimie, diese Stoff- und Prozeß- und Lebensverwandlung von den verdichtenden, inkarnierenden Kräften des Frühlings über das milde Feuer des Sommers, über die Aschebildung des Herbstes bis zur Keim- und Blüten- und Wachstumsimpulsierung des Winters. Sie können sich denken, daß das ein außerordentlich komplizierter Vorgang ist, den man am deutlichsten an der Pflanzenwelt wahrnimmt. Der Jahreslauf der Pflanzen, des Pflanzenlebens, zeigt am deutlichsten diese ganze Lebensprozessualität. Es war aber auch deutlich, daß das Impulsierende dafür vom Seelischen der Erde ausgeht. Es ist also ein Ineinanderweben des Astralisch-Seelischen mit dem Ätherischen, Bildekräfteartigen, das die Erde als ein exzentrisches, sphärisches Gebilde vollständig in sich trägt.

Wir haben gesehen, wie der Ausatmungsprozeß den Frühling und Sommer bewirkt und wie dieser Frühlings- und Sommerprozeß eine ganz starke Zuwendung der Erde zum Himmel ist und dadurch eine Art Schlafzustand bewirkt. Es wirkt da also ein starkes Seelisches, Bewußtseinsartiges mit. Auf der anderen Seite haben wir, wenn das im Herbst und Winter wieder eingeatmet und in das Erdinnere bis zum Erdmittelpunkt hereingezogen wird, eine Abwendung vom Kosmos und eine Zuwendung der Erde zu sich selbst, was eine Art Selbsterleben und Selbstbewußtsein bewirkt.

Diesen Jahreszeitenprozeß kann man auch ganz differenziert anschauen, denn außer dem Jahreslauf der Pflanzen gibt es einen Jahreslauf der Tiere, einen Jahreslauf der Mineralien – die machen nämlich im Jahreslauf auch Veränderungen durch –, aber es gibt auch einen Jahreslauf der Atmosphäre, also der Luft, einen Jahreslauf in den Meeren, den Ozeanen, einen Jahreslauf des Lichtes und einen Jahreslauf der Elemente. Um das in allen Einzelheiten anzuschauen, würden wir mindestens zwei Wochen brauchen, denn das sind Bilder über Bilder und Vorgänge über Vorgänge. Das kann jetzt nur angedeutet werden, weil wir ja den Übergang zu dem dritten fundamentalen Jahresgeschehen suchen müssen.

Denn zum Tages-Jahr und zum Jahreszeiten-Jahr kommt das Jahr des Himmels hinzu, das Jahr der Sonne und der Sterne. Was das ist, kann man aber nur fassen, wenn man sich ganz grundlegende Gedanken darüber macht, was die Sonne eigentlich ist und was das Sonnenlicht eigentlich ist. Wenn wir die Erde anschauen, können wir sagen: die Erde imponiert dadurch, daß sie einen Leib, einen physischen Leib hat, in dem die ätherischen Kräfte – also die niedere Geistwelt – und das Seelische der Erde wirksam sind, was sich im Jahreslauf besonders in den Wetterstimmungen zeigt. Nun ist es für uns Menschen heute aber ungeheuer schwer, mit unserem Bewußtsein in den Kosmos hinauszukommen. Wenn wir von der Erde über Mond und Sonne hinaus in den Bereich der obersonnigen Planeten kommen, dann ist das schon sehr weit weg. Die Sonne ist 150 Millionen Kilometer weit weg. Dann kommen noch Mars, Jupiter, Saturn, Uranus, Neptun und Pluto. Pluto ist von der Erde bereits mehrere Milliarden Kilometer entfernt, und diese Entfernung ist immer noch so wie die Entfernung von einem Meter zum anderen, d. h. eine räumliche Entfernung.

Kommt man aber über das Sonnensystem hinaus, dann entsteht für das heutige Bewußtsein die ungeheure Schwierigkeit, sich vorzustellen, daß dieser Raum allmählich in ein Ätherisches und schließlich in ein rein Geistiges übergeht, in dem überhaupt nichts mehr von Materie zu finden ist. Das ist etwas, was der gesamten heutigen Astronomie und Astrophysik radikal widerspricht, aber nehmen Sie diesen Widerspruch ruhig einmal zur Kenntnis. Die Art, wie das in der heutigen Naturwissenschaft angeschaut und wie das Weltall erforscht wird, ist so, daß die Verhältnisse, die wir auf der Erde und vielleicht noch innerhalb des Planetensystems haben, in Gedanken hinausprojiziert werden, was wissenschaftlich als Extrapolation bezeichnet wird. Man kann es sich gar nicht anders vorstellen, als daß die irdischen Verhältnisse mit Stoffen, Schwerkraft, Feuer usw. nicht auch im Kosmos so sein sollten. Das ist aber gar nicht der Fall, denn außerhalb des Sonnen-Planetensystems geht das Weltall in einen seelisch-geistigen Zustand über. Unser Planetensystem ist in dieser Hinsicht im ganzen Weltall etwas Einzigartiges und Einmaliges. Unsere heutige Vorstellung, daß es im Weltall noch unendlich viele Sonnen- und Planetensysteme gibt und daß die Milchstraße aus solchen Sonnen wie unsere Sonne besteht, stimmt einfach nicht. Wie ist das aber mit Hilfe der Geisteswissenschaft zu denken?

Wenn wir die Erde betrachten, finden wir ihren physischen Leib und dann von der Erde aus das Ätherische: die Lebenskräfte, die Lebensleiblichkeit, die wir in der sphärischen Erde und in der exzentrischen Sphäre erkennen und auch in der Jahresatem-Sphäre finden, wo mit ihren Seelenkräften hauptsächlich Licht- und Wärmeäther aus- und eingeatmet werden. Nun kann man die Fragen haben: gibt es denn nicht eine Möglichkeit, einen allmählichen Übergang des Physisch-Materiellen in das Ätherische bis in eine gewisse sinnenfällige Erscheinung herein wahrzunehmen? Diese Möglichkeit gibt es, und sie besteht darin, daß wir um die Erde herum in der Atmosphäre das Himmelsblau erleben. Beim Himmelsblau besteht gegenüber der heutigen physikalischen Anschauung auch ein furchtbares Problem. Die Physik sagt: Da kommt Sonnenlicht, das zerstreut und verschluckt wird und nur ein Teil kommt durch, und der ist dann blau. Wir müssen uns aber vorstellen, daß die Dichtewirkungen, also die physischen Wirkungen, die von der Erde ausgehen, den ätherischen Wirkungen des Kosmos begegnen, und daß dort, wo die beiden aufeinanderstoßen, das Ätherische in dem Blau sinnlich sichtbar wird: der blaue Äther. So zu denken war den Griechen noch selbstverständlich, denn sie sprachen von der Himmelsbläue als von dem Äther und erleben ihn wie sinnlich wahrnehmbar im hellen Tages-Himmelsblau. Sie hatten allerdings noch eine etwas andere Blau-Empfindung als wir heute, denn sie empfanden mehr nach der grünen, nach der warmen Seite hin als nach der kühlen Seite, nach dem Blau hin wie wir. Aber sie erlebten den blauen Äther.

Noch radikaler wird der Gegensatz zur heutigen Naturwissenschaft, wenn man aus der Geistesforschung heraus erfährt, daß die

Fixsterne da draußen überhaupt nichts Materielles mehr enthalten, sondern daß in ihnen die Weltenseele, die Weltenastralität, das Seelenleben des außerirdischen, außerplanetarischen Kosmos sich in bestimmten Punkten durchdrückt, so wie wenn man aus einem Gesamt-Seelischen heraus irgend etwas berührt, um es seelisch zu durchdringen, zu erfüllen. Da, wo es diese Kraft, diese durchgreifende Kraft bekommt, wird es so, daß es sinnlich sichtbar ist. Wir sehen also in der Bläue des Himmels mit äußeren Augen den Weltenäther, und wir sehen in dem Glitzern und Funkeln und Flimmern der Fixsterne – nicht der Planeten, aber der Fixsterne, zu denen ja auch der Tierkreis gehört, – die sich sichtbar zeigende Weltenseele in einzelnen Berührungspunkten, man kann sogar sagen in einzelnen Liebespunkten, die dann in bestimmten Figuren verteilt sind. Aus der Geisteswissenschaft Rudolf Steiners heraus muß man sagen, daß der Kosmos, das Weltenall, das Sternenall da draußen, keinen physischen Leib hat. Während die Erde einen physischen Leib hat, eine ätherische Leiblichkeit und auch eine Seele, hat der Kosmos da draußen das Ätherische als unterstes Glied und hat dann sein gewaltiges Seelenleben, das ja durch die Hierarchien hervorgebracht wird, durch die übersinnlichen Wesen der himmlischen Welt. Und diese geistigen Wesen bilden die Geistselbstigkeit da draußen im Kosmos. Man kann das zusammengefaßt so ausdrükken: die Erde hat Leib, Leben und Seele, während der Kosmos Leben, Seele und Geist hat.

Was heißt nun »Geist«? Geist ist keine Abstraktion, sondern Geist besteht eben aus Wesen. Und so muß man sich in Gedanken dieses ganze Himmelszelt mit göttlichen Wesen, mit den Hierarchien, bevölkern. Das sind nicht nur die Hierarchien, die den Menschen nahestehen, also Engel und Erzengel, sondern vor allem die Hierarchien, die schon dem höheren göttlichen Bereich angehören, also die Geister, die alles formen, die Geister, die alles bewegen, die Geister, die alles weisheitsvoll tragen. Im Griechischen heißen sie dann Exusiai, Dynameis, Kyriotetes. Schließlich haben wir noch die höchsten göttlichen Wesen, die Throne, die Cherubim und die

Seraphim. Es ist schon erschütternd, daß wir von dieser ganzen Welt überhaupt nichts wahrnehmen als die Lichtpunkte da draußen. Und trotzdem hat das unbefangene naive Menschengemüt immer noch eine Art Ahnung davon, die als Stimmung entsteht, wenn man den Sternenhimmel sieht, wenn man in den Nächten das Auge hinausrichtet und diesen Sternenhimmel andächtig in sein Bewußtsein aufnimmt.

Nun müssen Sie sich vorstellen, daß die Sonne eigentlich gar nicht existieren würde, wenn nicht aus den Sternenweiten die übersinnlich-göttlichen Wesen, die dort wohnen und wirken, miteinander zusammenwirken würden, so ähnlich, wie z. B. Menschen zusammenwirken, wenn sie einen mehrstimmigen Chor singen. Das ist eigentlich das einzige Bild, das man aus dem gewöhnlichen sinnenfälligen Dasein verwenden kann, um sich annähernd eine Vorstellung zu bilden, wie in Wahrheit die Dinge da draußen sind. Im Bild angeschaut ist das so, wie wenn wir ein Chorwerk singen, z. B. die 9. Symphonie von Beethoven mit »Freude, schöner Götterfunken« usw. Dann steht also ein riesiger Chor von Menschen auf der Bühne, und wenn die Instrumentalmusik ihre vollständige Entfaltung erfahren hat, stehen sie alle mit einem Mal auf und beginnen miteinander zu singen. Es ist ein hinreißender Moment. Es ist immer ungeheuer bewegend, daß Beethoven, der doch im wesentlichen ein reiner Instrumentalmusiker war – er hat natürlich auch Lieder geschrieben –, daß er diese 9. Symphonie mit menschlichen Stimmen abschließen läßt. Die Sonne würde überhaupt nicht existieren, wenn nicht diese Wesen, die da draußen in den kosmischen Welten leben und weben, zusammen denken, zusammen fühlen und zusammen wollen würden. Erst indem sie das tun, entsteht die Sonne.

Wir sind jetzt wieder an einem Punkt angekommen, an dem es einem weh tut, wenn man daran denkt, wie die heutige Naturwissenschaft physikalisch über die Sonne denkt. Die Astrophysiker meinen, daß diese Sonne eigentlich der Anfang der ganzen Sache ist, indem sich die Stoffmassen, von denen da phantasiert wird, zusammenballen, dann zusammengezogen werden, so daß die Gravitation und die Erhitzung anfangen zu wirken und die Temperaturen steigen. Dann wird daraus eben ein Fixstern erster und zweiter und dritter Stufe – sie haben ja ganz genaue Vorstellungen darüber, wie das vor sich geht – bis dann schließlich da oben eine Art Atomofen brennt.

Jetzt haben sie aber konstatiert, daß die Rechnungen alle nicht stimmen. Denn die allerneuesten Forschungsergebnisse, die gleichzeitig in Amerika und in Rußland gefunden wurden, haben gezeigt, daß dieses merkwürdige Gebilde in einem $2^1/_2$-Stunden-Rhythmus richtig pulsiert, sich ausdehnt und zusammenzieht. Dafür gibt es überhaupt keine Erklärung. Es gibt auch keine Erklärung dafür, wie sich z. B. die Sonnenflecken auf der Sonne bewegen. Die ganzen Erklärungen, die man für die Produktion der Energie hat, welche von der Sonne ausgeht, sind von den irdischen Verhältnissen her extrapoliert. Das gilt sowohl für die Wärmestrahlung, die Lichtstrahlung, die Gammastrahlung wie die übrige elektromagnetische Strahlung, die Ultraviolett-Strahlung und schließlich sogar für die Partikelstrahlung, den sogenannten Sonnenwind, den man insbesondere bei den Exkursionen auf den Mond genau gemessen hat. Die heutige Naturwissenschaft kann sich überhaupt nicht vorstellen, daß dieser ganze gewaltige Sonnenprozeß, dieses Sonnenleben, dieses Sonnenwirken, überhaupt nicht vorhanden wäre, wenn nicht die Hierarchien aus dem Fixstern-Umkreis, der aber nicht materiell, sondern geistig-seelisch ist, zusammen denken, zusammen fühlen und zusammen wirken würden als der wahre »Chorus Mysticus« der Welt. Das ist so, wie wenn ein riesiger Menschenchor gemeinsam eine Symphonie singt, indem jeder seinen Teil dazu beiträgt, und dann erklingt das Ganze als eine gewaltige Einheit durch den Zusammenklang der Töne als ein Lied. Es ist schon sehr schwer, sich vorzustellen, was z. B. entstehen würde, wenn Menschen zusammen denken würden, also gleichzeitig intensiv zusammen denken würden, oder wenn sie zusammen fühlen würden oder zusammen wollen würden. In einer fernen Zukunft wird so etwas schon möglich sein. Heute ist es noch nicht möglich, weil die Individualitäten dafür noch zu schwach sind und davon überwältigt würden. Und deshalb sind Gruppenmeditationen heute noch absolut verboten, wenn man sein Ich entwickeln will. Wenn man die Ich-Entwicklung nicht will, dann kann man natürlich Gruppenmeditationen machen.

Wir müssen uns also vorstellen, daß es die Sonne, dieses leuchtende Gestirn da oben, gar nicht gäbe, wenn nicht von allen Seiten her die übersinnlichen göttlichen Wesen zusammenwirken würden. Und das Ergebnis dieses Zusammenwirkens ist das, was wir das Sonnenlicht nennen. Das Sonnenlicht ist eben auch etwas völlig anderes, als es sich die Menschen heute vorstellen. Das Sonnenlicht ist ein bis in die äußere sinnliche Wahrnehmbarkeit hereinwirkendes, hereinscheinendes Zusammen-Denken, Zusammen-Fühlen und Zusammen-Wollen der übersinnlichen Wesen des Weltalls da draußen.

Von diesem Gesichtspunkt aus versteht man erst, warum die Erde außer ihrer Drehung um sich selbst im Tageslauf und der Ein- und Ausatmung im Jahreslauf – wodurch das lebendige Jahresgeschehen zustande kommt –, drittens scheinbar um die Sonne herumläuft, wozu sie ein Jahr braucht. Auch bei diesem Phänomen ergeben sich für unser Verständnis wieder ungeheure Schwierigkeiten. Die heutige naturwissenschaftliche Vorstellung meint, daß die Sonne sich etwa geradlinig durch den Weltenraum bewegt, weil sie ein Bestandteil des Milchstraßensystems ist, das selbst eine räumliche Rotation hat. Dadurch sieht es so aus, als würde sich die Sonne in Richtung auf das Sternbild Herkules hin bewegen, umkreist von ihren Planeten, zu denen auch die Erde gehört. In Wirklichkeit ist es aber ganz anders. Es ist so, daß die Sonne in einer sehr komplizierten lemniskatisch-spiraligen Bewegung vorangeht und die Erde ihr nachfolgt. Dadurch entsteht von der Erde aus der Anblick, wie wenn die Sonne im Jahreslauf der Reihe nach vor bestimmten Sternbildern stehen würde, die wir als die zwölf Sternbilder des Tierkreises kennen. In der Nacht wird für den Menschen immer der Teil des Tierkreises sichtbar, welcher der Sonnenstellung gegenüberliegt. Das ist also die scheinbare Bewegung der Sonne im Tierkreis auf eine sehr einfache Formel gebracht.

Das bedeutet aber, daß die Wesen, die in den Fixsternwelten leben und weben und die Fixsterne einschließlich des Tierkreises zur Erscheinung bringen, natürlich jeweils in einer etwas anderen Weise durch die Sonne hindurch auf die Erde wirken, wenn die Sonne z. B. vor dem Sternbild Widder steht oder wenn sie vor dem Sternbild Jungfrau steht. Die Qualität des Zusammenwirkens der Fixsterne mit der Sonne und deren gesamte Wirksamkeit als Strahlung von Licht – wenn man jetzt mit dem Wort »Licht« alles zusammenfassen will, was die Sonne produziert – in den Kosmos verändert sich entsprechend der Stellung, welche die Sonne zur Erde hat. Wir haben also nicht nur das Tageszeiten-Jahr und nicht nur das Jahreszeiten-Jahr, sondern wir haben tatsächlich auch das Sternen-Sonnenzeiten-Jahr.

Wenn wir zu verstehen suchen, wie das, was von der Sonne ausstrahlt, also das Sonnenlicht, geistig-seelisch-ätherisch von den hierarchischen Wesen gemeinsam geboren wird und dann physisch-sinnlich für uns als Licht und Wärme wahrnehmbar in Erscheinung tritt, müssen wir uns fragen: Was ist nun eigentlich das Sonnenlicht im ganzen? Die Sonne ist nicht einfach da, sondern sie wird fortwährend hergestellt durch das Zusammenwirken der Hierarchien, welche das Sonnenlicht an diesem einen Ort im Weltall, an dem dann die Sonne erscheint, hervorbringen. In dem Sonnenlicht, das die Sonne fortwährend ausstrahlt, ist, wenn man es genau anschaut, eine Dreiheit enthalten. Das erste, was wir am Licht wahrnehmen, ist seine äußere Seite, das sinnlich-sichtbare Licht, das für die Augen bestimmt ist, für die Augen der Menschen, der Tiere, der Pflanzen und der Mineralien. An dieser Außenseite des Lichtes offenbart sich, daß dieses Licht immer Bilder macht. Machen Sie sich das einmal ganz klar! Das Licht macht die Welt zum Bild. Dies gilt nicht nur für die Sonne, es gilt auch für jede einfache irdische Lichtquelle, daß das von einer Lichtquelle ausströmende Licht, das den Raum mit Helligkeit erfüllt, immer in sich kohärent ist, d. h. mit sich selbst zusammenhängt. Durch lichtkundliche Experimente kann man das genau nachweisen. Diese innere Zusammenhänglichkeit des Lichtes, man kann sogar sagen, seine Gedankenseite, macht eben alles zum Bild, so daß überall dort, wo das Licht hinkommt, die Teile miteinander in Verbindung kommen, obwohl sie nebeneinander bleiben. Machen Sie sich das einmal ganz richtig bewußt, daß wir alle in diesem Moment Bilder vor uns haben durch das Licht, das von diesen Lichtquellen herkommt. Und auch wenn wir in die Welt hinausschauen, die von der Sonne beleuchtet wird, haben wir immer Bilder vor uns. Was macht aber ein Bild zum Bild? Der Zusammenhang seiner Teile. An der reinen Außenseite des Lichtes, vor allem des Sonnenlichtes, offenbart sich seine bildschaffende Kraft.

Das zweite, was wir am Sonnenlicht beobachten können, ist, daß das Sonnenlicht die Fähigkeit hat, dafür zu sorgen, daß Totes und Lebendiges miteinander verwoben werden. Der klassische Vorgang dafür ist das, was die Pflanzen tun: die Assimilation in der grünen Pflanze. Dabei wird das aus der mineralischen Welt hereingesogene Tote, nämlich die Kohlensäure der Luft, und das Wasser, das aus den Tiefen kommt und von den Wurzeln aufgesogen wird, miteinander verwoben, so daß sich mit ihnen das Ätherische dieser Pflanze, ihre Lebenskräfte verbinden können, und es entstehen lebendige Stoffe. Das Sonnenlicht hat also nicht nur die bildschaffende Fähigkeit, daß es alles zum Bilde macht, was es rein äußerlich erfüllt und berührt und von dem es zurückgeworfen, reflektiert wird, sondern es hat auch zweitens die Fähigkeit, das Tote gewissermaßen ins Lebende zu führen, indem es das Lebende an das Tote heranführt. Es zeigt also gewissermaßen eine belebende Kraft, die immer als Verkörperung eines Seelisch-Geistigen in das Körperlich-Leibliche erscheint.

Das Dritte, was das Sonnenlicht in sich trägt und was man das Gegenteil seiner zweiten Fähigkeit nennen könnte, ist die Kraft, das miteinander Verbundene wieder zu trennen, also die Exkarnation zu bewirken. In der letzten Stunde habe ich ja versucht zu zeigen, wie die Sonnenwirkung des Sommers gerade in diese Richtung geht. Wenn die Frühlingssonne im wesentlichen die Verkörperung des Pflanzenlebens und des tierischen Lebens, aber auch die Wärme in dem Atmosphärischen und in dem Wasserbereich bewirkt, so bewirkt die Sonnenkraft im Sommer das Gegenteil: sie stoppt ab und verhindert damit, daß das Leben weiterwuchert. Die Sommersonne entfaltet damit eine der Frühlingssonne entgegengesetzte Tätigkeit: sie bringt das Leben zum Sterben.

In dem Sonnenwesen, in diesem Sonnenlichtwesen, liegt also eine innere Dreifaltigkeit. Wir haben gesehen, daß die Tätigkeit der Außenseite dieses Lichtes die physische ist. Das Licht macht aus allem, was es bescheint, Bilder, es zeigt den Zusammenhang des einen mit dem anderen. Seine zweite Eigenschaft ist, daß es das Tote mit dem Lebenden und das Lebende mit dem toten verbindet, verwebt, und dabei kann sich etwas verkörpern, wird etwas irdisch inkarniert. Die Sonne bewirkt das dadurch, daß sie diese Verkörperung in Gestalten, in sichtbare Gestalten, hereinbringt, sowohl in die Pflanzengestalt wie in die tierische Gestalt und in die Menschengestalt. Drittens hat das Sonnenwesen dann umgekehrt die Möglichkeit, auch das Gegenteil zu bewirken: die Ent-Gestaltung, die Chaotisierung, die Wiederauflösung der Gestalt.

Wenn ich vorhin darstellte, daß die Sonne gar nicht vorhanden wäre, wenn nicht fortwährend aus den astralisch-geistigen Welten-räumen die übersinnlichen Wesen, die Götterwesen, zusammen denken, zusammen fühlen und zusammen wollen würden und dadurch die Sonne herstellen und die ganze Ausstrahlungstätigkeit dieser Sonne bewirken, so verstehen Sie jetzt, warum im Sonnenlicht diese dreifache Tätigkeit enthalten ist. Daher wirkt die Sonne im Jahreslauf verschieden je nach der Stellung, die sie gegenüber der Erde innerhalb des Fixsternhimmels einnimmt, d. h. von welchem Teil des Fixsternhimmels sie die entsprechenden Impulse einsammelt oder – anders ausgedrückt – welche Impulse ihr zugestrahlt werden. Sie setzt diese Impulse dann in Sonnenlicht um und stellt dieses Sonnenlicht der Erde zur Verfügung.

Die Sonne ist also dasjenige Wesen, das zwischen den Hierarchien in den kosmischen Weiten da draußen, den Planeten und der Erde vermittelt. Denn was für die Erde gilt, gilt im übertragenen Sinne auch für die anderen Planeten, für Jupiter, Mars, Venus usw. Es kommt aber noch hinzu, daß auch von diesen anderen Planeten gewisse Kräfte auf die Sonne wirken, durch die Sonne hindurchgehen und von der Sonne der Erde zugestrahlt werden. Es ist etwas Grandioses, sich klarzumachen, daß diese Fülle und Überfülle von Sonnenlicht, die zu den Planeten und zur Erde strahlt, dadurch zustande gekommen ist, daß aus den übersinnlichen Wesenheiten Gedanken, Gefühle, Willenskräfte usw., vor allem aber auch Bilder da zusammengeschoben werden wie zu einem unendlich gewaltigen Chor. Aber die Sonne strahlt nicht nur zu den Planeten, sondern auch die Planeten – Mars, Jupiter, Saturn usw. – strahlen etwas zur Sonne hin und tragen mit ihren übersinnlichen Lebens- und Seelenbestandteilen etwas zu dem Sonnenlicht bei. Das Sonnenlicht vermittelt das alles und ändert sich dadurch im Laufe des Jahres. Das Sonnenlicht hat auch seinen Jahreslauf, aber der Jahreslauf des Sonnenlichtes ist ein anderer als der Jahresatem der Erde, den wir in der letzten Stunde betrachtet haben.

Es sind also drei Jahresprozesse ineinanderverwoben: der Tages-Jahres-Prozeß, den wir zunächst angeschaut haben, dann zweitens der Jahres-Atem-Prozeß, dieser Jahreslauf der Jahreszeiten, der von der Erde impulsiert wird, und drittens dasjenige, was von der Sonne kommt.

Wenn wir versuchen, diesen dritten Jahresprozeß etwas deutlicher zu fassen, dann sehen wir, warum in den alten Zeiten das Jahr mit dem 21. März anfing. Das ist jetzt der dritte Jahresanfang. Ich habe gezeigt, daß der Tageslauf, das Tageslauf-Jahr, mit dem 21. Dezember beginnt, also in dem Moment, wo der Tag anfängt, wieder zu wachsen, und daß der Jahresatem-Jahreslauf, dieser Atemzug der Erde, ungefähr am 23./24. Februar beginnt. Das Sonnenjahr aber beginnt tatsächlich erst am 21. März. Warum? Weil in den drei Monaten vom 21. März bis zum 21. Juni – es geht ja immer vom 21. bis zum 21. des folgenden Monats – aus der Tierkreisregion Widder, Stier und Zwillinge bestimmte Bilder in die Sonne hereingestrahlt und vom Sonnenlicht aufgenommen werden. Diese Bilder, die in den Frühlingsmonaten vom Sonnenlicht zur Erde heruntergetragen werden, sind die Bilder der Blüten, die dann im Sommer erblühen.

Noch einmal: Was die Sonne in ihr Licht einsammelt, so daß es das Frühlings-Sonnenlicht wird, das sind diejenigen übersinnlichen seelisch-ätherischen Gestalten und Bilder, die durch dieses Frühlings-Sonnenlicht in die grünen Pflanzenteile hereingewoben werden. Die Wirksamkeit der Sonne auf die Pflanzen besteht also nicht nur darin, daß die Assimilation erfolgt, die wir vorhin betrachtet haben, nämlich das Verbinden des Toten mit dem Lebendigen und des Lebendigen mit dem Toten. Denn dieses lebendig werdende Tote braucht auch Bilder, um die entsprechende Gestalt zu bekommen, damit es eine Leiblichkeit sein kann. Aus der Region von Widder, Stier und Zwillinge werden aber im Sonnenlicht nicht diejenigen Bilder an die Erde herangetragen, die in der grünen Pflanze erscheinen, sondern diejenigen, die in den Blüten erscheinen.

Man fängt erst an, das allmählich zu verstehen, wenn man weiß, daß jedes dieser Fixsternbilder mit bestimmten Planeten zusammenwirkt: der Widder z. B. mit dem Mars, der Stier mit der Venus und die Zwillinge mit dem Merkur. Diese drei Planetenwirkungen mischen sich hinein in das, was als Bildkräfte von diesen drei Fixsternwelten kommt, und das werden die Blütenbilder. Was mit den Blütenbildern des Frühlings-Sonnenlichtes, das mit den drei Frühlings-Sternbildern Widder, Stier und Zwillinge zusammenhängt, geschieht, werden wir nachher betrachten.

Nun gibt es die interessante Tatsache, daß die Sonne heute am 21. März in Wirklichkeit nicht mehr bei 0° Widder steht, sondern in den Fischen, nicht mehr weit vom Sternbild Wassermann entfernt. Dies bedeutet, daß die Impulsierung der Blütenbilder in der Pflanzenwelt, aber auch bestimmter Teile der Gestalten von Menschen und Tieren – vor allem z. B. der Insektengestalten: Schmetterlinge, Bienen und Libellen – heute nicht nur aus den drei Sternbildern Widder, Stier und Zwillinge stammt, sondern auch aus den Fischen. Vor 2000 Jahren, zur Zeit des Mysteriums von Golgatha, war das anders. Da war es noch so, daß die Frühlings-Tag-und-Nacht-Gleiche am 21. März bedeutete, daß die Sonne dann tatsächlich in den ersten Graden des Widders stand. Das ist ein Problem, das den Menschen heute viel Kopfzerbrechen macht, weil die Astrologen bei ihrer Horoskopstellung konsequent immer noch davon ausgehen, daß am 21. März die Sonne bei 0° Widder steht, was aber schon lange nicht mehr der Fall ist.

Damit kommen wir zu der interessanten Unterscheidung zwischen Tierkreiszeichen und Tierkreisbild. Vom Tierkreis*bild* spricht man dann, wenn man das meint, was heute am Himmel Realität ist, nämlich daß am 21. März die Sonne vor dem Sternbild Fische steht, 29° vom Anfang des Tierkreises bei 0° Widder entfernt. Tierkreis*zeichen* nennt man dasjenige, was damals am Himmel real vorhanden war, als vor 2000 Jahren der Christus Jesus am Kreuz starb. Die interessante Frage ist jetzt: Was haben denn diese beiden miteinander zu tun? Sind die Tierkreiszeichen heute überholt und irren die Astrologen? Oder bedeuten auch sie eine Wirklichkeit, die zu der anderen Wirklichkeit der Wanderung des Frühlingspunktes bis weit in die Fische hinzukommt? Es findet da draußen im Kosmos eine merkwürdige Aneinander-vorbei-Bewegung statt: die Tierkreiszeichen, die wie Urbilder, wie ein übersinnliches Grundgerüst, an dem sich alles orientiert, dastehen, bewegen sich nicht weiter, während die Tierkreisbilder sich von ihren Urbildern immer mehr entfernen. Das geschieht ja sehr langsam, und es dauert 25 920 Jahre, bis der Frühlingspunkt der Sonne – also die Stellung der Sonne vor dem Fixsternhimmel bei der Tag-und-Nacht-Gleiche im Frühling – wieder bei 0° Widder angekommen sein wird.

In der ersten Stunde haben wir bei den ätherischen Kräften unterschieden zwischen denen, die als die vier Ätherarten – Wärmeäther, Lichtäther, Klangäther und Lebensäther – wirken, und jener anderen Ätherart, in der alles, was im Weltall geschieht, wie eingegraben wird und Dauer bekommt, so daß man es anschauen kann: das ist der sogenannte Akasha-Äther. Das Ereignis von Golgatha bewirkt, daß alles, was die Hierarchien in das Sonnenlicht als Gedanken, Gefühle und Wille, als Leben und Gestalt usw. einströmen lassen, seit dem Mysterium von Golgatha immerfort wie in einem Urbild die Orientierung daran hat, wie damals der Frühlingspunkt stand. Die beweglichen ätherischen Kräfte haben sich dagegen davon emanzipiert und wandern mit dem Frühlingspunkt weiter: von den Fischen in den Wassermann, dann in den Steinbock usw.

Ich brauche das jetzt nicht bis in alle Einzelheiten hinein auszuführen, wie es am 21. Juni weitergeht, wenn die Sonne durch die Tierkreiszeichen Krebs, Löwe und Jungfrau wandert, in denen Mond, Sonne und Merkur regieren. Welche Bilder bringt das Sonnenlicht von dort herunter? Am Anfang werden sie noch durch die Zwillinge modifiziert, in denen auch der Merkur regiert. Wir haben also für die Bilder die Wirkungen aus dem Tierkreis: Zwillinge, Krebs, Löwe, Jungfrau, und dazu die der Planeten: Merkur, Mond, Sonne, Merkur. Und diese Wirkungen spielen so zusammen, daß in dem Sonnenlicht von der Sonne her ganz andere Bilder anwesend sind als die Bilder der Blüten. Jetzt im Sommer sind nämlich die Bilder der grünen Pflanze anwesend: der Sproß und die Blätter, und bei den Bäumen dasjenige, was aus den Baumknospen im Frühjahr als Grünes herauswächst, also wiederum Sproß und Blätter. Überlegen Sie bitte einmal, was das für ein interessanter Aspekt ist, daß das Frühlings-Sonnenlicht die Blüten herunterholt, also gerade das, was bei der Pflanze am Schluß herauskommt, während das Sommer-Sonnenlicht den grünen Teil, den Sproßteil, als Bilder herausholt, also Stengel und Blätter herunterbringt, gerade dasjenige, was bei der Pflanze vorher wächst. Was damit geschieht, werden wir nachher betrachten.

Gehen wir über den 23. September hinaus, dann kommen wir zu den Tierkreiszeichen Waage, Skorpion und Schütze, zu denen am Anfang heute noch das Sternbild Jungfrau tritt. In der Waage haben wir die Wirkung der Venus, im Skorpion die des Mars und im Schützen die des Jupiter, und aus der Jungfrau wirkt der Merkur herein. Welche Impulse kommen aus diesem Gebiet zur Erde herunter, wenn die Sonne in ihrem himmlischen Jahreslauf unter den Einfluß dieser Tierkreiszeichen kommt? Die Impulse, die aus diesem Bereich stammen, die Herbst-Impulse, sind nun gerade diejenigen Impulse, die nachher im Winter die Empfänglichkeit für die Keimkräfte, Wachstumskräfte und Blütenkräfte bewirken. Es sind nicht die Kräfte selber, sondern die Empfindlichkeit, die Sensibilität dafür, daß es wurzelt und keimt, daß es sproßt und wächst und daß es blüht.

Man kann also sagen: Die Frühlingssonne bringt die Bilder herunter, die im Sommer in Erscheinung treten. Die Sommersonne bringt Bilder herunter, die gar nicht erscheinen, denn sie sind schon fertig. Die Herbstsonne bringt Bilder herunter, die im Winter erscheinen, nämlich das, was ich gestern als Winteralchimie entwikkelt habe. Und schließlich kommen wir zur Wintersonne, also in die drei Monate Januar, Februar und März, d. h. zu den Tierkreiszeichen Steinbock, Wassermann und Fische. Bedenken Sie, daß im Steinbock Saturn regiert, daß auch im Wassermann Saturn regiert und in den Fischen Jupiter. Hinzu kommt am Anfang noch die Jupiter-Wirkung aus dem Schützen. Jupiter, Saturn, Saturn, Jupiter, also die beiden äußersten Planeten wirken in dieser Zeit, und man fragt sich: Was für ein Impuls kommt denn da herein? Herein kommen der reife Weisheitsimpuls des Jupiter und der tiefsinnige Saturnimpuls, die »weltenalte Geistinnigkeit« des Saturn, getragen durch die Tierkreiszeichen Steinbock und Wassermann. In dieser Zeit kommen diejenigen Impulse herein, die dann durch das ganze Jahr hindurch wirken und im Herbst das Reifen und die Aschebildung bewirken.

Das Interessante besteht nun darin, daß die Frühlingssonne, welche die aus dem gesamten Kosmos zusammengewobenen Blütenbilder herunterholt und in sich enthält, die grüne Pflanze bestrahlt. Erinnern wir uns: es keimt im Ackerboden, dann wird es grün im Gras- und Krautbereich, und das Ergrünen steigt auf in die Büsche und in die Bäume des Waldes. In dieses Ergrünen hinein webt die Frühlingssonne die Bilder der Blüten dieser Pflanzen. Was passiert nun? Wenn die Sommersonne einzugreifen beginnt, kommen die Blütenbilder zur Erscheinung. Wie geschieht das, wenn eine Rose erblüht oder eine Margerite auf der Wiese? Die Blüte wächst nur scheinbar aus der grünen Pflanze heraus, in Wahrheit kommt sie aus dem Sonnenlicht wie ein Schmetterling herangesegelt und setzt sich auf den grünen Zweig. Jetzt ist die Blüte da. Das Material, die Stoffe, die Kräfte, kommen natürlich von unten aus dem Sproß. Aber das Bild kommt von oben. Man kann doch sehen, daß dieses zarte rosenrote Rosenbild nicht das geringste mit dem stacheligen Zweig und den schönen grünen Blättchen zu tun hat. Das ist doch etwas vollständig anderes, dieses Blütenbild mit seinen Farben und mit seiner Gestaltung. Es kommt aus dem Frühlingssonnenlicht herbei und setzt sich auf den Strauch darauf. Sehen Sie sich einmal einen solchen Rosenstrauch an, wie er aussieht, wenn er blüht! Die Blüten sind sofort gleichmäßig über den ganzen Busch verteilt, und der Busch nimmt eine wunderbare Kugelform an, weil die Zweige sich biegen. Und dann kommen die beflügelten Zweige heraus, diese kleinen Zweiglein, an deren Ende dann die Blüten sitzen. Sehen Sie sich auch einmal einen Holunderbusch an, wie er blüht, oder eine Wiese, und beobachten Sie, wie die Margeriten da verteilt sind. Die Wiese muß schon irgendwo ein bißchen kränklich oder einseitig sein, wenn plötzlich lauter Margeriten dastehen und sonst weiter nichts. Auch auf einer Wiese sind die Blüten alle schön verteilt. So wie die Sterne am Himmel verteilt sind, so sind nachher die Blüten auf einem Busch oder auf einer Wiese ganz wunderbar verteilt. Vielleicht haben Sie einmal das Glück, so eine Frühlingswiese am frühen Morgen zu sehen, wenn die Sonne so hereinscheint, vielleicht eine Bergwiese, und erblicken z. B. die Arnica montana, dieses Goldkind. Dann sehen Sie plötzlich: Sie schauen alle mit ihren Köpfchen zur Sonne, und sie sind so über die Wiese verteilt wie die Sterne am Himmel.

Was die Sonne da herunterbringt an Bildern aus ihrem Zusammenspiel mit Fischen, Widder, Stier und Zwillingen, das erblüht nachher, und man kann sich fragen: Welche Sorten Blüten holen ihre Bilder aus dem Widder, welche aus dem Stier und welche aus den Zwillingen? Man kann auf diesem Gebiet die interessantesten Studien machen, auch im Zusammenwirken der Tierkreiszeichen mit den entsprechenden Planeten, denn da sind es erstaunlicherweise hauptsächlich eben Mars, Venus und Merkur.

Was geschieht dann, wenn die Pflanzen blühen und im Sonnenlicht des Sommers nicht mehr die Blütenbilder stecken, sondern die Bilder der grünen Sproßpflanzen? Nun, dann werden die Blüten ja alle bestäubt, dann weht aus dem Blütenkelch der Blütenstaub auf, dann verbinden sich mit diesem Blütenstaub die grünen Pflanzenbilder und werden mit dem Blütenstaub in die Blüte hereingetragen. Die Blüte verblüht dann, ihre Blütenblätter fallen ab, und der Keimling ist da. Dieser Keimling wird ja nachher zum Samen, der dann im Herbst in die Erde fällt, und dieser Samen geht ja schon im Herbst oder im nächsten Frühjahr wieder auf, und der grüne Sproß erscheint. Das bedeutet also, daß der Sproß dieses Frühlings aus den Sommerbildern des vergangenen Sommers stammt.

Was geschieht, wenn jetzt die Herbstsonne kommt, wenn es also geblüht hat, die Frucht angesetzt hat und jetzt der Samen ansetzt? Die Herbstsonne holt nun aus diesen merkwürdigen Tierkreiszeichen Waage, Skorpion, Schütze in das Irdische diejenigen Impulse herein, die das Pflanzenwesen daran hindern, daß es sich verfestigt und abstirbt. Sie bewirken, daß das Pflanzenwesen die Keimimpulse und die Blühimpulse und die Wachstumsimpulse aufnehmen kann, also das, was dann im Winter mit Hilfe des Lichtes, der feuchten Wärme usw. passiert. Die Herbstsonne bringt eben das zur Erde herunter, was nachher im Winter als Physiologie, als Alchimie der Winterprozesse in den Tiefen den Pflanzensproß trägt.

Das Allermerkwürdigste kommt nun, wenn die Sonne im Winter scheint. Denn da sieht man ja, wie diese Sonne, die Wintersonne, in sich auch Bilder enthält, aber sehr wenige. Die dichte Fülle der Blütenbilder und die dichte Fülle der Sproßbilder haben sich reduziert, das Sonnenlicht ist immer durchsichtiger geworden, es verschattet immer mehr und es trägt jetzt nur noch die Impulse in sich, die den Pflanzen so mitgegeben werden, daß sie im nächsten Herbst reifen können.

Die Frühlingssonne impulsiert also den Sommer, das Blühen; die Sommersonne impulsiert das Grünen des nächsten Frühlings; die Herbstsonne impulsiert den Winter, und die Wintersonne impulsiert das Reifen des nächsten Herbstes.

Warum ist das eigentlich so kompliziert? Warum gehen die einzelnen Schritte übereinander weg und nicht einfach in der Reihenfolge der Jahreszeiten? Es wäre doch alles viel einfacher, wenn die ganze Angelegenheit wie eine Maschine funktionieren würde. So einfach geht es aber deshalb nicht, weil das, was aus den kosmischen Höhen, aus den Sternenwelten, impulsiert wird und mit Hilfe des Sonnenlichtes auf die Erde herunterkommt, von der Erde selbst entgegengenommen werden will. Die Sonne darf nicht so direkt in das irdische Leben hereinwirken, sondern sie muß immer auf den Gegenstoß der Erde warten und muß das Entgegenkommen der Erde, die Gegenwirkung, mit einbeziehen, d. h. sie muß von der Erde auch eine Wirkung empfangen. Denn das Sonnenlicht besteht nicht nur aus den Wirkungen, welche die kosmischen Weiten durch den Konsensus von Gedanken, Gefühlen, Willen und Bildern in die Sonne hineintragen, sondern das Sonnenlicht empfängt auch von der Erde etwas. Auch die Erde bildet an der Sonne. Wodurch?

Wir haben ja gesehen, wie sich etwas von den Blütenbildern in die grünen Pflanzen hereinsenkt und im Sommer in den Blüten in Erscheinung tritt und die zauberhaften Rosenblütchen hervorzaubert. Das Rosenblütchen vergeht aber schnell wieder. Wohin geht es dann? Stellen Sie sich einmal unter einen Apfelbaum, wenn der geblüht hat und die Blütenblätter zur Erde fallen. »Wenn der Blüten Frühlingsregen ...«[6]

Es ist nur das Stoffliche, das von der Erde stammende Stoffliche, das wieder zur Erde herunterfällt. Was geschieht aber mit dem Bild? Es geht in das Sonnenlicht zurück. Dasselbe Sommersonnenlicht, das in sich die Bilder der grünen Pflanzenteile trägt, ist erfüllt mit den Bildern der Blüten, die, nachdem sie im Sommer geblüht haben und verblüht sind, wieder in das Sonnenlicht zurückkehren. Die Sonne nimmt die Bilder wieder mit, und das wirkt auf die Sonne. Dasjenige, was von der Erde als das Blühen dieses Sommers hervorgeht, geht mit dem Sommersonnenlicht zur Sonne zurück.

Jene Impulse, die dann im Herbst mit der Herbstsonne aus Jungfrau, Waage, Skorpion und Schütze herunterkommen, die bewirken, daß im Herbst auch die Blätter wieder zur Erde herunterfallen. Die vorher grünen Blätter werden bunt und fallen von den Zweigen ab. Stellen Sie sich im Herbst einmal unter einen solchen Baum, von dem die Blätter herunterfallen, und stellen Sie sich dabei vor, daß sich aus jedem Blättchen die Bildekräfte, die im vergangenen Sommer heruntergekommen sind, wieder lösen und zur Sonne zurückkehren. Was die Sonne an grünen Pflanzenbildern im Sommer des Vorjahres heruntergetragen hat, das kehrt in diesem Herbst mit dem Sonnenlicht wieder zur Sonne zurück. Fühlen Sie, wie zart diese gewaltigen Wesen miteinander umgehen, und wie liebevoll das alles vor sich geht, wenn die Pflanzenbilder der grünen Pflanze, die vom Sommer des Vorjahres stammen, und sich im Frühling entwickelt haben, im Herbst wieder zu ihrem Ursprung zurückkehren! Wenn dann später die Früchte fallen und die Samenkörner in die Erde sinken, um sich dort aufzulösen und zu keimen, dann haben wir die Wintersonne, die in sich die Bilder der Frucht-

und Samenbildung für den kommenden Herbst trägt, die aber auch etwas in sich von dem aufnimmt, was nun aus der Kristallwelt der Sonne entgegenstrahlt, aus jener Kristallwelt, die jetzt von den Wurzeln, von den Samenkörnern, von den Knospen, von den Sproßknospen usw. durchdrungen ist.

Ich nenne das den »Kreuzweg der Bilder«, der einen Bilder, die aus dem Kosmos zur Erde kommen, und der anderen Bilder, die von der Erde zur Sonne zurückkehren und dadurch die Wesen, die in der Sonne wirken, davon benachrichtigen, was in dem vergangenen Jahr auf der Erde im Pflanzenleben im Jahreslauf vor sich gegangen ist. Die Sonne ist also nicht nur der Produzent dieses Jahresgeschehens, sondern sie ist auch der Wahrnehmende dieses Geschehens, der mit der Erde zusammenlebt und zusammenwirkt. Das ist also der Aspekt für das dritte Jahresgeschehen.

Versuchen wir jetzt, das im Zusammenhang anzuschauen. Das Tageszeiten-Jahr, welches das Wahrnehmungsorgan für den Jahreszeiten-Organismus ist, beginnt am 21. Dezember. Das Jahreszeiten-Organ, der eigentliche Jahreslauf, also das, was wir normalerweise unter Frühling, Sommer, Herbst und Winter verstehen, beginnt Ende Februar. Das Himmelsjahr beginnt am 21. März. Es gibt also drei Jahresanfänge und drei Jahresprozesse. Der erste hat etwas von einer Sinnestätigkeit, Wahrnehmungstätigkeit, aber auch von Lebenstätigkeit. Der zweite ist das eigentliche durchseelte Leben und der dritte die Impulsierung des Erdenjahr-Lebens vom Kosmos her, also das Seelische, das Geistige. Diese drei grandiosen Vorgänge spielen zusammen, indem der eine auf den anderen Rücksicht nimmt, der eine mit dem anderen in Wechselwirkung kommt, so daß sie sich gegenseitig nicht überwältigen, sondern daß sie immer zusammenspielen und damit das unglaubliche Kunstwerk des Zeitenorganismus im Jahreslauf zustande bringen.

Zum Abschluß der heutigen Stunde möchte ich noch etwas hinzufügen. Was die Pflanzen durchmachen, haben wir ja ein bißchen näher angeschaut. Wie ist aber nun z. B. der Jahreslauf der mineralischen Welt? Was machen die Mineralien im Jahreslauf durch? Und wie ist das mit den Tieren, z. B. mit der Vogelwelt? Davon möchte ich zum Schluß auch noch einiges hinzufügen. Sie werden ja vielleicht bemerkt haben, daß es innerhalb der Tierwelt Tiere gibt, die auf einem bestimmten Erdboden leben, an den sie gefesselt, gebunden sind, daß es aber auch Tiere gibt, die sich in die Lüfte erheben können: die Insekten und die Vögel. Nun denken Sie einmal, wie interessant das ist, daß z. B. die Vogelwelt die Fähigkeit hat, den Jahreszeiten entsprechend von Hemisphäre zu Hemisphäre zu ziehen. Die Vögel ziehen also von Mitteleuropa bis nach Südafrika, und ihre Zugstraßen kennt man ganz genau. Solch kleine Wesen wie z. B. die Grasmücken, die Laubsänger, die ziehen da einfach über Land und Meer bis zur Südhalbkugel. Und was tun sie dort? Dort ist ja Sommer. Meinen Sie, die bauen dort ein Nest? Sie denken gar nicht daran! Sie verbringen ihr Leben in diesen Wochen und Monaten, die sie da unten sind, in einer Art Halbschlafzustand. Dann kommen sie zurück. Kaum sind sie da, geht die Sache los, es wird gebaut, es wird fortgepflanzt, es wird gefüttert, es wird ernährt, es wird großgezogen, es wird jubiliert. Da sind sie wach. Wenn die Menschen längst noch schlafen, fangen sie an zu jubilieren. Ja, was ist denn das? Denken Sie einmal, das ist ein Seelenleben, das den Jahreslauf der beiden Hemisphären einheitlich umgreift. Denn der Zustand, in dem der Zugvogel dann ist, wenn er hier Nordsommer hat und seine Nist- und Singtätigkeit ausübt, ist ein Wachzustand. Da ist er individualisiert und hat geheiratet und hat sein Frauchen, und da wird aufgepaßt, daß kein Nebenbuhler sich da hereindrängt usw. Kommt dann der Herbst, so wird die Isolierung aufgehoben, man versammelt sich in riesigen Schwärmen, schläft hinein in die Gruppenseele und orientiert sich beim Flug an den Sternen. Vom Jahreszeiten-Empfinden gehen sie über in das Sternenjahr-Empfinden, in den Sternenjahr-Zustand, und mit dem ziehen sie nach Süden und schlafen gewissermaßen halb ein. Sie sind in der Gruppenseele darin. Kommt dort der Herbst, der also bei uns das Frühjahr ist, wachen sie wieder auf und kehren zurück. Sie leben gewissermaßen mit der Aus- und Einatmung der Erdenseele, aber jetzt entgegengesetzt. Denn während die pflanzliche Erdenseele einschläft, wacht die Vogelseele auf. Wenn hier Winter wird und die pflanzliche Erdenseele und die mineralische aufwacht, dann schläft die Vogelseele ein und zieht nach Süden. Es ist nicht richtig zu sagen, daß die bloß deshalb nach Süden ziehen, weil sie hier keine Mücken mehr finden. Daß sie hier keine Mücken finden und daß sie nach Süden ziehen, ist beides nur der Ausdruck dafür, daß sie in einen anderen kosmischen Zustand geraten.

Sie sehen, man könnte so bis in alle Einzelheiten z. B. das Jahresleben der Insekten, das Jahresleben des Maulwurfes usw. anschauen. Haben Sie sich schon einmal mit dem Jahresleben eines Maulwurfes beschäftigt? Haben Sie schon den Gesang der Regenwürmer vernommen? Wissen Sie überhaupt, daß die Regenwürmer singen? Nein? Ich rate Ihnen dringend, sich das Buch anzuschaffen, das den Titel trägt: »Der Gesang der Regenwürmer«. Da staunen Sie, aber es ist günstig, wenn man staunen kann.

Das wären die speziellen Einzelheiten. Aber über sie können wir in diesem Kurs nicht im einzelnen sprechen. In der nächsten Kursstunde will ich versuchen, zu diesem dreifachen Jahreslauf – also Tages-Jahreslauf mit Beginn 21. Dezember, Jahreszeiten-Jahreslauf mit Beginn Ende Februar und Sonnenzeiten-Sternenzeiten-Jahreslauf mit Beginn 21. März – noch den vierten Jahreslauf zu besprechen, der sich in diese drei Jahresprozesse hineinwebt. Wissen Sie, wann der anfängt? Am ersten Advent.

SECHSTE STUNDE

Das christliche Jahr

Ich hörte, daß es noch Fragen gibt. Bitte!

–: Am Anfang des Kurses haben Sie ein Bild vom Organismus der Erde gegeben und von einem ätherischen Raum gesprochen, was für mich völlig neu war. Einige Stunden später haben Sie den Einfluß in diesem Raum gezeichnet von oben und von unten her und wie die Einflüsse zentralisiert werden. Ich habe mir das wohl vorgestellt, aber nicht verstanden, wo das Zentrum ist. Und dann habe ich mich auch gefragt, wenn die Erde ein Kopf ist so wie mein Kopf mit Nase, Ohren, usw., ist an der Erde oder Erdkruste eine Verbindung mit diesem Raum? Sind das Krater, Vulkane oder Quellen, oder kann man sich da irgendwie eine Vorstellung machen? Ich werde mit diesem neuen Bild nicht ganz fertig.

Also das Gesamtbild setzt sich aus Einzelbildern zusammen. Die Einzelbilder kann man immer nur der Reihe nach beschreiben und sich dann vorstellen. Man muß aber natürlich ein bißchen vorsichtig sein, wenn man das menschliche Haupt in der Art, wie es gebaut ist, mit dem vergleicht, was die Erde ist. Denn beim menschlichen Haupt sind die Organe dieses Hauptes natürlich ganz anders zusammengeordnet als die der Erde. Das menschliche Haupt ist ganz in den äußeren Raum hineingestellt und hat an der Oberfläche, an der Außenseite, nur einen Teil, nämlich den Haarschopf, der ungefähr der gesamten Pflanzenwelt der Erde entspricht. So wie aus dem menschlichen Haupt die Haare herauswachsen, so wachsen aus der Erde die Pflanzen heraus, und so wie bei einem ungepflegten Menschen die Läuse unter den Haaren spazierengehen, so bewegen sich bei der gepflegten Erde die Tiere und die Menschen. In dieser Hinsicht sind wir Menschen also so etwas wie eine Art Parasit. Beim Menschen ist auch das, was nachher Gehirn wird, zunächst ein Embryo an der Oberfläche, wird dann aber in die Tiefe versenkt, weil es so empfindlich ist, daß es Schutz braucht. Es wird also gewissermaßen in das »Erdinnere« hineinversenkt. Das ist aber bei der Erde nicht der Fall, da bleibt die Gehirnbildung an der Oberfläche, so daß wir eben dann auch bei der Erde bis zu einem gewissen Grade von einem mit Haaren bewachsenen Gehirn sprechen können, wenn wir ein Gebirge anschauen. Allerdings wenn das Gebirge hoch genug ist, hören auch da die Haare auf. Und das Gehirn selber, denken Sie mal die Hochgebirge mit ihren gewaltigen wunderbaren Kristallfelsen, kommt dann ganz oben zum Vorschein. Also das Gehirn, die Denkorganisation, die Sinnesorganisation der Erde wird nicht in die Tiefe versenkt, sondern bleibt auf der Oberfläche. So ist es beim Menschen ursprünglich auch, aber später wird es dann hineinversenkt in den Kopf und überwachsen.

Die rhythmische Organisation beim Menschen, also das Mittlere, lebt ja im Menschenhaupt mehr in dem, was nun das Seelenleben mit Hilfe von ganz bestimmten Sinnen, z. B. dem Auge, äußert. In unseren Augen lebt ja sehr stark unsere Seele. Und die ganze Augenpartie beim menschlichen Haupt entspricht ungefähr demjenigen, woraus diese Faltungsgebirge hervorgegangen sind. Wenn Sie an die große Ost-West-Faltungskette denken, dann haben Sie darin also diese Gehirnbildung, die aber oberflächlich bleibt und nicht in die Tiefe versenkt wird, und als eine Art Rest von Augen haben Sie die Mittelmeere. Die Mittelmeere sind allerdings nur in Amerika und Europa erhalten, während sie in Asien fast verschwunden sind. Nur noch Reste davon sind z. B. im Kaspischen Meer vorhanden, das meiste ist ganz verschwunden. Ein gewisser Rest davon ist z. B. auch die Tiefebene des Ganges, des Brahmaputra zwischen Indien und dem Himalaya.

Nun gibt es aber noch einen wesentlichen Unterschied zwischen der Erde und dem menschlichen Haupt. Weil das Gehirn der Erde nicht ins Innere versenkt ist, sondern an der Oberfläche bleibt, ist im Inneren der Erde eben keine Materie. Aus Materie bestehen ja diese Schichten, diese Sphären: also die Atmosphäre – die Luft; die Hydrosphäre – das Wasser; die Lithosphäre – das Gestein mit seinen drei Stufen: Oberkruste, Unterkruste, Mantel. Aber unterhalb dieser Lithosphäre gibt es immer weniger Materie. Genauso ist immer weniger Materie vorhanden, wenn man nach außen kommt. Wenn man aus dem ganzen Planetensystem, das ja gewissermaßen das Herz und die Gliedmaßen dieses Erdenhauptes ist, herauskommt, kommt man wiederum aus der Materie heraus. Aber auch wenn man ins Innere der Sonne hineinkommt, kommt man aus der Materie heraus ins Geistige, ins Ätherische.

So ungefähr kann man das vergleichen und doch auch wieder unterscheiden. Deshalb hat die Erde nicht wie das menschliche Haupt nur oben ein Gewölbe und dann die ganze andere Organisation, nämlich den mittleren Teil, den mehr rhythmischen Teil, dann den Gliedmaßenteil, den Stoffwechselteil, also die ganze Sprachorganisation wie z. B. die Zähne und die Kieferknochen. Bei der Erde ist das alles auch in der unteren Hälfte abgerundet, was durch die Tatsache angedeutet ist, daß alle Kontinente nach Süden gliedmaßenartig spitz zulaufen. Das hängt eben mit dem Tetraeder zusammen, welches so liegt, daß drei Tetraederflächen am Südpol zusammenlaufen, während die vierte das nördliche Gewölbe bildet. Es kommt daher, weil die Anordnung dieser Stoffe sphärisch ist und nicht so durchorganisiert wie beim menschlichen Haupt, es bleibt stärker im Sphärischen. Wenn es zunächst auch so aussieht, als wäre die Nordhalbkugel ungefähr das gleiche wie die Südhalbkugel, zeigt schon der äußere morphologische Blick, daß das nicht stimmt. Diese sphärische Anordnung der Materie ist eben die Folge dessen, daß in dieses Gerüst, in dieses Tetraeder die ätherischen Bildekräfte eingreifen, welche die Materie dann sphärisch anordnen. Daran kann man das sehen. Der Atmosphäre ist dabei mehr der

Lichtäther zuzuordnen, der Wassersphäre mehr der chemische Äther und der Gesteinssphäre, der Lithosphäre, mehr der Lebensäther, während der Wärmeäther das Ganze durchdringt. Damit hat man das Tetraeder, die Sphären und das Haupt vor sich. Es ist eine Dreiheit von ineinandergewobenen, nahezu geometrischen Gestalten.

Hinzu kommt das, was wir als das Exzentrische kennengelernt haben. Und da hatten wir zunächst einmal die exzentrische Tagespuls-Sphäre, die also eine bestimmte Stellung zur Sonne hat und die Erde zur Rotation, zur Drehung um sich selbst bringt. Sie müssen sich das so vorstellen: Indem sich die Erde von West nach Ost dreht, also entgegen dem Uhrzeigersinn, ist da immer ein Teil von der Sonne abgewendet. Dieser Teil wird von der Sphäre immer von innen durchdrungen, während die Sphäre dann ausströmt, zur Sonne strömt, zurückströmt und wieder durch die Erde geht wie eine große lemniskatische Bewegung. Die Sphäre ist also eigentlich nach der Sonne zu nicht ganz geschlossen zu denken, sondern mehr offen. Nur innen, nach hinten zu, wo sie die Erde packt und dreht, da ist sie geschlossen zu denken, da schließt sie sich.

Wir haben ja dann das andere exzentrische Phänomen, daß diese ganze materielle Wucht der Erde, die aber innen eben doch geistig ist, gewissermaßen fortwährend heraufgehoben wird, so daß das Seelische eindringen kann. Es dringt bis in das Nicht-Sinnliche ein, bis in den Erdmittelpunkt, und dann ist eben Winter. Wenn das Astralisch-Ätherische wieder aus der Erde herausdringt, also wenn die Erde ausatmet, dann haben wir Sommer. Aber das geschieht eben nur nördlich und südlich der Wendekreise. Denn zwischen den beiden Wendekreisen dringt diese Sphäre nie hinein, sie bleibt immer draußen, und dadurch ist in dieser Zone das ganze Jahr hindurch Sommer, und nur hier und dort ist Winter und dazwischen beim Ein- und Ausatmen Frühling. Dabei ist immer wichtig, daß dieses Aus- und Einatmen nicht nur ein Seelisches, eine seelische Form ist. Sie müssen sich das so wie eine Art Eiform vorstellen, genauso wie beim Menschen, bei dem die Mandorla, das Astralische, auch wie eine Eiform ist, in der dann der physische Leib drinnensteckt. Bei der Erde ist das ähnlich, die hat auch ihren Astralleib da um sich herum, aber der dringt heraus und hinein, genau wie beim Menschen beim Einschlafen und Aufwachen.

–: Wir haben gerade zu diesem Thema den Winter und den Sommer aufgezeichnet, das Sommerbild. Wenn bei uns Winter ist, ist diese exzentrische Sphäre, dieses astralische Gebilde ja nun nach unten, zum unteren Sternenhimmel, geöffnet und im Sommer zum oberen Sternenhimmel. Wie sieht das nun im Herbst aus? Muß man sich da vorstellen, daß dies Gebilde eingezogen ist?

Richtig.

–: Also innen durch die Erde durch und nach der anderen Seite wieder heraus?

Nein, sondern nur der eine Teil ist hereingezogen in die Erde, und der andere Teil, der vorher in der Erde war, der geht heraus.

–: Im Herbst geht also praktisch gar nichts heraus, da ist alles darin?

Rings herum geht gar nichts heraus, weil es immer draußen ist. Am Äquator, da ist es immer draußen.

Also der Astralleib, wenn man so will, und der Wärme- und Lichtäther, die ziehen sich in dem Bereich nördlich des Wendekreises, da, wo Frühling, Sommer, Herbst und Winter ist, herein. Aber innerhalb der beiden Wendekreise, wo die Sonne senkrecht am Himmel steht, also zwischen dem Wendekreis des Krebses und dem Wendekreis des Steinbocks, in dieser tropischen Zone ist immer Sommer, und zwar sowohl feuchter Sommer direkt am Äquator wie trockener Sommer zu beiden Seiten nördlich und südlich, wo sich die Sahara und die Kalaharisteppe befinden.

–: Das heißt also: das, was da nördlich des Äquators ist, ist dann nach dem nördlichen Sternenhimmel geöffnet und das, was südlich ist, nach dem südlichen Sternenhimmel?

Ja, das ist wie ein großer Kelch, der unten einen eingezogenen Boden hat und da (s. Abb. 17) heraustritt und sich dann weit öffnet. Dann zieht er sich herein und bildet umgekehrt den Kelch, der sich nach dorthin weit öffnet und hier einzieht. So ist das ungefähr vorzustellen. Das ist der Jahresatem.

–: Wie kommt es dazu, daß nördlich des Polarkreises in Spitzbergen Kohle gefunden wird?

Das hängt damit zusammen, daß die Erde in früheren Zeiten gar nicht die Stellung zur Sonne hatte, die sie heute hat. Es war vielmehr so, daß eine Zeitlang der Nordpol, also die Nordkalotte der Erde, diese Tetraederfläche, direkt zur Sonne gerichtet war. Damals hat die Sonne um die Erde herum einen jahreszeitenlosen Wald wachsen lassen, und daher kommt der Steinkohlengürtel auf der nördlichen Hemisphäre rings herum auf allen Kontinenten. Auf der Südhemisphäre finden wir aus dieser Zeit keine Steinkohle, denn in der gleichen Zeit, als hier ewiger Sommer war, war auf der anderen Seite Eiszeit, Also in der Zeit, als sich hier, geologisch gesprochen, Karbon und Perm mit den Kohlewäldern abgespielt haben, war dort die berühmte permisch-karbonische Eiszeit. Die Erde hat sich ja erst später von dieser Sonnenbezogenheit emanzipiert und ist dadurch aufgerichtet worden. Das Haupt hat sich gewissermaßen aufgerichtet. Sie müssen sich das ungefähr so vorstellen wie die Fontanelle beim Embryo. Dort wo die Fontanelle ist, hat es früher beim Menschen ein Organ gegeben, das sonnenbezogen war. Bei einigen Tieren gibt es davon noch einen Rest, das sogenannte Scheitelauge bei bestimmten Reptilien. Beim Menschen hat sich das ganz hineingezogen und bildet heute die Zirbeldrüse. In ganz alten Zeiten, bei den lemurischen Menschen, war das aber offen. Und bei der Erde war das ähnlich, es war alles noch ganz auf die Sonne bezogen und auf der anderen Seite dann abgekühlt, daher kommt das.

–: In der letzten Stunde haben Sie die Einflüsse der Tierkreisbilder und Planeten besprochen. Es gilt ja für die ganze Erde, wenn ich es richtig verstehe, und andererseits auch wieder nur jeweils für eine Jahreszeit. Bezieht sich das auf unsere europäische Jahreszeit?

Sie müssen es umgekehrt denken: Das kosmische Jahr – das Tierkreis-Jahr, das Planeten-Jahr, das Sonnenjahr – verläuft nach seiner eigenen Gesetzmäßigkeit. Die Erde ist mit ihrem Jahresatem in diesen Prozeß einbezogen, und sie empfängt bei ihrer sommerlichen Ausatmung z. B. in der Nordhemisphäre diejenigen Sonneneinwirkungen, die aus dem Teil kommen, wo sich dann gerade die Sonne befindet, wenn die Erde sommerlich ausgeatmet hat. Das ändert sich aber in 25 920 Jahren ganz gewaltig. Es stimmt also nie so vollständig überein, wie es zur Zeit des Mysteriums von Golgatha übereingestimmt hat und 25 920 Jahre früher. Das Impulsierende, das Ursprüngliche, ist tatsächlich der Tierkreis. Also von den Fixsternen, der Sonne und den Planeten kommt der Impuls für das Himmelsjahr. Das Erdenjahr, das Jahrzeiten-Jahr, ist in diesen Impuls einbezogen, aber so, daß sich das in rund 26 000 Jahren um sich selber herumbewegt, was man die Wanderung des Ekliptikpoles, also die Nutation, bzw. die Wanderung des Frühlingspunktes um den Tierkreis herum nennt, so daß die Dinge heute nicht mehr ganz übereinstimmen. Deshalb wirken die eigentlichen Frühlingssternbilder nur indirekt durch den Abdruck im Akasha-Äther, den sie einmal hergestellt haben, als das noch restlos übereinstimmte, als der Frühlingspunkt tatsächlich noch bei 0° Widder lag. Der ist ja inzwischen bis 29° in das Sternbild Fische weitergewandert, so daß das Naturgeschehen mit dem Urphänomen in eine Spannung kommt. Aber das Urphänomen wirkt trotzdem, und darum stimmen die Horoskope. Man berechnet die Horoskope überhaupt nicht nach dem wirklichen Stand der Sonne. Das ist ja das, was die Naturwissenschaftler den Astrologen immer wieder zum Vorwurf machen, indem sie sagen: Ihr irrt euch völlig, denn ihr berechnet heute ein Horoskop nach der Sonnenstellung, die es vor zweitausend Jahren gegeben hat, die es aber heute nicht mehr gibt. Äußerlich naturhaft gibt es sie nicht, aber geistig wohl. Das ist eines der interessanten kosmisch-dynamischen Probleme.

–: Wie kommt es zu dem zeitlichen Innehalten des Sonnenauf- bzw. -unterganges zur Zeit der Sommersonnenwende um den 21. Juni?

Es ist kein Innehalten, denn die Sonnenauf- und -untergangsunterschiede lassen sich ja nicht nur nach Minuten, sondern auch nach Sekunden berechnen. Die Art, wie sich zur Zeit der Sommersonnenwende und der Wintersonnenwende die Erdachse bewegt, verändert nur ein ganz klein wenig den Sonnenauf- und -untergang, nur ganz fein, so daß sich nur die Sekunden ändern, aber innerhalb der Minuten bleibt es stehen. Es ändert sich aber fortwährend, und es findet niemals von einem Tag zum anderen derselbe Sonnenuntergang oder -aufgang statt, nur die Minuten bleiben eine Weile stehen.

–: Aus welchen Bereichen und Sphären kommt es, daß wir im Sommer morgens die Taubildung haben?

Die Taubildung ist ein ganz ungeheuer wichtiger Vorgang. Man muß sich vorstellen, daß die Taubildung der Gegenpol zur Wolkenbildung im Hochsommer ist. Die Wolkenbildung im Hochsommer findet ganz hoch oben statt, die Taubildung im Sommer ganz unten, also die Vertropfung des in der Luft befindlichen Wassers zum Tautropfen, der sich aber immer an etwas ganz Bestimmtes absetzen muß, an einen Halm, an ein Blatt, an ein Gras, an ein Spinnennetz, usw. Es ist eine Art Wolkenbildung direkt auf der Erde und nicht in der Luft. Der Tau enthält den ätherischen Segen, indem er gewissermaßen aus der Atmosphäre die ätherischen Kräfte direkt auf die Pflanzen herunterholt, die dann also nicht auf dem Wege über die Sommerbilder gehen.

–: Die Erdumlaufzeit war doch nicht immer gleich. Entsteht da eine Beziehung zu uns Menschen?

Ja. Die Erde hat sich ursprünglich langsamer um sich selbst gedreht. Im Sinne unseres Kurses muß ich sagen, sie ist durch die exzentrische Sphäre schön langsam in Bewegung gebracht worden und hat sich immer schneller und schneller gedreht, bis sie den Rhythmus erreicht hat, der dem Menschen entspricht. Und das ist der Rhythmus, in dem der Mensch sich mit seinem Wachen und Schlafen um sich selber dreht. In der Zeit, als der Mensch, während er noch ein übersinnliches Wesen war, sein Ich, seinen Ich-Rhythmus bekam, da hat die Erde das gespürt und langsam den Tagesrhythmus, den sie heute hat, entwickelt.

–: Wie ist der Leib zu denken, dessen Haupt die Erde ist?

Den Leib der Erde sieht man nicht, sondern man sieht nur seine Strampelbeine, und diese Strampelbeine sind die Planeten. Die Erde ist der Kopf, die Sonne ist das Herz, die Strampelbeine sind die Planeten, und die hängen unsichtbar miteinander zusammen. Nach der mechanistischen Naturwissenschaft hängen sie durch die Gravitation zusammen, im Sinne unseres Kurses durch die Lebenskräfte, welche diese Planeten ebenso wie die Erde in Bewegung halten, sowohl um sich selber wie um die Sonne. Auch die Planeten haben solche ätherischen Kräfte, und jeder Planet hat außerdem noch seinen Gesamtätherumkreis, der so weit rings herum reicht, wie er von der Sonne entfernt ist. In diesem Lebensbereich schwebt dieses Haupt frei im Raume. Es ist doch eigentlich etwas unheimlich, sich zu sagen, daß die Erde frei im Weltraum schwebt, genau wie die anderen Planeten und die Sonne. Dabei tauchen natürlich die interessanten Fragen auf: Wie entsteht denn überhaupt dieser Raum und was ist dieser Raum? Diese Fragen würden uns nun aber viel zu weit vom Thema wegführen. Sie können sich aber ungefähr denken, daß das ganze planetarische Gliedmaßensystem zu dem Herzen – der Sonne – und zu dem Haupt – der Erde – dazu gehört.

Das Planetensystem ist der ganze Leib, die Erde ist das Haupt, der Kopf.

Wir haben also diese dreifältige Jahresrhythmik gesehen, das Tages-Jahr, das Jahreszeiten-Jahr und das Sonnen-Jahr, das Sonnen-Fixstern-Jahr. Nun kann man ja die Frage haben: Wie lebt in diesem Tagespuls, in der Rotation, in diesem Jahresatem des Lebens und der Seele der Erde und in diesem kosmischen Rhythmus der Sonnenlichtbildung, wie lebt darin der Geist? Gibt es den Geist nur draußen – so wie wir das in der letzten Stunde angeschaut haben –, indem die Geister zusammenwirken und das Sonnenlicht und überhaupt die Sonne produzieren? Oder gibt es auch in der Erde ein Geistwesen? Das gibt es, das gibt es seit 2000 Jahren. Seit 2000 Jahren ist ein Geistwesen, das vorher im Herzen gewohnt hat, in dieses Haupt eingezogen.

Dieser Einzug, dieses Eindringen, dieses Herunterkommen dieses Geistwesens, dieses Geist-Ich aus dem Herzen, wo es bis dahin gelebt und gewohnt und gewirkt hat, geschieht so, daß schon das Heruntersteigen und Eindringen dieses Wesens aus dem Herzen in das Haupt, aus der Sonne in die Erde, dem Jahreslauf der Erde angepaßt ist. Dieses Wesen kommt nicht willkürlich in das Haupt herein, sondern sein Kommen schmiegt sich hinein, fügt sich hinein in das Leben der Erde im Tages- und Jahreslauf. Dieser Vorgang bereitet sich durch viele Jahrtausende vor, bis der Moment gekommen ist, daß – wie wir vorhin gesehen haben – das Fixstern-Jahr, das Jahreszeiten-Jahr und das Tageszeiten-Jahr miteinander in harmonischer Übereinstimmung sind. In diesem Moment erscheint das Geistwesen aus dem Herzen im Haupt, das heißt: »Die Zeit ist erfüllt.«

Man kann sagen, daß dieses Geistwesen an der Art, wie die göttlichen Wesen, welche die Sonne bilden und mit der Sonne auf das Haupt belebend, einschläfernd und aufweckend wirken, abgelesen hat, wann es diesen Übergang vom Herzen zum Haupt vollzieht.

Das große kosmische Jahr: diese Übereinstimmung der Jahreszeiten-Tierkreiszeichen mit dem Frühlingspunkt der Sonne und damit mit den Tierkreisbildern und den Jahreszeiten der Erde war der große kosmische Moment, in dem das geschah. Etwas deutlicher gesprochen heißt das: das Christuswesen vereinigte sich mit der Erde in dem Augenblick, als das Jahresleben der Erde und das Jahresleben der Sonne aus dem Kosmos heraus übereinstimmten. Das ist das erste, diese große Götterstunde.

Die Art, wie diese Götterstunde – zweitens – verwirklicht wurde, geschah wiederum so, daß bestimmte Hauptereignisse dieses Geschehens ganz zart in die Jahreszeiten der Erde eingefügt wurden, indem die Geburt des vorangesandten Menschen Jesus sich so vollzog, daß er in jener Weihnachtsnacht geboren wurde. Die endgültige Ankunft dieses geistigen Wesens von der Sonne, von dem Herzen, in das Haupt geschah dann am 6. Januar jenes bestimmten Jahres. Die weiteren Ereignisse, die sich vollzogen, während dieses Wesen in einem Menschen auf der Erde wohnte, waren von vornherein in die Jahreszeiten hereingestellt, weil sie sich an die Feste des jüdischen Volkes anschlossen, die mit bestimmten Situationen im Gesamtkosmos im Zusammenhang standen. So kam es zur Speisung der Fünftausend im Frühling, im Zusammenhang mit einem Frühlingsfest der Juden, und zur Verklärung auf dem Berge im Sommer, im Zusammenhang mit einem jüdischen Sommerfest. Andere grundlegende Taten geschahen im Herbst, im Zusammenhang mit dem Herbstfest der Juden, dem Laubhüttenfest, andere wieder in Zusammenhang mit dem Chanukkafest, dem Lichterfest der Juden, und schließlich geschah das entscheidende Ereignis vollständig angelehnt an das jüdische Passah, an das Frühlingsfest.

Man sieht also, daß schon der Einzug des göttlichen Wesens in das irdische Haupt vollständig in das Jahreszeitengeschehen eingewoben war. Er war erstens in das Himmels-Jahreszeitengeschehen, in den Sonnenstand, durch die Übereinstimmung von Tierkreis und Jahreslauf der Erde eingewoben, indem die Sonne am 21. März am Frühlingspunkt sowohl in das Tierkreisbild wie in das Tierkreiszeichen Widder eintrat. Zweitens war der Einzug des göttlichen Wesens in den Jahresatem eingewoben, also in die eigentliche Jahreszeitenperiodik, und schließlich drittens sogar in die Tageszeiten. Denn sowohl die Geburt wie auch die Taufe, die Verklärung, die Passion, das Sterben am Kreuz und die Auferstehung vollzogen sich zu ganz bestimmten, dafür besonders geeigneten Tageszeiten. Das vierte Großartige ist nun, daß dieser Einzug des göttlichen Wesens in den Erdorganismus, in das Erdenhaupt, auch an einem bestimmten Ort geschah, und zwar genau an dem Ort, der auch beim menschlichen Haupte der Mittelpunkt des Bewußtseins ist. Also da, wo wir Menschen unterhalb des Gehirnes die Stirnhöhlen haben, den Konzentrationspunkt unseres Bewußtseins, da liegt auf der Erde, auf dem irdischen Haupt, Palästina.

Wir sehen also, daß das Hereinströmen, das Sich-Herein-Verkörpern, das Hereinwandeln der göttlichen Wesenheit in das Irdische, in den irdischen Daseinsstrom, in das irdische Dasein, sich völlig einfügt in das kosmische Jahr, in das Jahreslauf-Jahr, in das Tageszeiten-Jahr, in den Ort der Erde und in den Leib eines Menschen. Das ist also das große einmalige geschichtliche Ereignis.

Sehen Sie, darum sind unsere Feste, unsere christlichen Feste, die ja auch ein Jahreslauf sind, auf der einen Seite etwas, was in sich mit einem Jahreslauf überhaupt nichts zu tun hat, weil es ein Wirken, eine Tat, von einem göttlichen Wesen ist, das in sich souverän ist, das aber auf der anderen Seite durch seine Selbstlosigkeit eine Art Opfer bringt und das, was es vollzieht, verdichtet, in die naturgegebene Ordnung des dreifältigen irdischen Jahreslaufes hineinopfert. Das ist etwas, was ungeheuer eindrucksvoll wirkt, wenn man das sieht.

Nun kann man die interessante Frage haben: Sind diese Ereignisse, also dieses einmalige Ankommen des Geistes damals aus dem Herzen in das Haupt, wie er sich hineingefügt, hineingeschmiegt, hineingeopfert hat in die Gegebenheiten dieses Hauptes, ja sogar auch in den gesamten kosmischen Umkreis dieses Hauptes, einmalig? Das sind sie. Und was bedeutet es nun, wenn wir heute diese Feste eingefügt in den Jahreslauf haben? Feiern wir damit nur die Erinnerung – und die feiern wir ja – an das, was damals war? Oder erleben wir außerdem etwas, was – ausgehend von diesem souveränen göttlichen Wesen – nun Jahr für Jahr wiederum wie eine Art Opfer, wie eine Art Anpassung, an die Geschehnisse der Erde wiederholt wird, indem dieses göttliche Wesen tatsächlich mit dem Leben der Erde mitlebt, und damit natürlich auch mit dem Leben der Menschheit? Sind unsere christlichen Feste, die in den Jahreslauf eingefügt sind, also nur Erinnerungen an die damalige Einfügung, oder ist die damalige Einfügung so urphänomenal, so göttlich, daß sie ihre Bedeutung fortwährend aktualisiert und gegenwärtig macht? Sind die christlichen Feste nicht nur Erinnerungsfeste, an denen wir uns natürlich das damals Geschehene vergegenwärtigen, sondern bedeuten sie auch das Eintauchen in ein gegenwärtiges Leben dieses Wesens?

Sie wissen ja, daß die Christenheit von diesem zweiten Punkte das Bewußtsein total verloren hat, so daß sie die christlichen Feste rein als Erinnerungsfeste feiert und nicht mehr weiß, daß das nur die eine Seite der Sache ist und daß die christlichen Feste gleichzeitig einen aktuellen Charakter haben, der eben darin besteht, daß dieses Wesen mit dem Leben, mit dem Jahr, mit dem Tagesleben, mit dem kosmischen Leben dieses Hauptes mitlebt.

An dieser Stelle möchte ich doch eine mehr allgemein orientierende Bemerkung einfügen in dem Sinne, daß es uns natürlich ungeheuer schwer fällt zu begreifen, daß dieses Wesen nicht ein menschliches, sondern ein göttliches Ich ist. Es ist für uns eben kaum nachvollziehbar, daß dieses göttliche Ich nicht ein einfältiges Ich ist so wie das menschliche Ich, sondern ein siebenfältiges. Und das können Sie ganz rein erkennen, wenn Sie das Johannes-Evangelium aufschlagen und dort die Offenbarung dieses siebenfältigen Ich in Gestalt jener sieben Ich-Bin-Worte vorfinden. Man kann die Aktualität dessen, was das Mitleben des Christuswesens mit dem Jahreslauf der Erde ist, nur begreifen, wenn man begreift, daß das ein siebenfältiges göttliches Ich ist, in dem die Siebenfältigkeit immer gleichzeitig vorhanden ist. Denn wenn der Christus Jesus am Anfang des Johannes-Evangeliums im 6. Kapitel sagt: »Ich bin das Brot des Lebens«, dann ist das natürlich zu einem aktuellen Moment hin gesprochen, geoffenbart. Aber er ist natürlich auch dann das Brot des Lebens, wenn er sagt: »Ich bin das Licht der Welt.« Und er ist natürlich auch dann das Brot des Lebens und das Licht der Welt, wenn er dann sagt: »Ich bin die Türe«, der Übergang von Mensch zu Mensch. Und er ist sowohl das Brot des Lebens wie das Licht der Welt wie die Türe, wenn er schließlich viertens sagt: »Ich bin der gute Hirte.« Versuchen Sie einmal so etwas zu denken, daß diese Aussagen des göttlichen Wesens nur das Aufleuchten einer bestimmten Seite seiner göttlichen Ich-Haftigkeit in einem bestimmten Moment und zu einer bestimmten Menschheit hin sind, daß aber auch die übrigen sechs in ihm immer gleichzeitig Wirklichkeit sind.

Ebenso, wie es für sein Ich gilt, daß es ein siebenfältiges, ein göttliches Ich ist, das immer gleichzeitig alle sieben ganz verschiedenen Seiten in sich trägt, so sind auch die Zuwendungen dieses Wesens in dem höchsten Moment seines Opfers, also in den Stunden am Kreuz, immer gleichzeitig. Ich erinnere Sie an die sieben Worte am Kreuz, wo er zunächst im Anblick der Menschen, die ihn annageln und das Kreuz aufrichten, sagt: »Vater, vergib ihnen.« Und als er dann neben sich die beiden Häscher erlebt, sagt er dann zu dem einen: »Heute noch wirst du mit mir im Paradies sein.« Im Anblick des Jüngers und der Mutter kommt dann das Wort: »Siehe Weib, dies ist dein Sohn, siehe, das ist deine Mutter.« Als er sich dann langsam von den Menschen wegwendet, kommt dann dieses Wort: »Elohi, elohi, lama Sabachthani – Gott meines Ich, wie verläßt Du mich, wie gehst Du von mir fort!« Dann kommt schließlich jenes andere Wort: »Mich dürstet!«, also noch einmal ganz die Zuwendung zum eigenen Leibe. Und schließlich kommen die letzten Worte: »Vater, in Deine Hände befehle ich meinen Geist, es ist vollbracht.« Auch in diesen Worten am Kreuz haben wir wieder eine Siebenheit. Die Zuwendung zu den Menschen, die ihm die Pein verursachen, die Zuwendung zu dem Schicksalsgenossen, der mit am Kreuze hängt, die Zuwendung zu den Angehörigen, zu der Mutter, zu dem Jünger, die Zuwendung zu der eigenen Gottheit, zu sich selber gewissermaßen, die Zuwendung zum Vater und die Zuwendung zum Leibe. Man muß nicht denken, daß das bei ihm so nacheinander geschieht, wie das äußerlich der Zeit erscheint, sondern das ist immer alles gleichzeitig da.

Wir Menschen können das nicht nachvollziehen, weil wir eben ein einfältiges Ich und nicht ein siebenfältiges Ich haben. Wir können das einfältige Ich immer nur in einer bestimmten Richtung hin voll verwirklichen. Dann müssen wir es vollständig umwenden, wenn es in einer anderen Richtung sich verwirklichen soll.

Sehen Sie, so wie das für dieses Ich, für das siebenfältige Ich gilt und auch für die siebenfältige Zuwendung dieses Ich, so gilt es auch für die sieben entscheidenden Vorgänge seines Erdenwandels. Da ist erstens die Vorbereitung seiner irdischen Ankunft. Auf diesen Punkt komme ich nachher noch zurück. Das zweite sind die Geburten, also die Geburt des einen Jesusknaben, die Geburt des anderen Jesusknaben und die Geburt des Christus selber in dem Menschen Jesus bei der Jordantaufe. Das dritte ist dann das Hereinopfern in die Menschheit, zunächst in den Menschen Jesus, in dem er selber wohnt. Stufe um Stufe opfert er sich in diesen Leib, in diese Seele, in diesen Menschen hinein. Aber gleichzeitig opfert er sich auch in die umgebende Menschheit hinein. Denken Sie an die Lehren an die Jünger, den Umgang mit der Umwelt, den Umgang mit den Kranken, an die Heilungen und alles dies. Dann kommt das, was Passion, Tod, Höllenfahrt ist, und was Auferstehung, Himmelfahrt und Pfingsten wird.

Wir Menschen können gar nicht anders denken, als daß das nacheinander jeweils ein eindeutiger vollständiger Zustand ist. Davon ist bei einem göttlichen Wesen aber gar keine Rede. Man kann denken, daß schon in dem Adventgeschehen, in dem Vorbereiten der

Ankunft, die Passion, der Tod und auch die Auferstehung mit darin sind. Denn nun werden diese Ereignisse äußerlich zeitlich Stufe um Stufe dadurch verwirklicht, daß dieses siebenfältige Wesen mit seinen siebenfältigen Lebensvorgängen jeweils einen dieser Vorgänge gewissermaßen der Welt, der Menschheit, zur Verfügung stellt, so daß in dem zeitlichen und örtlich-räumlichen Geschehen sich immer ein überzeitliches ewiges Geschehen vollzieht. Und so ist es auch heute.

Man muß versuchen, ein wenig zu verstehen, was das heißt: ein siebenfältiges Ich, eine siebenfältige Gesamtzuwendung zur Welt, zur Gottheit, zu sich selber, ein siebenfältiges Sich-Abspielen des sozusagen irdischen Schicksals, des irdischen Geschehens, des irdischen Ereignisses, aber es ist immer zugleich auch überzeitlich, es enthält immer alles in sich – und so ist es auch heute. Auch heute lebt die Christuswesenheit diese sieben wesentlichen Stufen ihres Lebens innerlich immer wieder durch. Und darum können wir jedes Jahr im November Advent begehen – ich sage »begehen«, nicht nur »feiern«, sondern »begehen« – das heißt also verwirklichen, zur Wirklichkeit werden lassen, obwohl wir ein Dreivierteljahr vorher Ostern gefeiert haben. Trotzdem muß man sagen, daß dieses Ewige, dieses Überzeitliche, in dem Leben eines solchen göttlichen Wesens dann doch eine Art Aktualität bekommt, und zwar so, daß eine bestimmte Seite seines Wesens, seiner Zuwendung, seiner Tätigkeit, seiner Wirksamkeit, ich kann auch sagen: seines Lebens, sich uns im Anschluß an die Jahreszeit stärker zuwendet. Darum heißt die alte Weihnachtsantiphon: »Euch ist *heute* der Heiland geboren.« Das ist aber jedes Jahr so. Oder die Osterantiphon heißt: »*Heute* ist Christus auferstanden.«

Es ist ja ein großes Geheimnis, nun wirklich ein wenig tiefer hineinzuschauen, hineinzudenken, hineinzuempfinden, in das, was in diesem ewigen göttlichen Wesen vorgeht, wenn es sein Weihnachtsereignis vorbereitet, also in der Adventszeit auf der nördlichen Halbkugel lebt, und dann auf eine ganz bestimmte Stunde, eben auf die Mitternachtsstunde vom 24. zum 25. Dezember konzentriert, etwas ganz Bestimmtes in sich sozusagen stärker belebt und stärker hervorhebt und – wie Novalis sagt – »ein Gott für uns, ein Kind für sich« wird. Wenn es also gewissermaßen einen inneren Zustand vergrößert, verstärkt, der in ihm immer da ist, ihn aber jetzt beinahe vollständig werden läßt, vollzieht sich dieses Weihnachtlich-Werden seiner Seele, seines Geistes. Von da aus geschieht dann das Übergehen in die Tage und Nächte der Zeit zwischen dem 24. Dezember und dem 6. Januar. Und dann um die Zeit des 6. Januar, vielleicht sogar wirklich tatsächlich am Morgen des 6. Januar, ergreift dieses göttliche Wesen wieder so eine bestimmte Stunde und wird sternartig für jeden einzelnen Menschen, verbindet sich geradezu mit dem Stern eines jeden einzelnen Menschen, mit seinem Ich-Stern, mit seinem höheren Ich und lebt damit nun mit ihm durch die nächsten Wochen, nachdem in den weihnachtlichen Nächten eine Art Berührung stattgefunden hat. Es ist aber nicht etwa so, daß in dem weihnachtlichen Christus Jesus nicht gleichzeitig auch Ostern wäre, das ist immer alles da. Und so geht es weiter, das Sich-Einpassen, das gewissermaßen Sich-Hinein-Sternen und Hinein-Sterben in den einzelnen Menschen. Und dadurch kommt natürlich das Erlebnis der Passion. Während die Erde bereits frühlingshaft ausgeatmet hat, haben wir dieses eigenartige Abwarten des Frühlingspunktes, der Tag-und-Nacht-Gleiche, dann noch das Abwarten der Mondenwirksamkeit im Kosmos, dann noch das Abwarten des Sonntages, und dann mit einem Mal geschieht von Karsamstagnacht auf den Ostermorgen dieses eigenartige – gewissermaßen aus dem Menschen heraus – Auferstehen. Wir haben das In-den-Menschen-Hineinsterben, -Hineinleiden, und dann das Aus-dem-Menschen-heraus-Auferstehen und das Herausleuchten in die gesamte Frühlingsnatur, so daß diese sich tatsächlich mit dem Ostermorgen verändert fühlt. Und es folgt das Mitleben mit diesen vierzig Tagen von Ostern an, bis es um die Himmelfahrt noch einmal zu dem Herauslösen aus der starken Verbundenheit mit der Menschheit kommt und zu dem vollständigen Übergehen in die Erde, in den Ätherleib, in das Ätherische der Erde. Von da aus haben wir dann wieder zurückwirkend auf den einzelnen Menschen sein Wesen in dem, was zu Pfingsten geschieht. Wir haben es in den christlichen Festen damit zu tun, daß das siebenfältige göttliche Ich mit seinen siebenfältigen seelischen Zuwendungen, mit seinen siebenfältigen Lebenstaten vollständig mitlebt, daß es freiwillig mitlebt mit dem Leben der Jahreszeiten, mit dem Leben der Tageszeit und mit dem Leben der Sternenwelten.

Man darf niemals den Fehler machen, daß man diese Vorgänge mit dem Jahreslauf verwechselt. Das hat man vor lauter Begeisterung oft getan, weil ja auch die Bilder so eigenartig sprechen, die Bilder des Frühlings, die Bilder des Sommers und die Bilder des Winters. Man muß genau unterscheiden zwischen dem, was das Christuswesen kraft seiner eigenen göttlichen Majestät, seiner eigenen göttlichen Opferkraft und seiner eigenen göttlichen Verwandlungskraft im Jahreslauf in seinem *eigenen* Reich im irdischen Reich vollzieht. Wenn man die Frage hat, wo das ist, dann muß man noch einmal auf das zurückgreifen, was ich Ihnen hier entwickelt habe. Man muß sehen, daß wir auf der einen Seite den Tages-Jahresrhythmus sehen, daß wir dann den Jahresatem-Rhythmus mit den eigentlichen Jahreszeiten haben und daß wir den Sternen- und Sonnenrhythmus haben. Man muß sich denken, daß das Christuswesen zwischen diesen Welten lebt, mit ihnen mitlebt, aber nicht identisch ist damit, sondern zwischen diesen Welten lebt, im wesentlichen eigentlich zwischen den physischen und ätherischen Kräften der Erde auf der einen Seite und dem Seelenleben der Erde und des Himmels auf der anderen Seite. Da lebt dieses Reich. Da lebt dieses Wesen, das durch die Auferstehung ein ganz neues Reich in die Erde hereingebracht hat, das Reich des Christus. »Mein Reich ist nicht von dieser Welt«[7], – aber es lebt in dieser Welt und mit dieser Welt. Und es lebt so, daß es eben verschiedene Vorgänge, verschiedene Prozesse, verschiedene Zustände, verschiedene Stimmungen, so erzeugt, daß sie in die betreffende Jahreszeit hereingefügt werden und dadurch auf die Erde wirken, dadurch auf den Menschen wirken, dadurch mit dem Menschen und mit der Erde ganz selbstlos mitleben und mitweben von Jahr zu Jahr.

Wir haben auch dieses vierte Jahr, das Jahr des Geistes der Erde, das Jahr des Christuswesens. Das beginnt aber nicht am 21. Dezember wie das Tages-Jahr und auch nicht am 25. Februar wie das Jahreszeiten-Jahr und auch nicht am 21. März wie das Sonnenumlauf-Jahr, sondern das beginnt am ersten Advent, und der erste Advent ist immer ein Sonntag. Dieser Sonntag hat immer eine verschiedene Stellung zu Weihnachten. Denn es kann sein, daß Weihnachten, der 24. Dezember, an einem Sonnabend ist. Wie lang ist dann der Advent, wenn der erste Weihnachtsfeiertag ein Sonntag ist? Dann war ja der vierte Adventssonntag acht Tage vorher und dann dauert die Adventszeit vier Wochen lang. Wenn aber Weihnachten an den Anfang der Woche fällt, dann ist die Adventszeit nur drei Wochen lang. Das heißt also, diese Zeit ist ganz lebendig und atmet jedes Jahr anders. Der 24. Dezember dagegen nicht, der liegt fest.

Und so ist es genau drei Tage und drei Nächte nach der Wintersonnenwende, also nach dem Beginn des Tageszeiten-Jahres, und darum ist es ein Stundenereignis, nämlich die Mitternachtsstunde. An die ist das angeschlossen, an die schließt sich das Weihnachtsgeschehen selbst an. Die nachfolgende Epiphanias-Zeit kann wiederum kürzer oder länger sein, hängt aber immer noch mit dem Tageslauf, mit dem Lauf der Wochentage zusammen, während dann, wenn wir zu Passion, Ostern, Himmelfahrt und Pfingsten kommen, es ganz deutlich zu sehen ist, wie stark die Geschehnisse immer noch vom Himmel, vom kosmischen Geschehen, abhängen. Es wäre deshalb Unsinn, wenn man das Osterfest auf einen bestimmten Tag fixieren würde, so wie man das Weihnachtsfest fixieren muß, weil dieses Sich-Hineinleben in den irdischen Lauf, in die irdische Menschheit, in das Geschehen der Jahreszeit, eben frei sein muß von den Notwendigkeiten der Erde. Die Auferstehung ist immer ein freies Hineinstellen einer immer wieder neu entstehenden Tatsache.

Damit haben wir nun diese sieben Lebensvorgänge vor uns, also Vorankündigung, Vorgeburtliches, die Geburten, den Erdenwandel, die Passion, den Tod, die Höllenfahrt, das Eindringen in die Erdentiefen – ich kann das jetzt hier nicht alles in Einzelheiten darstellen, aber Sie haben die Bilder ja ein bißchen in der Seele –, und darauf folgen eben die Auferstehung, Himmelfahrt und das Pfingstereignis. Und was kommt dann? Man muß verstehen, wie stark diese sieben Festeszeiten, diese sieben Vorgänge, mit dem Mitleben des Menschen zusammenhängen. Es geht ja sogar so weit, daß am Ende der ganzen Reihe gerade die vollständige Zuwendung des auferstandenen und gen Himmel fahrenden Christus zum einzelnen Menschen in dem Pfingstereignis, in dem Erwecken des Pfingstbewußtseins, da ist. Aber was kommt dann? Dann kommt das Interessante, daß jetzt aus dem Menschen heraus in die Natur das hinüberstrahlt, was nun der Mensch an diesen Christustagen durchgemacht hat, und das heißt »Johanni-Zeit«. Das strahlt jetzt aus der Menschheit aus und geht über in die Erde, in all die irdischen Zustände, welche die Erde eben im Hochsommer hat. Dahinein geht das über und macht dann einen ganz bestimmten Prozeß durch, der dann eben in dem Michaelfest wieder ganz neu an die Erde und an den Menschen angeschlossen wird. Aber das wirkt durch den ganzen Kosmos hindurch. Es ist so bezeichnend, wenn die Menschen die christlichen Feste als Geschichtsereignis, als Erinnerungsfest, feiern. Dann ist man nämlich die Aktualität los, und man kann gemütlich sein, gemüthaftes Erinnerungschristentum pflegen und im übrigen die gegenwärtigen Weltverhältnisse der materialistischen Zivilisation überlassen, das kümmert einen dann gar nicht. Man ist nach innen ein braver, frommer Christ, aber man hat überhaupt keine Verbindung mehr mit dem, was das Christuswesen ununterbrochen fortwährend vollzieht; man will das gar nicht hören. Man gerät sogar in Rage oder in Wut oder in Depressionen, wenn von der Wirklichkeit, von der Aktualität dessen gesprochen wird, was das Christuswesen durch das Jahr selber vollzieht und daß das den Menschen etwas angeht. Die Menschen haben es meisterhaft verstanden, das Christentum so zu verdrehen, daß sie es losgeworden sind.

Wir haben also in diesem vierten Jahreslauf von Advent über Weihnachten usw. das geistige Geschehen innerhalb der Lebensprozesse der Erde vor uns. Und so kann man von dem dreifachen Jahreslauf der Natur sprechen, wie er schon immer war, seit die Erde eine bestimmte Entwicklung im Weltall erreicht hat – also das Tageslauf-Jahr, das Jahreszeiten-Jahr und das himmlische Sonnen- und Tierkreis-Jahr –, und in diesen dreifachen Jahresprozeß, in diese Zwischenräume webt sich das hinein, was seit dem Mysterium von Golgatha auf der Erde geschieht und was ja Zukunft enthält, kosmische, menschheitliche, irdische Zukunft.

Nun gibt es viele unter Ihnen, die noch mit einem weiteren Thema leben, nämlich mit dem sogenannten »Seelenkalender« Rudolf Steiners und seinen Wochensprüchen.[8] Wenn Sie sich diese genau anschauen, dann werden Sie bemerken, daß sie genau dazwischen liegen, zwischen den drei Jahresprozessen und dem Christusgeschehen im Jahreslauf. Durch die Wochensprüche nehmen wir auf der einen Seite vollen Anteil an dem Jahreslaufgeschehen, auf das immer wieder hingewiesen wird, z. B. Anfang Mai:

»Im Lichte, das aus Geistestiefen
Im Raume fruchtbar webend
Der Götter Schaffen offenbart:
In ihm erscheint der Seele Wesen
Geweitet zu dem Weltensein
Und auferstanden
Aus enger Selbstheit Innenmacht.«

Bemerken Sie, wie der Inhalt dieses Spruches genau dazwischen liegt zwischen dem eigentlichen Christusgeschehen im Jahreslauf und den drei Jahresprozessen, von denen wir die ganze Zeit hier gesprochen haben! Er zeigt das Mitleben der Menschenseele mit den Jahreslaufprozessen, aber gleichzeitig das Hereinwirken des Christus-Jahres in diesen Vorgang, der aber nicht expressis verbis darin enthalten ist. Als zweites Beispiel will ich den Spruch vorlesen, der jetzt für Ende Juni gilt:

Johanni-Stimmung

»Der Welten Schönheitsglanz,
Er zwinget mich aus Seelentiefen
Des Eigenlebens Götterkräfte
Zum Weltenfluge zu entbinden;
Mich selber zu verlassen,
Vertrauend nur mich suchend
In Weltenlicht und Weltenwärme.«

Wir haben auch in diesem Spruch eine unmittelbare Verbindung des seelischen Erlebens mit den Jahreslaufprozessen. Und daraus ergibt sich eine Schwierigkeit, weil man nämlich, wenn man auf der Südhalbkugel der Erde lebt, diesen Vorgang entsprechend dem Jahreslauf der Südhalbkugel praktizieren muß, weil dieses Miterleben im wesentlichen an den Jahreslauf selber angebunden ist oder sich freiwillig anbindet und dadurch zu den beiden fundamentalen Erlebnissen der Seele mit dem Jahreslauf führt: nämlich zu dem vollständigen Hingegebensein an das Naturbewußtsein und dann zu dem vollständigen Sich-Lösen, dem Selbstbewußtsein. Diese beiden Prozesse sind darin gleichgewichtig verteilt. Was dieser Seelenkalender beinhaltet, steht wie zwischen dem eigentlichen Christus-Jahr und den drei Jahreszeiten-Jahren und regt einen an, so mit dem Jahreszeiten-Jahr mitzuleben, daß die Durchgeistigung, die Durchseelung, dieses Jahreszeiten-Jahres immer näher an das eigentliche Christus-Jahr heranführt, das wir in den christlichen Festen haben und nirgends anders.

ERDE, WASSER, LUFT UND FEUER

Studienkurs[9]

ERSTE STUNDE

Die Erde

Das deutsche Wort »Erde« hat mehrfache Bedeutung. Man weiß natürlich aus dem Zusammenhang, in dem man es ausspricht, schon immer, was es jeweils bedeutet, und die einzelnen Bedeutungen haben auch einen Zusammenhang miteinander. Die ursprüngliche Bedeutung wird wohl darin liegen, daß im Anschauen der Welt ganz von selbst diese beiden Bilder entstehen: der Himmel und die Erde. Als dann der Mensch nicht mehr nur in irgendeinem Lande oder in einzelnen Erdgebieten lebte, sondern als die Menschen anfingen, rings herum um die Erde zu kommen – das war ja erst im 15., 16. Jahrhundert –, da hat man dann wie von selber dieses Wort »Erde« übertragen. Also das, was man zunächst »Erde« genannt hat, was man sehen kann, die Landschaft, die Heimat, das hat man dann übertragen auf das Ganze, und so hat man eigentlich schon gleich von vornherein zwei ganz verschiedene Empfindungen, wenn man »Erde« sagt. In unserem Jahrhundert hat sich das ja noch dadurch gesteigert, daß die Menschen mit komplizierten Maschinen hinausgefahren sind, um nun dieses Gebilde mit einem Blick im ganzen anschauen zu können, was ja doch etwas Ungeheuerliches ist. Die Bilder, die sie dann aufgenommen haben, diese Fotografien der Erde, können wir ja sehen. Die Bezeichnung »Erde« hat also eine Bedeutungsentwicklung durchgemacht, ausgehend von dem, was dem Gemüt unmittelbar imponiert, wenn man irgendwo auf dieser Erde steht, die Augen aufmacht und in die Welt hinausschaut und dann eben die Erde und den Himmel hat. So allmählich kam dann die Globusvorstellung und jetzt sogar der Anblick des Ganzen: dieses eigenartigen, von weißen Wolken umwogten, von blauer Atmosphäre umgebenen, dunkelgrün bis blau schimmernden und dann auch wieder in den großen Wüstengebieten der Erde bräunlich, rötlich durchschimmernden Erdkörpers.

In meiner Jugend gab es über die Erde noch eine ganz merkwürdige Theorie, die sogenannte »Weltei-Theorie«. Da stellten sich einige Forscher vor, daß die Erde eine Hohlkugel sei. Die konnten das gar nicht anders erleben als so, daß die Erde eine Hohlkugel sei und daß in dieser Hohlkugel der ganze Himmel darinnensteckt. Die Fotografien der Raumfahrer haben ja dann deutlich gezeigt, wie es in Wirklichkeit aussieht.

Aber wir haben ja noch etwas ganz anderes im Bewußtsein, wenn wir »Erde« sagen. Wir meinen damit einen ganz bestimmten Stoff, nämlich dieses merkwürdige »mixtum compositum«, das wir dann vorfinden, wenn wir im Garten die Erde aufgraben oder wenn wir im Wald unter dem Laub den Humus, den Laubboden, hervorholen. Die Agronomen nennen das dann »Boden«, aber der Bauer sagt »Erde«, »Ackererde«. Die wird dann unterschieden, ob sie mehr Sanderde oder Kalkerde oder mehr Lehmerde ist. Aber das alles zusammen wird »Erde« genannt, und das ist ja wieder etwas ganz anderes als die Erde im ganzen.

Nun gibt es aus dem Altertum über das Mittelalter herüber aber noch eine dritte Wortbedeutung, und ich kann vermuten, daß diese letztere Ihnen zunächst nahegekommen ist in dieser Zusammenstellung »Erde, Wasser, Luft und Feuer«. In diesem Zusammenhang hat aber jetzt das Wort »Erde« eine ganz andere Bedeutung, nämlich die eines sogenannten Elementes, des Elementes Erde. Für die heutige Naturwissenschaft ist das natürlich überhaupt keine Wirklichkeit, und ein Erde-Element gibt es bei ihr nicht. Wenn sie von »Elementen« spricht, von den 92 oder jetzt weit über 100 sogenannten »Elementen«, meint sie diejenigen Stoffe, diejenigen Substanzen, die chemisch nicht mehr weiter zu analysieren sind, sondern im Gegenteil miteinander verschiedene chemische Verbindungen eingehen. Das sind dann Stickstoff, Wasserstoff, Gold, Eisen, Silber, Zink und Arsen usw. Aber man kann vielleicht doch sagen, daß diese Stoffe im Grunde genommen auch »Erde« sind, Erdenstoffe. Natürlich kann man einwenden, daß dieselben Stoffe auch auf dem Mond und vielleicht auch auf dem Mars und in der Sonne sind, aber auf der Erde im irdischen Zusammenhang haben sie doch einen ganz bestimmten eigenartigen Charakter. Im Sinne der alten Nomenklatur, also der Elementennomenklatur: Feuer, Luft, Wasser, Erde, kann man sagen, daß das flüssige Wasser eigentlich auch Erde ist und auch die stoffliche Luft. Sie zeigt nur etwas von dem anderen Element.

Ich darf vielleicht zunächst einmal versuchen, ein Bilderbuch aufzuschlagen, damit wir miteinander ein bißchen in den Bildern lesen, die wir sehen, und ich kehre zurück zu dem, wovon ich ausgegangen bin: was wir als Bild der Erde vor uns haben. Dabei zeigen sich ja schon ganz außerordentlich charakteristische Gestalten. Denken Sie, was für ein Bild man um sich herum von der Erde hat, wenn man irgendwo in Norddeutschland auf der weiten Tiefebene steht: weit und breit kein Berg, die Erde ist weit ausgebreitet, ganz flach. Das ist ja eine Tiefebene. Aber es gibt dasselbe Bild auch ganz anders, nämlich sehr viel höher erhoben. In gewissem Sinne gibt es das in Spanien, aber natürlich auch auf den anderen Kontinenten in ganz großartiger Weise. Das sind die Hochebenen: Das Gelände ist genauso weiträumig und flach, und man sieht weit und breit keinen Berg, aber man ist 2000 Meter hoch.

Ganz anders als dieses Gebreitete, dieses Hingebreitete, ist das andere Erdbild, nämlich das Hinaufgehobene, das Aufgerichtete, das Emporgebaute: das Gebirge. Nun wird man ja vielleicht die Schwäbische Alb nicht gleich ein Gebirge nennen, aber es ist doch ein Bergland, und zwar ein sehr charakteristisches Bergland, weil es aus flachliegenden Schichten, aus tafelartigen, schollenartigen Bergteilen besteht. Etwas wiederum vollständig anderes hat man vor sich, wenn man dann in die Alpen kommt und dort nun ein echtes Faltengebirge sieht, wo die Erdmassen aufgestoßen, aufgestülpt, aufgefaltet sind und so eine gewaltige Gipfelflur mit Eis und

Schnee bilden. Bleiben wir ruhig ein bißchen bei diesen Bildern, die uns ja vertraut sind und durch die wir die Erde erleben: die ausgebreiteten Ebenen, das aufgetürmte Erdgebirge, entweder in Schollen zerbrochen oder eben hochgefaltet mit der Gipfelflur.

Etwas ganz anderes erleben wir, wenn wir dann ans Meer kommen, wenn also wirklich das, was Erde ist, jetzt gewissermaßen unter dem Wasser verschwindet. Man weiß natürlich, die Erde ist darunter, aber wenn das Ganze nun vollständig in Bewegung, in schwingende Bewegung kommt, hat man gerade dort eigenartigerweise viel stärker das Tiefenerlebnis als beim hochgetürmten Gebirge, zu dem man ja mehr hinaufschaut. Vor allem wenn man dann auf den Ozean herauskommt, hat man immer wieder das Miterleben von dem, was ja nun da tief unten ist, das man im Darüberfahren silbrig oder bläulich erlebt, aber man fühlt ja doch die Tiefe, die darunter verborgen ist.

Wenn man dieses Erlebnis der Tiefe dann vielleicht verstärken will, kann man von einem hohen Berg aus versuchen, die Tiefe zu erleben, denn auf der Ebene geht das kaum. Auf einem hohen Berg stehend, kann man das Tiefenerlebnis auch haben. Die Gründe, die Untergründe, gehören auch zur Erde, sowohl der Meeresgrund wie der Grund der Gebirge. Aber was für ein eigenartiges Empfinden entsteht in dem Moment, wenn man jetzt nicht einfach nur so das Bild sieht, sondern wenn man ein klein wenig zum Erleben der Kräfte übergeht, die das gebildet haben!

Es geht dann einen kleinen Schritt weiter, wenn man sich mit der Geologie beschäftigt, was zunächst noch ganz laienhaft sein kann, es braucht nicht gleich wissenschaftlich zu sein. Indem man beobachtet, wie in den Gebirgen merkwürdige – ich kann jetzt schon sagen »verräterische« – Formen auftreten, kann man angeregt werden zu fragen: was ist denn das eigentlich, was man da vor sich hat? Vielleicht hatten Sie schon die Gelegenheit oder werden noch die Gelegenheit haben, so etwas einmal anzuschauen, so einen Granitdom, so ein »Granitpluton«, wie das die Geologen nennen, wo also ein größeres Granitgebilde aus den Tiefen aufgestiegen ist und tatsächlich immer so eine domartige Oberfläche bekommt. Über dem Granit liegen dann auf dieser domartigen Oberfläche die Schiefer so wie Holz oder wie Baumrinde, und man sieht, wie der Granit aus diesem Dom heraus gewaltige Äste, gewaltige pegmatische Fortsetzungen in das schiefrige Gebirge hineinschiebt. Dort, wo durch die Flüsse oder irgendwelche Erdveränderungen die Sache zutage tritt, kann man mit Augen sehen, wie an den Rändern und Enden dieser mächtigen, durchgestoßenen Granitfortsätze die Nester der Kristalle und die Edelsteinkristalle erscheinen. Ich sagte, dieses Bild ist schon ein klein wenig verräterisch, denn es sieht eigentlich, wenn man es im ganzen anschaut, wie ein großer mächtiger Baum aus, der aus der Tiefe aufgewachsen ist und dann im Wachsen sogar mächtige Äste in das umgebende Gestein, in das Kristalline, hereingeschoben hat und an den Zweigenden so etwas wie Blüten produziert. Die Geologen und Mineralogen werden natürlich nicht so denken, weil sie sich nicht für das Bild interessieren, sondern immer nur für den Stoff und die geochemischen Prozesse, die sich da abgespielt haben. Daß das eine charakteristische, offenbarende Gestalt ist, auf diesen Gedanken kommen sie nicht, obwohl sie es so nennen, indem sie »Dom« sagen. Was hat denn der Granit mit z. B. dem Stephansdom zu tun?

Ähnlich ist es, wenn man dann ein bißchen mit Laiengeologie in ein Kalkgebirge mit abgelagerten Kalkbänken hereinschaut. Da sind Kalkbänke, die eigentlich im ganzen so ausschauen wie eine riesige Auster, wo eine Schale nach der anderen ausgebildet ist und in den Schalenübergängen so kleine Austernkinder drin sitzen in Form von herrlichen Versteinerungen, Ammoniten, usw. Das ist auch schon wieder ein bißchen verräterisch. Es ist nicht einfach nur so Mineralogie und Geologie, da ist auch irgend etwas anderes, was da durchleuchtet. Bei dem Granit ist also etwas Pflanzenartiges und hier bei dem Kalk etwas Tierartiges, aber natürlich entsprechend groß.

Eine dritte Möglichkeit, zu der man keine Geologie braucht, weil man das sofort sieht, hat man, wenn man an einen der großen

Vulkane kommt, die die Erde trägt. In Europa kann man am Ätna auf Sizilien und am Vesuv in Süditalien auch schon diese Eindrücke haben, wenn man sieht, wie aus den Tiefen die feurige Erde glühend heraufkommt, kocht und dann explodiert. Bei einem solchen Vulkanausbruch muß man wieder sagen: das hat auch etwas Verräterisches an sich. Das deutet gewissermaßen über sich hinaus, so wie ein Buchstabe, der im Buch gedruckt ist, eigentlich über sich hinausdeutet. Ganz von selber fragt man sich: Was bedeutet dieser Buchstabe im Zusammenhang mit anderen? Welchen weitergehenden Sinn offenbart er? Dann kann man anfangen, in diesen Buchstaben zu lesen.

Ich darf aber noch einige andere Bilder hereinholen, um das Wort »Erde« nun wirklich mit Inhalt, mit Bildinhalt, mit Erlebnisinhalt so richtig schön satt anzufüllen. Man braucht nicht viel Geologie und Meteorologie, um zu sehen, daß im ganzen doch etwas wie eine sphärische Ordnung der Erdenbestandteile vorhanden ist, nämlich so, daß man unten das Gestein hat, den Lithos, die Gesteinssphäre, und dann darüber das Wasser, die Hydrosphäre, die mit ihrem Auf- und Absteigen eine ganz bestimmte Sphäre der Erde einnimmt. Sie kann es aber nur dadurch, daß über der Gesteinssphäre eben die Atmosphäre ist, nämlich die Luft. Und man kann gar nicht anders, als von Sphären anstelle von Schichten sprechen. Denn es wäre weniger zutreffend zu sagen: Erdschicht, Wasserschicht, Luftschicht, weil diese Schichten sphärisch angeordnet sind. Man hat das ja jetzt sogar von außen aus dem Weltraum sehen können, daß das Ganze sphärisch nach gewissen Stufen der Ordnung angeordnet ist, so daß das Feste, das Mineralisch-Feste eben schwerer ist als das Wasser und daß das Flüssig-Wäßrige eben schwerer ist als die Luft. Man kann nun natürlich wieder sagen: das hängt eben mit den spezifischen Gewichten der Stoffe zusammen. Natürlich tut es das. Aber doch kann man den Eindruck haben, daß auch in diesen Gestaltungen sich wie durchschimmernd etwas verkündet, was auf mehr deutet, als was man einfach so sieht.

An dieser Stelle möchte ich noch einen kleinen Schritt weitergehen, der sich gerade ergibt, wenn man diese drei Grundgestalten der Erde ins Auge faßt. Da ist zunächst also das Hochgebirge. Es gibt ja ungeheuer imposante Hochgebirge, zu denen gewiß auch die Alpen gehören. Aber wenn man dann in die großen Kontinente außerhalb Europas kommt und einmal die Gelegenheit hat, in Nepal an den Füßen der Himalayariesen zu stehen oder vielleicht in Peru oder in Mexiko vor den großen Andengipfeln und das anzuschauen, dann hat man einen Eindruck dieser erhabenen Hochgebirge. Das Gewölk geht da hin und her und auf und ab. Aber diese erhabene Ruhe bleibt doch, obwohl man als Geologe ganz genau weiß, daß sich das alles einmal aufgetürmt und hochgestülpt hat, daß es durch und durch metamorphosiert und verwandelt wurde und hingefaltet ist aus einem mächtigen Produktionsprozeß. Jetzt steht es da und wittert langsam vor sich hin, wirklich ganz langsam. Jedes Jahr arbeiten diese Schneemassen, die darauffallen, diese Gletscher, ein Stückchen an diesen Bergriesen und plastizieren sie heraus und schälen etwas von ihren Stoffbestandteilen ab und transportieren es die Bäche und Flüsse herunter. Wenn dann die Sterne darüber leuchten oder die Sonne am Abend oder am Morgen beim Aufgang rosenrot die mächtigen Eis- und Schneemassen beleuchtet, erlebt man diese Ruhe. Wiederum muß man sagen: Das hat etwas leicht Verräterisches, denn es zeigt etwas, das mehr ist als es selbst. Und man erlebt in diesen hochgetürmten uralten Gipfeln mit ihrem Schnee, mit ihren weißen Häuptern, mit der Gipfelflur, wie der Schweizer Bauer sagt, doch etwas von einem ruhigen väterlichen Element. Jetzt bin ich natürlich schon ein kleines Stückchen über die reinen Phänomene hinausgegangen.

Auf der anderen Seite kann man die Gelegenheit haben, Orte der Erde aufzusuchen, wo sich tiefe Schluchten auftun. Es gibt ja einige grandiose Schluchten auf der Erde. Und die grandioseste ist in der Tat der Grand Canon in Nordamerika. Diese Riesenschlucht ist tatsächlich über tausend Meter tief und öffnet sich in Stufen nach oben wie ein saugendes, in sich selber Kraft aufnehmendes Gebilde. Es ist vollständig das Gegenteil von dem Gipfel eines Hochgebirges mit seinen Eis- und Schneemassen. Man erlebt daran etwas Urmütterliches, und es kann einen tief erschüttern, den Schoß der Erde wie aufgetan zu sehen. Zwischen diesen beiden Bildern kann man nun das hinstellen, was ich am Anfang beschrieben habe, die flache freie Erde. Es gibt ja riesige Ebenen auf der Erde. Ich denke jetzt an die große Prärie in Nordamerika, die von den östlichen Gebirgen der Appalachen Mountains bis herüber zu den Rocky Mountains viele Kilometer lang und breit ist. Da sieht man dann wirklich, wie die Erde sich einfach hingestellt hat und der Mensch die volle Freiheit hat, sich auf ihr zu bewegen und mit ihr zu machen, was er will. Sie verschlingt ihn weder in eine Tiefe hinunter noch überwältigt sie ihn mit der Höhe. Sie ist einfach da, und er kann wie der Sohn zwischen Vater und Mutter die Erde frei behandeln. So hat man es auch gemacht, und es war gerade für die europäischen Einwanderer, die nach Amerika kamen, ein ungeheures Erlebnis, als sie über die ersten östlichen Gebirge herüber waren, zu sehen, wie sich die Prärie öffnete. Sie konnten ziehen und ziehen, und das war immer das gleiche. Es entsteht dabei ein Freiheitserlebnis, das man gegenüber der Erde bekommt, ähnlich wie man in dem einen Falle ein väterliches Erlebnis haben kann und im anderen Falle das Mütterliche erlebt, das aus den Tiefen heraufkraftet. Es gibt also Bilder über Bilder, in denen das erscheint, was wir »Erde« nennen. Aber sie sind dann auch wieder so, diese Bilder, daß sie wie übergehen in etwas, was mehr ist als das, was man so sieht, was gewissermaßen etwas von dem verrät, was geheimnisvoll dahintersteht.

Schaut man nun genauer hin, dann kommt man von diesem morphologischen Gestaltelement auf das ganz andere, das ich vorhin auch schon berührt habe. Das ist nun wirklich der Erdenstoff, der im Grunde genommen aus nichts anderem besteht als aus Kristallen. Die meisten dieser Kristalle sind nicht riesengroß – im Verhältnis zu sich selber schon –, aber es gibt auch Kristalle in der Größe von Dezimetern und vielen Metern. Die gibt es gerade an den

Stellen vereinzelt, wo der Granit herausblüht und die Pegmatite bildet. Aber die große Masse, dieser viele Erdenstoff, besteht aus lauter kleinen Kristallen von Korngröße, von Sandkorngröße, mal etwas darüber und mal etwas darunter. Es gibt aber auch noch kleinere, so daß man sie mit dem bloßen Auge gar nicht mehr erkennt; trotzdem sind es lauter Kristalle. Und auch dieses Kristallbild spricht ja wiederum, wenn man es genau anschaut, eine eigenartige Sprache. Wenn man diese Kristallstofflichkeit der Erde untersucht, sieht man, daß sie sich von selbst auseinandergliedert. Denn man hat es auf der einen Seite mit Kristallen zu tun, die im wesentlichen Aschen sind. Ich sage das so, weil es tatsächlich den Charakter dieser Kristalle am besten wiedergibt. Denn die weitaus größte Zahl der Kristalle besteht entweder aus Oxiden, sie sind also verbrannte Metalle, oder es sind Sulfide, im Schwefel verbrannte Metalle, oder es sind Salze, im Sauerstoff verbrannte Kieselsäure, also Silikate. 80%–90% dessen, was die Erde ist, besteht aus solchen Silikaten, aus diesen merkwürdigen ascheartigen Wesen, die aber alle kristallisiert sind. Auch die zweite Gruppe ist kristallisiert, aber das sind dann schon eher echte Salze, die aus verschiedenen Säuren und Halogenmetallen hervorgegangen sind. An der Spitze steht das Kochsalz mit seinen Verwandten, aber es gibt eine ganze Reihe von Salzen, die entweder aus Schwefelsäure oder Phosphorsäure oder Kohlensäure oder aus irgendwelchen anderen Säuren entstanden sind. Die haben dann doch einen etwas anderen Charakter. Als Drittes haben wir schließlich die eigentlichen Metalle. Denken Sie nur einmal daran, wie so ein Stückchen Blei im Vergleich mit einem Bergkristall aussieht. Oder gar ein Stückchen Gold im Vergleich mit einem Pyrit: beide haben die glänzende Farbe, sind gelblich glänzend, aber man braucht sie nur ein bißchen näher anzuschauen, und dann sieht man, wie das Gold als Metall so einen vollständig anderen Charakter hat als der Pyrit, dieser Schwefel-Eisen-Kristall. Wir haben also sozusagen die Metallasche und haben nun auf der anderen Seite das, was nun wirklich Staub ist: Sand, Flugsand, Staub, was vom Winde verweht wird, als hätte es keine Wesenheit mehr. Es sind entweder Trümmer oder dasjenige, was vom Wasser bei der Verwitterung herausgelöst wird, was die Gesteine auflöst, die Gesteine zerstört und verwittern läßt und was dann vom Wasser wegtransportiert wird.

Auf der einen Seite haben wir also das Metall, dieses merkwürdige fest-flüssige Gebilde, das hämmerbar ist, das bis zu einem gewissen Grade sogar biegbar ist. Auf der anderen Seite haben wir den Staub, und in der Mitte haben wir den Kristall. Also im wesentlichen ist doch der Kristall erdebildend, und »Erde« heißt eben nicht nur Erde, sondern »Erde« heißt auch Kristall.

Wenn man nun den Kristall ein bißchen zu sich sprechen läßt, den Kristall als Erdenstoff mit seiner ganzen Konfiguration, dann sieht man ja sofort, welche gewaltigen Kräfte an dem Stoff gewirkt haben, um ein solches Gebilde zustande zu bringen wie z. B. einen voll entwickelten Bergkristall mit seiner vollkommen in sich abgeschlossenen, vollendeten Form. Natürlich ist in dieser Form verhüllt das Kristallgitter, also die ganzen kleinen Teilchen des Stoffes, die da in Gitterstruktur angeordnet sind. Aber das Ganze bildet doch eine unglaubliche Form, ist durch und durch geformt – und nicht nur geformt, sondern dadurch, daß das so geformt ist, ist es auch in sich abgeschlossen. Man kann ja einer Rosenblüte vielleicht noch ein bißchen zureden und sagen: Nun wachse noch schneller oder dufte noch besser. Aber einem Kalk zuzureden ist vollständig unnötig, weil es unsinnig ist. Der rührt sich nicht, denn er ist fix und fertig. Wenn man bedenkt, daß die Erde aus Myriaden derartiger Kristalle besteht, dann sieht man, daß die Formen, die Gestalten, die wir mehr morphologisch angeschaut haben, von etwas Definitivem durchzogen sind. Man kann einen Kristall natürlich zertrümmern. Man kann ihn auch in wilde Lösungen hereinbringen und auflösen. Aber so wie er als Erde auftritt, ist dieser Kristall fertig. Da ist etwas Endgültiges passiert. Er ist eben herauskristallisiert und bildet mit seinen Millionen und Abermillionen Brüdern zusammen das Gestein. Er hat aber nicht nur die Formvollendung und das in sich Abgeschlossene, Fertige, sondern er hat auch die großartige Eigenschaft zu spiegeln. Ich weiß nicht, ob Sie schon einmal darüber nachgedacht haben, wie das ist, wenn ein ganz gewöhnlicher Brillant, also ein geschliffener Diamant, spiegelt. Er läßt das Licht an bestimmten Flächen herein, spiegelt es in sich selber zurück und noch einmal zurück und noch einmal zurück, bis es dann irgendwo wieder herauskommt. Jetzt ist es aber die reinste Farbe geworden. Und die Leute, die einen solchen Kristall schleifen, die wissen ganz genau bis in die Winkel der verschiedenen Flächen dieses Brillantschliffes es so anzuordnen, daß die Flächen das Licht nicht durchlassen, sondern in den Kristall hineinwerfen, so daß ein gut geschliffener Brillant heller ist als seine Umgebung. Er wird selber hell, weil er alles Licht, das in ihn hineindringt, in sich selber hin- und herbewegt, so daß es noch mehr wird, wenn es wieder herauskommt, und dann außerdem noch farbig ist. Die Farbe selber, welche diese Kristalle haben, ist nun auch etwas Besonderes. Denn wenn man eine Pflanzenfarbe vor sich hat, sagen wir eine Rosenblüte oder eine Pfirsichblüte oder z. B. ein Schneeglöckchen, dann sind doch diese Farben, die die Pflanzen haben, irgendwo weich, plastisch, schimmernd. Aber die Farben der Kristalle, die haben eine eigenartige faszinierende Tiefe. Schauen Sie mal eine Weile in einen Türkis hinein oder auch in einen Zitrin oder in einen Rauchtopas oder in einen Amethyst, man kommt dabei so hinein in dieses merkwürdige Kristall-Farbenwesen, daß man gar nicht weiß, wo das überhaupt hin will. Es hat eine merkwürdige, in sich geballte Tiefe, die irgendwie mit diesem Abgeschlossensein zusammenhängt, mit diesem Fertigen eines solchen Kristallwesens. Und wieder muß man sagen, das sind ja lauter Gesten, die etwas zum Ausdruck bringen. Denn was bedeutet das eigentlich, daß diese Figuration des Kristalls, diese Kristallgestaltbildung, diesen eigenartig definitiven Charakter hat? Das macht ja den Kristall so zuverlässig. Auch wenn man nicht gerade Kristallographie studiert hat, sieht man auch als ganz naiver Mensch mit einem Blick die Gediegenheit, die in der Form liegt. Man sieht mit einem Blick die Abgeschlossenheit dieses Seins, dieses Individualisiert-Sein, das sich restlos von dem anderen Kristall unterscheidet, das sich von ihm absetzt, das sich in sich vereinzelt sättigt, das sich in sich vereinzelt, definitiv macht. Nur noch das Licht darf heraus und herein, sonst aber niemand.

Hinzu kommt noch die Härte der Kristalle. Das bedeutet also, daß nicht nur die Form dieses Endgültige, dieses Definitive, bekommen hat, sondern auch die Art, wie die Stoffe zusammengeballt sind, wie sie zusammengezogen sind, wie sie aneinander halten. Es ist ja auch unter Nicht-Fachleuten diese sogenannte Mohs'sche Härteskala bekannt, welche die mineralische Welt in zehn Härtegrade einteilt, die aber gar nicht linear verlaufen, sondern da besteht z. B. zwischen dem Diamanten und dem Korund ein gewaltiger Sprung. Der Kristall hat also nicht nur das geschlossene Gestaltetsein, Geformtsein, sondern wirklich auch gediegenes Hartsein in sich.

Darüber hinaus hat jeder Kristall, und wenn er noch so klein ist, seinen eigenen Schwerpunkt. Natürlich sind alle Kristalle an den Schwerpunkt der Erde angeschlossen. Sie werden von der Erde angezogen, und trotzdem hat jeder einzelne kleine Kristall seinen eigenen Schwerpunkt. Das Newton'sche Anziehungsgesetz, das Gravitationsgesetz, zeigt uns ja, daß nicht nur die Gesamterde den einzelnen Kristall an sich zieht durch die Wucht und Gewalt der Schwerkraft, sondern daß auch umgekehrt der kleinste Kristall die ganze Erde anzieht. Was ist das für eine eigenartige Tatsache für die Kristalle: nicht nur daß man so abgeschlossen ist, daß man so durchgeformt ist, nicht nur daß man auch hart ist, undurchdringlich und nur für das Licht und für die Wärme durchlässig, sondern daß man auch einen eigenen Schwerpunkt hat und dieser eigene Schwerpunkt eine Anziehungskraft ausübt, und sei sie noch so winzig gegenüber dem ganzen übrigen materiellen Kosmos!

Man kann also sagen: etwas Eigensinnigeres als Kristalle gibt es gar nicht. Aber man sieht auf der anderen Seite, daß das ein edler, reiner, selbstloser Eigensinn ist. Das Ding trägt seinen Sinn in sich, es braucht nichts als sich selbst. Dadurch aber hat sich natürlich jeder einzelne Kristall, wenn er fertig ist, wenn er diese Selbstgeformtheit, diese Selbstmaterialität, diese Selbstverdichtung, diese Selbstkonzentration, diesen eigenen Schwerpunkt gebildet hat, also wenn er da ist, von den meisten Kräften der Welt abgesetzt. Er nimmt am Weltgeschehen einfach nicht mehr teil, außer daß er in der Lage ist, alles zu spiegeln. Dadurch gibt er das, was in ihn hereinkommt, was er in sich hereinnehmen kann, auch genauso rein wieder zurück. Er kann es höchstens erlösen, indem z. B. der Diamant das Licht zur Farbe erlöst oder indem der Amethyst selbst Farbe in sich trägt, von der man ja wissen kann, daß sie ausschließlich durch Bestrahlung mit ultraviolettem Licht zustande kommt. Der Zustand, in dem sich die Erde als mineralische Erde befindet, ist also ein ganz eigenartiger und höchst charakteristischer Zustand.

In allen diesen Fällen – sei es in den Gestalten in den Hochgebirgen, in den Ebenen, in den Ozeanen, in der Schlucht, sei es in den Teilgestalten in einem baumartigen Granitmassiv, in einem tierartigen Kalkmassiv – kann man sagen: überall kommt etwas Charakteristisches zum Vorschein, das die Frage stellt: Wer bin ich eigentlich? Was verbirgt sich in diesem Erde gewordenen Weltenwesen? Wenn man diese Frage stellt, sucht man gewissermaßen nach dem offenbarenden Schlüssel, mit dem man das Schloß für das Geheimnis Erde aufschließen kann. Es ist damit jetzt die Erde im umfassendsten Sinne des Wortes gemeint. Also sowohl die Erde in bezug auf das, was sie an Gestalten hat, wie auch die Erde als Gegensatz zum Himmel, wie auch die Erde, die eben der Boden, der Ackerboden ist, wie auch das, was als Erde-Element in diesen ganzen Vorgängen wirksam ist. Wir suchen nach dem Schlüssel für das darin verborgene eigentliche Wirksame, das sich da und dort, sowohl in den Stoffen wie in den Gestalten, verrät.

Nun ist das Überraschende, daß es einen Kristall gibt, der die merkwürdige Eigenschaft hat, daß er sich buchstäblich verflüchtigt und gerade nicht bleibt, was er ist. Bei mehreren Stoffen ist das so, aber in der Natur gibt es nur einen Stoff, bei dem das der Fall ist.

Und denken Sie, das ist ausgerechnet das Wasser, aber das Wasser dann, wenn es Kristall geworden ist, d. h. wenn es zu Eis geworden ist. Wenn Sie dieses Eis gewordene Wasser, diesen Wasserkristall, der ja ganz »Erde« – d. h. feste Materie – ist genau wie alle anderen Kristalle, bei entsprechender Temperatur lange genug stehenlassen, dann ist er nach einiger Zeit restlos verschwunden, er ist verdampft. Es gibt also innerhalb der mineralischen Kristallwelt, innerhalb der Erdenstoffe, einen Stoff, der plötzlich etwas verrät, wovon man den Eindruck hat: die anderen, der Bleiglanz und das Gold und der Bergkristall, die möchten das alle auch. Sie schaffen es aber nicht. Sie sind gegenüber dem Wasser einen Grad tiefer herunter in die Verfestigung, in die Vereinzelung, in die Erstarrung gestiegen und können nicht mehr weg. Für sie hat die ganze Sache eine Art Definitivum, eine Art an Endgültigkeit angenommen, während das Wasser dieser merkwürdige Erdenstoff ist, der jederzeit – auch wenn er fest geworden, gefroren ist – dazu in der Lage ist, zu verdunsten. Das Eis verschwindet und löst sich in der Luft auf. Sehen Sie, dies ist der Schlüssel, der Fingerzeig von unten nach oben, der einem eigentlich sagt: Ja, wenn das die anderen Kristalle auch könnten, würden sie das alle tun. Sie würden genau dasselbe machen wie das Wasser, sie würden sich herauslösen aus der Kristallform und würden immer leichter, immer freier, immer dünner werden.

Die Griechen hatten ein Gefühl dafür. Sie haben nämlich den Bergkristall »gefrorenes Eis« genannt; nicht »gefrorenes Wasser«, sondern »gefrorenes Eis«. Denn sie haben gedacht, daß der Bergkristall auch nichts anderes als Eis ist. Aber Eis, das unter so fürchterlicher Kälte in so hohen Höhen und so lange gefroren ist, bis es nicht mehr taut. Wie genau das stimmt! »Kristall« heißt nämlich eigentlich »Eis«. Wenn man nun anfängt, diesen Weg von unten nach oben zu gehen, kommt man zum Gewitter. Denn das Wasser steigt eben auf. Und es steigt auf als Gas, als Wasserdampf aus den Flüssen, aus den Bäumen, aus der Erde, aus dem Meer und aus dem Gletscher. Auch die Gletscher verdunsten fortwährend Wasser. Es kann noch so kalt sein, das Eis verdunstet in die Luft. Und so haben wir den Weg von unten nach oben, in den man jetzt gefühlsmäßig die ganze Erdenstofflichkeit, die ganze Erdenkristallwelt, mit einbeziehen kann, wenigstens theoretisch. Denn praktisch geht das nicht, aber theoretisch kann man das als Kraft, als Dynamik, als Bewegung von unten nach oben erleben. Dem kommt nun von oben nach unten etwas Zweites entgegen, was den gesuchten Schlüssel zum Schloß bringt. Das ist das, was im Gewitter von oben nach unten kommt. In dem verdunstenden Eis haben wir in der mineralischen Erdenwelt ein Bild für das, was die Mineralien eigentlich alle gern machen würden, was ihnen aber nicht gelingt, weil sie in einen definitiven Zustand der Fixierung, der Formung, der Verhärtung, der Verfestigung und der Individualisierung hineingezaubert, hineingebannt sind. Das Wasser kann das. Auf der anderen Seite kann der Kristall von dem, was von oben kommt, nur das Licht und die Wärme in sich hereinlassen, alles andere nicht. Was macht denn das Wasser da oben beim Gewitter? Zum Gewitter gehört ja hinzu, was diesem Gewitter vorangeht, und das ist ein sehr wohl bekannter Gesamtzustand der »vorgewittrigen« Natur, der eben in einem heiteren Himmel besteht. Und aus diesem heiteren Himmel flutet ein Übermaß an Licht und Wärme herunter. Es kommt einfach zu viel herunter, und es kommt so viel Licht und so viel Wärme in den irdischen Spannungsraum herein, daß da eine Art Wärmedruck entsteht, was man als Schwüle erlebt. Aber es entsteht auch das andere, ein Licht-Druck, eine Art Übermaß an Licht, das in die Welt, in die wolkenlose Welt hereinflutet. Diesem Wärmedruck, dieser Wärmespannung und diesem Lichtdruck, dieser Lichtspannung steigt das verdunstete Wasser entgegen. Im übertragenen Sinn kann man vielleicht sagen, daß mit dem aufsteigenden und verdunstenden Wasser die eigentliche Sehnsucht der Erde hinaufsteigt. Und es kommt jetzt von oben herunter das Übermaß von Wärme und Licht, das aber so viel ist, daß die Erdenkräfte das gar nicht auffassen können. Und so entsteht ein Überdruck, ein Übermaß, eine Überspannung im Erdenfeld.

Wenn man nun diesen Schlüssel ins Loch steckt, wenn diese Phänomene sich begegnen, dann braucht man gar nicht aufzuschließen, dann schließt die Natur selber auf. Sie reißt den Vorhang auseinander und läßt den Blitz hereinzucken und den Donner weiterrollen. Sie produziert mit einem Mal ein Übermaß an Licht, an Farbe, an Elektrizität, an Druck und an Wärme – die Blitzkanäle sind eigentlich Wärmekanäle, von Elektrizität umgeben –, so daß auch die physische Luft wie gesprengt wird. Wenn der Schlüssel in diesem Schlüsselloch aufschließt, dann ist das wirklich wie bei dem Marienkind, daß da durch das Schlüsselloch der Blick in das hineinfällt, was hinter der verschlossenen Tür ist. Denn in dem Blitz- und in dem davonrollenden Donnergeschehen öffnet sich tatsächlich die Erdenwelt für das, was nun aus der jenseitigen, aus der elementarischen Welt in das Irdische, in die Erde wie hereinschlägt, wie hereinfährt und dort etwas bewirkt.

Jetzt hört der Goetheanismus auf, denn das, was ich Ihnen bis jetzt dargestellt habe, war sozusagen Goetheanismus. Ich habe ja lauter Bilder beschrieben, aber ich habe versucht, diese Bilder an bestimmten Stellen ein wenig zum Sprechen zu bringen. Denn es war schon nicht mehr ganz Naturwissenschaft, wenn ich sagte, daß ein tiefer Canon mir das Mütterliche der Erde zeigt und die Hochgebirge mit ihrem Gipfelwesen das Väterliche und die freie Ebene den Sohn, die Sohnesmutigkeit für den Menschen. Das ging ja schon ein bißchen darüber hinaus. Die Phänomenologie fängt auf diese Weise an, Antlitz-Charakter zu bekommen. An dieser Stelle gehe ich jetzt noch weiter und muß nun allerdings diejenigen befragen, die von dem, was dahintersteckt, durch übersinnliche Wahrnehmung etwas wissen. In der uralten Mysterienweisheit gibt es den interessanten Satz, einen Einweihungssatz, der sinngemäß lautet – er wurde uns von Dr. Steiner überliefert –: »Dämpfe den Blitz in Gedanken. Laß ihn immer milder, immer sanfter werden, und er geht über in das Sonnenlicht des heiteren Tages. Und laß ihn noch milder werden, so daß er sich erfüllen kann mit dem, was in ihm ist, und das zum Ausdruck bringen kann, und du verstehst die Farbe.« Daneben gibt es den anderen Mysteriensatz, der da lautet: »Schau und höre den Donner und laß diesen Donner immer milder werden, immer langsamer werden, immer ruhiger werden, immer gleichmäßiger werden, und du hörst alles, was an schwingender Ordnung in Tönen und Kräften im Erdbereich vorhanden ist.«

Was in diesem gewaltigen Naturereignis erscheint, ist nämlich die Schöpferkraft selbst. Es ist diejenige Schöpferkraft, die durch das Heraufsteigen des sich verfeinern-wollenden Kristalls sich mit dem begegnet, was vom Kosmos, von der Sonne in Licht und Wärme kommt und in einem Übermaß von Wärme und Licht diese eigenartige Spannung herstellt, durch die das Übersinnliche hereinkommt. Im Blitz erscheint es aber eben gewaltig, schöpfergewaltig, während es in dem, was schon da ist, in dem Violett eines Amethyst, im Glanz eines Goldkornes, im Grün eines Smaragd, sich schon vor Zeiten beruhigt hat, aber aus denselben Gewalten, aus denselben Schöpfergewalten hervorgegangen ist, die noch heute im Blitz und im Donner aufleuchten. Sehen Sie, das ist der Schlüssel zum Verständnis dessen, was jetzt nicht Erdbild, auch nicht Erdstoff, sondern Erde-Element heißt.

Das Erde-Element, das Element Erde, die Elementarkräfte Erde wirken so, daß sie, wenn die Schöpferkraft in ihren Bereich kommt, sofort dafür sorgen, daß diese Schöpferkraft gedämpft wird, daß sie hier beruhigt wird, daß sie sich ausbreiten kann und daß sie durch das Wirken des Erde-Elementes hereingeholt wird – erstens – in den Zustand der unendlichen Vervielfältigung und Vereinzelung, daß sie – zweitens – in den Zustand der absoluten Formung, der Gestaltung, hereingeholt wird und daß sie – drittens – in den Zustand der Verdichtung und Verfestigung, in den Zustand der Last und der Schwere, hereingeholt wird. Erde-Element heißt eben das Leben und Weben, das aus der Gewalt der Schöpferkräfte entsteht und einen Weg von oben nach unten macht, bis es schließlich unten durch das Erde-Element ganz Erde geworden ist, bis es durch die Tätigkeiten des Erde-Elementes zu Erde geworden ist. Jetzt zeigt es alle die Erscheinungsformen, das ganze Bilderbuch, von dem ich ja am Anfang so einige Seiten hier in unsere Seelen, in unser Vorstellen hereingeholt habe.

Zum Schluß möchte ich ein paar Beispiele anführen. Denn das, was als Blitz hereinschlägt, was als Blitzerscheinung zugleich Lichterscheinung und Schöpferkraft ist, was als Donner fortgesetzte, allmählich sich in eine ruhige, harmonisierende Ausgleichbewegung umwandelnde Schöpferkraft ist, das wirkt ja auch schon, bevor es blitzt. Denn schon da oben in den Höhen wird die Luft durch das Erde-Element zum Kristall. Daß die Luft, dieses bewegte Element, in Wahrheit nicht einfach nur Luft ist, sondern daß die Luft ihrem Wesen nach ein Kristall ist, das kann man geradezu nachweisen, wenn man sich mit der sogenannten Polarisation des Lichtes in der Luft beschäftigt. Das Sonnenlicht wird in der Luft so verändert, daß es polarisiert wird. Es wird durch die Luft genauso polarisiert wie durch einen Turmalin-Kristall und bringt zum Ausdruck: Im Grunde genommen ist die Luft nicht nur dieses sphärische Gebilde, das webt und lebt, sondern auch ein Kristall. Dieser große Kristall Luft, der durch das Erde-Element hergestellt wird, hat in sich bereits verborgen alle diese Eigenschaften, die dann dazu führen, daß in dieser Luft Schneekristalle entstehen können. Das Licht und die Kälte werden durch den Kristall Luft so in das Erde-Element hereingeholt, daß sich da oben Schneekristalle bilden, und das tun die auch vor jedem Gewitter.

Es sind da nicht diese schönen, komplizierten, sechseckigen, sondern ganz kleine winzige Kriställchen, die oben in der Gewitterwolke bei ihrer Kulmination entstehen, winzig kleine, aber vollendete sechsseitige Säulchen oder sechsseitige Plättchen, die man mit dem Mikroskop genau sehen kann. Man hat sie mit Netzen eingefangen und sie dann gleich mikroskopiert, und das sind wunderbare Bilder.

Ein anderes Beispiel haben wir bei der Sonne. Wenn man der Sonne zuschaut, was die so macht, dann sieht man, wie diese Lichtquelle, dieses Übermaß an Licht, das vor einem Gewitter hereinkommt und die Wärme- und Lichtspannung erzeugt, aus der der Blitz hervorgeht, am Morgen und am Abend gedämpft wird. Sollte es am Morgen ein Gewitter geben, dann stammt das natürlich mit seinen Kräften noch vom vorangehenden Tag, es wird eben gedämpft. Und nun gibt es das eigenartige Phänomen, daß insbesondere an den Frühlingsmorgen und -abenden – es kommt auch sonst im Jahreslauf vor – bei Sonnenuntergang und bei Sonnenaufgang die Wolken nicht nur die Abendröte- und Morgenrötefärbung bekommen, sondern buchstäblich goldene Ränder. Sie haben das sicher alle schon gesehen, daß da aus dem Sonnenlicht an dem Rand der Wolke eine außergewöhnliche Qualität hervorkommt. Die Sonne befindet sich dann meistens dahinter, oder sie steht direkt daneben hinter einer anderen Wolke, und plötzlich leuchtet mit einem Mal aus dem Rand dieser Wolke eine Qualität hervor, von der man ganz deutlich den Eindruck hat, das ist metallisch, das ist wie glühendes Metall, das ist gar nicht wie Wasser. Das ist wie ein glühendes Metall und schimmert wie glühendes Metall auf und zeigt, daß da schon im Licht, im Lichtprozeß, im Licht-Schatten-Prozeß, eine Art Goldproduktion stattfindet. Man muß ja nicht etwa so materialistisch denken, daß, wenn eine solche Morgenwolke mit Goldrand aufgeleuchtet ist, diese Goldproduktion in dem Moment restlos aus der Welt verschwindet, indem der Lichteffekt verschwindet. Das tut sie nämlich gar nicht, sondern da ist aus dem Sonnenlicht bereits etwas auf den Weg gekommen von dem Zustand, in dem das Licht und die Kraft in Donner und Blitz vorhanden ist, bis auf den Zustand hin, wo es ganz anderswo vorhanden ist, wo es nämlich als die ruhige Farbe, als das ruhige segnende Sonnenlicht eines klaren Morgens vorhanden ist. Es ist auf dem Weg. Und man muß sich vorstellen, daß das, was wir heute nicht nur als Schneeflocken aus dieser kristallisierten, mineralisierten Luft hervorgehen sehen, sondern was wir heute von Urzeiten her als Gold in der Erde vorhanden haben, daß das aus solchen Prozessen hervorgegangen ist, wo sich aus dem Licht ein intensiver schöpferischer Übergang in das Gold vollzogen hat, das noch lichtartig, noch farbenartig ist, und dann allmählich immer weiter absteigt, sich verdichtet, schwer wird, zu dem wird, was wir heute als das Metall Gold vor uns haben. Die Elementarkräfte der Erde machen Sonnenlicht zu Erdengold.

Weniger die Wärmeseite, die Farbseite des Sonnenlichtes, sondern eine ganz andere Seite, nämlich die Strahlungsseite, die reine Lichtseite des Sonnenlichtes, können wir im Bergkristall wahrnehmen. Da ist das Sonnenlicht im Übergang zu einer Atmosphäre, die es heute natürlich nicht mehr gibt, die es aber vor Urzeiten gegeben hat, allmählich zu dem geworden, was dann als Bergkristall in den Erdentiefen auftaucht. Wir haben darin die Gegenbewegung zu dem, was das verdampfende Wasser zeigt. Dieses geht von unten nach oben, während diese Bildungen aus dem Licht, aus dem Blitz, aus dem Donner, aus dem ausgebreiteten Licht, aus dem beruhigenden Licht, aus dem beruhigten Donner, übergehen in die Hände der Gesetze des Elementes Erde, des Erde-Elementes. Dieses Erde-Element verwandelt dann Wärme und Licht in irdische Stoffe, in irdische Erscheinungen, so daß wir also auf der einen Seite die Fülle der Bilder haben, sowohl der Gestaltenbilder der Erde wie auch der Strukturbilder, der kristallischen Konstituenz der Erde. Aber alles das geht aus der Schöpferkraft hervor, die hinter dem Erdwesen steht, wird aber durch die Tätigkeit einer ganz bestimmten Gesetzmäßigkeit zu Erde. Erstens ist das die Gesetzmäßigkeit: Form. Zweitens ist es die Gesetzmäßigkeit: Festigkeit. Drittens ist es die Gesetzmäßigkeit: Härte und Klarheit. Das Erde-Element hat diesen Charakter, diese Gesetzmäßigkeit, und das heißt vor allem: eines neben das andere und jedes für sich, und der Zusammenhalt ist einfach nur der gesamträumliche Zusammenhalt oder eben der Zusammenhalt der Gestalten.

Zum Schluß noch ein letztes Bild. An der Gesamterde kann man nämlich sehen, wo diese Erdenkräfte des Erde-Elementes an dem Gesamtbild der Erde ansetzen: am Nordpol. Und dadurch ist das zustande gekommen, daß auf der nördlichen Halbkugel Erde ist und daß die Erde mit ganz dünnen Zipfeln über den Äquator weg bis in die südliche Halbkugel heruntergeht. Die Antarktis ist dort nur wie ein notwendiger Widerstand gebaut worden oder entstanden, rings herum gibt es Wasser.

Es gibt aber noch ein anderes interessantes Bild, daß nämlich die am meisten verfestigten, die am meisten durch und durch geerdeten Erdbestandteile, nämlich die Faltengebirge, über die Erde hin ein riesiges Kreuz bilden, indem die eine Serie von Faltengebirgen von den Pyrenäen über die Alpen, über die Karpaten, über die kleinasiatischen Gebirge, das Pamirzentrum, über den Himalaya, den Kuanlun, den Tian Shang herunter, hinauf nach Kamtschatka und herunter nach Hinterindien von Ost nach West verlaufen. Und auf der anderen Seite der Erde haben wir die Gebirge von Alaska bis Feuerland von Nord nach Süd. In solchen Bildungen sieht man das Zusammenspiel der Kräfte des Erde-Elementes.

Sprechen wir also das Wort »Erde« aus, dann haben wir auf der einen Seite das Ergebnis der Tätigkeit des Erde-Elementes als die Bilder und Gestaltungen um uns herum bis in die Form der Kristalle. Zweitens haben wir das Stofflich-Werden der kosmischen Ingredienzien vom Sonnenlicht bis zum Gold, vom Sonnenlicht bis zum Schneekristall, vom Sonnenlicht bis zum Bergkristall und von der Sonnenwärme bis zum Vulkan. Vor allem haben wir aber dies, daß durch die Tätigkeit des Erde-Elementes die kosmischen Kräfte nicht nur erdig, irdisch werden, sondern daß sie einen eigenartigen, großartigen Charakter der Zuverlässigkeit, der Gediegenheit, der Festigkeit, der Dauer angenommen haben.

Und so lassen Sie uns den ersten Vers eines Wahrspruches von Rudolf Steiner hören, der da lautet:

»Sieh du mein Auge,
der Sonne reine Strahlen
aus der Erde Formenwesen.«[10]

Die erste Strophe eines anderen Wahrspruches lautet:

»Sonne, du Strahlentragende,
deines Lichtes Stoffgewalt
zaubert Leben aus der Erde
unermeßlich reichen Tiefen.«[10]

ZWEITE STUNDE

Das Wasser

Die Fragestellung war ja: wie kommt man an die Elemente heran? Gestern haben wir zunächst einmal eine Art Phänomenologie versucht, indem wir uns fragten: wie erscheint das, was wir mit dem Wort »Erde« bezeichnen, in seinen verschiedenartigen Erscheinungsformen, in seinen Phänomenen? Auf der einen Seite haben wir ja die Bilder – die Bilder der Erde, der Landschaften, auch das Bild der Erde im Ganzen – und dann die Bilder der Stoffe, der Erdenstoffe. Vor allem natürlich das Bild des Kristalls. Im Lesen dieser Bilder haben wir versucht, die charakteristischen Eigenschaften dessen herauszufinden, was wir im Gegensatz zu Wasser oder Luft als Erde bezeichnen. Aber schon wenn man diese Bilder anschaut, findet man offenbarende Stellen, wo das Bild selber darauf hinweist, daß es noch mehr ist als nur das, was man unmittelbar darin findet. Dazu gehört z. B. diese Tatsache, daß da in den reinen Gesteinsformationen eines Granitmassivs pflanzenartige Formen auftreten oder daß in einem Kalkmassiv tierartige Formationen erscheinen, so daß man durch das Bild selbst aufgefordert wird zu fragen: vielleicht stammt das, was nun wirklich Erde ist, diese ganze konfigurierte fest gewordene Welt von Tatsachen, irgendwo anders her. Und wenn ja – was ist ihr Ursprung? Und was ist geschehen, damit aus dem schöpferischen Ursprung die Erde entstehen konnte? Ich hole das deshalb heute noch einmal herein, um deutlich zu machen, daß das Erde-Element eben etwas anderes ist als Erde, nämlich eine Ordnung, eine Elementarordnung von Kräften und Gesetzen, durch welche dasjenige, was aus der Schöpfung kommt, dann Erde wird. Die Elemente sind eben etwas anderes als das, was wir unmittelbar wahrnehmen. Sie sind darin tätig, sie sind dahinter wirksam.

Dann habe ich zu zeigen versucht, wie man dasjenige denken kann, was als Schöpferkraft eben im Gewittervorgang erscheint, wo diese Dreiheit von Feuer, Licht und Ton einfach in die Sinnenwelt hereinbricht, aber eben mit überwältigender Schöpferkraft. Und wir haben gesehen, was notwendig ist, damit aus diesem gewaltigen, überwältigenden Schöpfertum langsam Erde wird. Denn das ist noch nicht Erde, sondern das ist aufgerissener Himmel. Wir haben auch gesehen, wie das Erde-Element mit seinen Tätigkeiten dafür sorgt, daß sich das beruhigt, daß sich diese gewaltige Schöpferkraft beruhigt, daß sie sich verdichtet, so daß aus dem Licht des Blitzes, welches überwältigend schöpferisch ist, durch Beruhigung und Verdichtung die still aufleuchtende Farbe des Regenbogens oder der Pflanzenwelt hervorgeht. Aber das Licht, das in dem Blitz aufleuchtet und das ja diese eigenartige Zickzackform in die irdische Welt hineinschreibt, ja sogar das ganze elektrische Geäder, das sich zu dem Blitz zusammenzieht, bringt dann, wenn er sich beruhigt und an sein äußerstes Ende kommt, die Kristallgestalt hervor. Die Kristallgestalt ist der beruhigte Blitz, während die Farbe der Rose oder des Regenbogens das beruhigte Leuchten ist. Das Feuer, das aus dem Blitz hervorgeht, wird wiederum ausgebreitet und beruhigt durch das Element Erde, durch die Tätigkeit des Erde-Elementes, und zwar so, daß sich daraus dann die irdischen Stoffe konsolidieren, zusammenbilden. In dem Element Erde haben wir einen Vermittler zwischen der Schöpfertätigkeit, die ja überwältigend, die ja göttlicher Natur ist, bis herunter in das beruhigte, gesammelte, irdische Dasein. Das, was in dem Gewitterphänomen so übermächtig herauskommt und im Hintergrund eigentlich die Hierarchien hat – so haben es ja die Menschen immer erlebt – bedarf einer ruhigen Tätigkeit von elementarischen Kräften und Bewegungen, um daraus einen Kristall, eine Erdbildung, hervorzubringen. Die Elementarkräfte dieses Elementes Erde wirken so, daß sie diese gewaltige Schöpferkraft durch Figuration beruhigen, so daß dadurch eine in sich geschlossene Kristallfigur gebildet wird. Dadurch schnüren sie aber auch das Gebildete, den Kristall, von allem anderen ab, individualisieren ihn, so daß er etwas wie eine Eigenständigkeit, sogar eine Art Eigensinn bekommt und nur für sich da ist. Das bringt aber auf der anderen Seite wiederum diese großartige Festigkeit des Erde-Elementes, dieses Zuverlässige, mit sich. Wenn der Gläubige des Alten Testamentes sagt: »Ich hebe meine Augen auf zu den Bergen, von denen mir das Heil kommt«, dann erlebt er in den Gipfeln der Gebirge das Ruhige, Stetige, Dauernde, Vertrauensvolle, in das die Gewalten der Schöpferkraft herübergeführt sind. Das bedeutet aber natürlich auch, daß das, was durch die Tätigkeit des Erde-Elementes – durch diese verdichtende, konsolidierende, individualisierende, kristallisierende, formende Tätigkeit des Erde-Elementes – Erde wird, alles auch wiederum seinem eigenen göttlichen Ursprung entfremdet wird, so daß es nur noch »spiegeln« kann, und das tut es natürlich. Aber diesem isolierten, diesem in den Tod hineingeführten, verfestigten, kristallisierten Element des Erdedaseins liegt doch eine tiefe Sehnsucht nach dem verlorenen Ursprung zugrunde.

Die modernen Gelehrten können sich ja so etwas wie die Gravitation im Grunde überhaupt nicht erklären, obwohl sie versuchen, die Schwerkraft irgendwie doch noch so denken zu können wie die elektromagnetischen Kräfte oder die Kernkräfte. Das geht aber beides nicht, und jetzt versucht man, »Schwerewellen« herauszufinden. Es ist doch eine merkwürdige Tatsache, daß gerade dasjenige, was sich isoliert, was sich abgeschnürt hat, was selbständig geworden ist, was sich seinem eigenen göttlichen Ursprung entfremdet hat, doch so etwas wie die Schwerkraft übrigbehalten hat, durch die es seinesgleichen anzieht. Ich sagte schon, daß nicht nur die Erde als Gesamtmasse das Sandkorn anzieht, sondern auch das Sandkorn zieht die Erde an. Wir sind also auf ein eigenartiges, verborgenes Geheimnis des Erdeseins gekommen, auf die Isolierung, die Verhärtung, das Absterben, das Entfremdetsein vom eigenen Ursprung. Wie sieht ein solcher Bergkristall doch ganz anders aus als ein Blitz, aus dem er aber in Wahrheit hervorgegangen ist!

Wenn man nun von der Erde aus zu dem seltsamsten aller Stoffe aufsteigt, wenn man also vom Kristall zum Wasser kommt, dann muß man ja zunächst sagen: auch das Wasser ist als materieller Stoff Erde und gehört zur Erde. Auch das Wasser hat diesen Weg von den Schöpferkräften, die sich im Blitz offenbaren, bis herunter zur Materialisierung durchgemacht. Aber wenn man nun dieses Wasser für sich nimmt, sieht man, welche Formkräfte das noch hat. Man kann ja sofort bemerken, daß in dem Wasserzustand von Kristallen keine Rede sein kann. Erst wenn dieses Wasser wirklich zur Erde wird, das heißt wenn es zu Eis gefriert, wenn es hart wird, dann erscheint die Kristallform. Aber sobald sich das Wasser aus diesem Zustand des Festen wieder auflöst und sich ausweitet, bekommt es eine Form, die in jedem Fall eine einheitliche ist. Es gibt ja sieben Kristallsysteme mit 32 Kristallklassen und 14 Kristallgitter-Systeme mit 230 Untergruppen – aber das Wasser bildet Tropfen. Und diese Tropfen bildet es im kleinsten und im großen, denn in Wahrheit ist auch der Ozean, der die ganze Erde bedeckt, ein riesiger Tropfen. Und auch die Oberfläche eines Sees ist Teil von einem Tropfen. Das Wasser hat sofort eine sphärische Gestalt und nicht dieses Differenzierte, das die Kristallfigur hat, sondern es hat sofort eine sphärische allgemeine Gestalt. Entweder ist es ein eigener Tropfen mit einem eigenen kleinen Schwerpunkt, oder es fließt in den Gesamttropfen hinein. Man kann sogar sagen: insofern die Erde Wasser ist, ist sie im Weltall ein großer Tropfen und hat ja auch die entsprechende sphärische Form.

Wenn das Wasser nun in die feste Form übergeht, das heißt richtig Erde wird, widerspricht es diesem Erdezustand wiederum sofort durch sich selbst, weil es den gar nicht aushält, indem es nämlich verdunstet. Aus dem festen kristallisierten Eiszustand geht dieses Wasser direkt und sofort in den gasförmigen Zustand über, natürlich sehr fein und sehr wenig. Es braucht vorher gar nicht zu schmelzen und dann zu verdunsten. Das Erde gewordene Wasser, das Eis, hat aber noch etwas anderes mit einigen wenigen Mineralien gemeinsam, indem es fließt. Wenn man genügend Eismassen, d. h. also Erde gewordenes, gefrorenes Wasser übereinandertürmt und wenn dann ein entsprechendes Gefälle möglich wird, dann fließt das, wie wir bei den Gletschern beobachten können. Dies bedeutet, daß die Form, die das Wasser hat, eine allgemeine ist, nicht eine spezialisierte individuelle Form wie bei den Kristallen.

Ein anderes wird bemerkbar, wenn Sie z. B. ein Glas Wasser hinstellen. Dann können Sie die Vorstellung haben, daß das ruht. Es denkt aber gar nicht daran, denn von seiner Oberfläche steigt fortwährend eine feine Verdunstungsprozessualität in die Luft auf. Dadurch kühlt aber die Oberfläche ab, denn wenn sich das Wasser in Gaszustand verwandelt, entnimmt es dem flüssigen Wasser etwas Wärme. Dieses etwas abgekühlte Wasser ist aber schwerer und kälter als das darunterliegende, d. h. es sinkt unter, und das darunterliegende steigt nach. Versuchen Sie einmal in der Vorstellung zu verifizieren, was das heißt. Von Ruhe ist da überhaupt keine Rede. Auch wenn man die tiefsten Tiefen des Ozeans ins Auge faßt, muß man sich vorstellen: da oben strömt das vielleicht hin und her, und die Winde bewegen das, aber da unten ist nur scheinbar Ruhe. Es gibt im Wasser überhaupt keine Ruhe, denn es ist immer in Bewegung, und zwar nach zwei Seiten hin: nach der einen Seite so, daß es in sich selbst Teil gegen Teil bewegt, indem es sich selber durchströmt, oder daß diese Bewegung auch eine äußerliche Bewegung wird, also beim fließenden strömenden Wasser, beim Gewässer. Die andere Bewegung ist diese, auf die ich schon mehrfach hingewiesen habe, nämlich der Durchgang durch die sogenannten Aggregat-Zustände fest, flüssig, luftförmig. Das geschieht aber wiederum so souverän, daß das Wasser die Möglichkeit hat, direkt aus dem gasförmigen Zustand zu gefrieren. Es braucht vorher gar nicht flüssig zu sein und dann fest zu werden, sondern es kann aus dem gasförmigen Zustand direkt in den Kristall überspringen. Dies geschieht entsprechend dem Eiskristall, der unmittelbar verdunstet, d. h. direkt von dem festen Zustand in den gasförmigen übergeht. Es ist dabei natürlich ganz selbstverständlich, daß sich der flüssige Zustand nach beiden Seiten hin bewegen kann.

Während das Wasser fortwährend in Bewegung ist – auch das am stillsten stehende Wasser ist in Bewegung, das möchte ich noch einmal ganz deutlich hervorheben –, finden in diesem Wasser fortwährend Wärmeaustauschprozesse statt, weil das Wasser einer der Stoffe ist, der, um aus dem einen Zustand in den anderen übergehen zu können, also z. B. vom Eis in den Wasserzustand, ungeheuer viel Wärme braucht. Auch wenn die Erwärmung dann weitergeht, also von 0° bis 100°, verbraucht das Wasser pro Grad Erwärmung und pro Liter wieder ungeheuer viel Wärme. Die steckt dann darin. Wenn es aber umgekehrt aus dem gasförmigen Zustand in den flüssigen und aus dem flüssigen in den festen Zustand übergeht, gibt es diese Wärme wieder ab. Im Wasser ist also nicht nur fortwährend eine Bewegung vorhanden, sondern es besteht auch eine Bewegung von Intensität und Extensität, von Verinnerlichung und Veräußerlichung. Das Wasser schwingt fortwährend zwischen dem wärmeren und dem kälteren, zwischen dem festen, dem flüssigen und dem gasförmigen Zustand hin und her, ruhelos, immer in Bewegung. Wenn man also sagt: »Stille Wasser sind tief«, dann irrt man, denn auch scheinbar stille Wasser sind nicht still, sondern dauernd in Bewegung. Dies stimmt aber auch beim Menschen, wenn man sich einmal so einen Menschen anschaut, den man als »stilles Wasser« bezeichnet. Wir haben also Bewegung.

Wenn man nun versucht, dieser Bewegung etwas nachzuspüren um herauszufinden, wie die nun eigentlich vor sich geht, wenn z. B. Wasser von einem Ort zum anderen fließt oder wenn dies Wasser in sich selber auf und ab, hin und her strömt, dann braucht man als Hilfsvorstellung den Wasserläufer. Das ist ein kleines Insekt mit sechs Beinchen, und dieses Tier ist in der Lage, auf der Wasseroberfläche spazieren zu laufen. Wenn man genau hinguckt, sieht man, daß jedes Beinchen eine kleine Delle auf der Wasseroberfläche macht dort, wo es hintritt. Aber es sinkt nicht ein, sondern es bleibt oben darauf, denn das Wasser hat eine Haut. Es kann also an seiner gewölbten Oberfläche – die immer die Tropfenform hat, gleichgültig, ob sie größer oder kleiner ist – eine Haut bilden, eine Lamelle, die ganz dünn, aber deutlich etwas dichter und fester als das darunterliegende Wasser ist. Diese Haut ist ja viel dünner als ein Papierblatt oder als ein Pflanzenblatt, aber sie hängt in sich mit sich zusammen, so daß der Wasserläufer nicht einsinken kann. Aber sobald das Wasser nun anfängt, sich zu bewegen, ganz gleich wie, löst sich die Haut in lauter feine Blättchen auf. Dabei ist das Eigenartige, daß diese Blättchen wie Papierblätter untereinander als Schicht zusammenhängen und die Möglichkeit haben, übereinander herzulaufen, aneinander vorbei zu fahren. Ganz gleich, wie sich dieses Wasser bewegt, sobald es sich bewegt – und das tut es immer –, bewegt es sich in ganz feinen Lamellen, in ganz feinen Blättern an sich vorbei. Stellen Sie sich vor, daß Sie eine bestimmte Wassermasse haben und die nun strömen lassen. Dann fängt sie an zu fließen, und die Wassermasse löst sich in sich selbst in lauter feine Blätter auf, und diese Blätter gehen aneinander vorbei, aber jedes Blatt bleibt für sich mit sich selber in Zusammenhang. Im Bilde ist das so, wie wenn man einen Stoß von Blättern hat und dann von der Seite die so ein bißchen anschiebt, so daß eines über das andere läuft. Wie ein solcher Block z. B. von DIN A 4-Papier, diese scheinbar zusammenhängende Masse, sich auflöst, so löst sich auch das Wasser in lauter feine Blätter, in lauter feine Lamellen auf, wodurch innerhalb dieses bewegten, strömenden, fließenden Wassers zahllose Oberflächen, zahllose Flächen entstehen, die, wenn man sie ausbreiten würde, einen weiten Raum einnehmen würden. Wenn man z. B. ein Glas Wasser in seine einzelnen Lamellen auflösen würde, die aneinander vorbeifließen, wenn sich das bewegt, dann hätte man damit ein ganzes Zimmer bedeckt. Dies bedeutet aber, daß das Wasser nicht nur eine äußere Oberfläche hat, sondern in sich lauter Oberflächen hat, welche sich in dem Moment bilden, wo sich das Wasser bewegt. Aber das Wasser bewegt sich ja immer. Dabei können diese zahllosen Blätter aneinander vorbeifließen, entweder schneller oder langsamer, mehr oder weniger. Und je schneller dieses Wasser strömt, um so feiner werden die Blätter, und die Oberfläche vergrößert sich. Wir haben also nicht nur eine Bewegung und die fortwährende Verwandlung des einen Aggregatzustandes in den anderen, sondern es findet im Grunde eine fortwährende Auflösung statt, die Auflösung einer Stoffmasse in lauter Blättchen, in lauter Flächen, in lauter zarte Häutchen, die übereinanderliegen, die durcheinander gehen, aneinander vorbeifließen, und das macht die bezaubernde Beweglichkeit des Wassers, die innere Beweglichkeit des Wassers, aus. Das Wasser ist also im Grunde genommen Bewegung, wenn auch Bewegung, die in einen irdischen Stoff hineingezaubert ist.

Wenn man also auf der einen Seite sagen kann: Wasser gehört schon zur Erde, ist dem Stoff nach schon Erde, so ist es eben Erde als Bewegung, als Entfaltung, als Vervielfältigung von Oberflächen in sich selbst. Daraus entstehen die charakteristischen Bewegungsformen, die man mit dem Auge sehen kann. Denn diese feine Blätterbildung, die muß und kann man künstlich sichtbar machen. Man kann das mit Hilfe von Licht, das man in dieses bewegte Wasser hereingehen läßt, und dann sieht man sofort die Hautbildung, die Lamellenbildung, die Blättchenbildung. Dadurch entstehen aber die Grundformen des bewegten Wassers, die nun in sich die gleiche Gesetzmäßigkeit enthalten wie im Erdewesen, in dem, was das Erde-Element macht, im Kristall. Das allererste, was man da beobachtet, das ist, daß diese Flächen niemals so aussehen wie beim Kristall, denn sie sind nicht gerade, nicht eben, sie sind immer gewölbt. Dabei sind sie immer mehr oder weniger so gewölbt, daß sie in jedem Fall mindestens eine schlängelnde Bewegung machen. Es gibt kein bewegtes Wasser, das in der Lage wäre, geradlinig die einzelnen Teilchen, die einzelnen Flächen, aneinander vorbeizuschieben. Um auf das Bild mit dem Stapel DIN A 4-Blätter zurückzukommen, muß man also die Blätter wölben, irgendwie nach einer oder der anderen Seite wölben und sie dann so aneinander vorbeischieben, daß jedes Blatt fortwährend die nächste Wölbung annimmt, so daß sich auch seine Flächenbildung fortwährend ändert. Das hängt eben damit zusammen, daß diese zarten Lamellen, diese zarten Flächen, die in dem bewegten Wasser auftreten, mit verschiedenen Geschwindigkeiten aneinander vorbeilaufen. Die eine überholt die andere, die andere bleibt zurück, und indem die nächste die andere überholt, biegt sich das Ganze. Auch wenn Sie einem Wasser befehlen würden, daß es innerhalb von geraden Wänden geradlinig herunterfließen soll, tut es das in keinem Falle. Es legt sich sofort in diese feinen Blätter auseinander und fängt an zu mäandern, wie man das nennt, hin- und herzuschwingen. Das bedeutet, daß diese Beweglichkeit überhaupt nicht eigensinnig, überhaupt nicht stur ist, sondern ganz elastisch und plastisch. Und diese Wölbung, diese gewölbte Bewegung, diese in Wölbungen übereinanderlaufende Bewegung ist die Ursache dafür, daß das Wasser Wellen bildet. Denn die Welle mit ihrer Grundform, mit ihrer nach außen und nach innen gewölbten konvex und konkav gewölbten Grundform, ist der reine urphänomenale Ausdruck für diese großartige Weise des Wassers, sich zu bewegen.

Was ist denn nun die Welle? Wir kennen sie ja alle, aber es ist auch wiederum hilfreich, die Phänomene für einige Augenblicke herbeizuholen und anzuschauen. Bedenken Sie einmal, wenn Sie z. B. in ein scheinbar ruhendes Gewässer einen Stein hineinfallen lassen, dann drückt dieser Stein das Wasser einen Moment lang herunter, geht dann unter Wasser, dann kommt das Wasser zurück, schlägt hoch, und jetzt entsteht die ringförmige Welle, die sich durch das Wasser bewegt. Was bewegt sich denn da eigentlich? Es bewegen sich tatsächlich auch da wieder die feinen Wasserlamellen, die umeinander so schwingen, daß sie ein Stück aneinander vorbeigehen und wieder zurückkommen, aber nicht mehr. Indem sie das tun – dieses Hin- und wieder Zurückkommen –, kommt die Wellenform zustande, und die läuft weiter. Genau das Umgekehrte findet statt, wenn Sie in ein fließendes Wasser einen Stein hineinstellen und nun das Wasser zwingen, an diesem Stein entlangzufließen und entweder seitlich an ihm vorbei- oder sogar über ihn hinwegzufließen. Wenn der Nachstrom gleichmäßig bleibt, entsteht wiederum eine Welle, aber diese Welle steht. Und das Wasser mit seinen fabelhaften Lamellen zieht durch diese stehende Welle hindurch.

Nun gibt es noch etwas Eigenartiges. Wenn man nämlich zwei Steine gleichzeitig in die Wasseroberfläche hereinfallen läßt, entstehen zwei Wellenringsysteme, die dann anfangen, sich fortzusetzen. Es kommt dann der Moment, wo die sich begegnen, und dabei passiert etwas tief Seltsames. Zunächst einmal beeinflussen sie sich gegenseitig, und diese gegenseitigen Beeinflussungen nennt man »Interferenzen«. Aber wenn die eine Welle durch die andere durch ist, ist sie vollständig wiederhergestellt, sie läuft einfach wieder ganz normal weiter. Dies bedeutet aber, daß die Grundform der Welle – die Grundform des Wellenschlages, des Wassers im Hin und Zurück der einzelnen Wasserlamellen oder in dem Übereinander der einzelnen Wasserlamellen – es bewirkt, daß nicht nur die Gestalt der Welle durch das Wasser durchgehen kann, sondern daß sogar zwei Wellengestalten durcheinander durchgehen können und sich eben nur dort stören, wo sie sich direkt begegnen. Wenn sie aber aneinander vorbeigelaufen sind, sind sie beide wieder vollständig hergestellt.

Auf der anderen Seite haben wir das Phänomen, daß dieses fließende Wasser sich vollständig der Wellenform anschließt, indem es eine stehende Welle durchströmt. Aber die Tatsache, daß die feinen Wasserlamellen nun in verschiedener Geschwindigkeit übereinanderrutschen, sich übereinanderbewegen, bewirkt, daß die Welle nur bis zu einer bestimmten Höhe aufsteigen kann. Wenn sie an der Ausbreitung in die Höhe verhindert wird, dann zieht sie sich zusammen und überschlägt sich in sich selbst. Das kennen Sie alle ganz genau, denn das ist die Brandungswelle. Wenn also am Meer von draußen ruhig die Wellenfront herankommt, sieht man überhaupt noch nichts als eben diese Wellenform, wie sie sich da an das Ufer heranbewegt und dann gehemmt wird, unten breit genug zu bleiben, weil sie oben schon mit dem Wasser anstößt, das eben zurück- und hin und her geht. Und dabei steigt sie immer höher, bis sie schließlich oben in sich umkippt und einen Wirbel bildet.

Damit sind wir von der ersten Bewegung des Wassers, von dem schlängelnden Mäandern über die Grundbewegungsform des Wassers – das ist nämlich die Welle, die eine Art Mitte bildet – zu der dritten Form des Wassers gekommen, und das ist das Überschlagen der Welle, das Bilden einer Spiralform, bei der dann ein Teil der Wasserlamellen ganz stark zurückbleibt und ein anderer Teil so schnell darüberläuft, daß sie wieder zurückläuft. Dabei entsteht der Wirbel. Die Brandungswelle bricht ja dann auseinander und läuft am Strand aus.

Es kann aber passieren, daß die Strömung, die einen Wirbel hervorruft, weitergeht. Wenn innerhalb des Wassers eine Strömung ist, die schneller als das umgebende Wasser ist, dann entsteht nicht nur ein einzelner Wirbel, sondern eine Wirbelstraße. In der Mitte laufen die schnelleren Strömungen fortwährend so, daß sie die etwas weniger schnellen überrunden, den Wirbel bilden, dann laufen sie wieder weiter, bilden den nächsten Wirbel, und es entsteht eine ganze Straße von solchen Wirbeln, die nun selber ganz verschieden aussehen können. Wenn aber ein Strahl als solcher direkt in das Wasser eintritt, entsteht ein Wirbelring, der aber wiederum auch eine Straße bilden kann. In den übergeordneten Gestalten der Wasserströmung hat man dieses, daß Wiederholung, also Rhythmisierung, eintritt.

Damit haben wir die Grundgestalten, man könnte sogar sagen die Urgestalten der Wasserbewegung vor uns: das Mäandern, die beiden Wellenformen – wandelnde Welle und stehende Welle; in dem einen Fall bewegt sich die Welle durch das Wasser, in dem anderen Fall das Wasser durch die Welle. Aus den Wellen geht der Wirbel hervor, und aus dem Wirbel die Wiederholung der Wirbel, die Vervielfältigung der Wirbel. Das kann dann zu dem Extrem führen, daß die höchste, die komplizierteste Form erscheint, und das ist die, wo nun die Wirbelbildung nicht geradlinig eben, auch nicht in Form von einem Wirbelring rund, sondern sich spiralig entwickelt, so daß ein richtiger Saugtrichter im Wasser entstehen kann, sowohl nach unten wie nach oben.

Ich zeige Ihnen absichtlich keine Bilder, sondern rege Sie dazu an, sich diese Gestalten in Gedanken vorzuführen, damit Sie sich innerlich wirklich dynamisch vorstellen und mitvollziehen können, was da passiert. Wir haben also diese Beweglichkeit, dieses über sich selbst und mit sich selbst fortwährend Hindurch-sich-Bewegen, und daraus entstehen dann die Grundformen: das Mäandern, die Welle, der Wirbel, die Wirbelstraßen und die Wirbelspirale. In diesen Grundformen, in diesem Spektrum der Grundformen der Wasserbewegung hat man nun dasjenige vor sich, was das Wasser-Element zu einem vollständig anderen macht als das Erde-Element. Das Wasser ist ja gerade nicht abgeschlossen und hat keine feste Form, stützt sich nicht auf diese feste Form, sondern ist fortwährend in Bewegung und ändert diese Bewegung durch sich selbst.

Nun gehört aber noch ein anderes Phänomen des Wassers dazu, und das besteht darin, daß das Wasser in der Lage ist, nahezu alle Erde aufzulösen. Man kann natürlich sagen, es gibt einige Mineralien, die wasserunlöslich sind, und trotzdem ist ein Hauch, eine Spur davon, die vielleicht chemisch-physikalisch gar nicht mehr nachweisbar ist, im Wasser darin. Deutlich wird es natürlich dort, wo man einen kompakten Stoff im Wasser auflöst, ganz egal welchen, z. B. einen Salzwürfel, der nun sein Erdesein, sein Kristallsein, vollständig aufgibt und hereingenommen, hereingehoben wird in die Bewegungen des Wasserwesens. Dadurch wird sämtlichen Erdenstoffen die Möglichkeit gegeben, einander zu begegnen und miteinander in Reaktion zu treten, so daß das bewegte, lösungsfähige Wasser das Medium dafür wird, daß Erde nicht Erde bleibt, sondern daß Erde in das Wäßrige heraufgehoben wird, daß das Erde-Element wieder zurückgeführt, zurückgehoben wird in das Wasser-Element und im Wasser-Element die Möglichkeit bekommt, mit sich selbst zu reagieren.

Das Wasser als Lösungsmittel ist in der Natur schlechthin das chemische Medium. Dieses ist das zweite, wo das Wasser jetzt gewissermaßen nicht mehr für sich selbst allein ist, sondern wo etwas entsteht, was Wasser und Erde miteinander zu tun haben, wo das Wasser-Element mit dem Erde-Element in Wechselwirkung kommt.

Zu dem, daß das Wasser der Vermittler ist zwischen den Erdestoffen untereinander, kommt nun noch etwas Drittes hinzu, was das Wasser über sich hinaushebt, indem es dem Erde gewordenen Festen, sobald es in das Wasser hineinkommt, die Schwere nimmt. Das ist sehr merkwürdig, obwohl wir es natürlich für eine Selbstverständlichkeit halten. Es hat ja lange gedauert, bis die griechischen Philosophen und Gelehrten dahinterkamen, wie das entsprechende Gesetz, das archimedische Prinzip, lautet: ein Körper, den man ins Wasser taucht, wird um so viel leichter, als die Wassermenge wiegt, die er verdrängt. Es ist ganz hilfreich, wenn man das archimedische Experiment in der Badewanne mit den Unterschenkeln immer einmal wieder ein bißchen nachvollzieht. Dabei sollte man aber auf etwas Interessantes achten: wenn man nämlich das Bein aus dem Wasser herausnimmt, dann geht die Wasseroberfläche ein bißchen runter. Wenn man das Bein in das Wasser wieder hineinstreckt, dann steigt die Wasseroberfläche wieder etwas höher. Und der Überschuß an Druck, der dadurch entsteht, daß da Wasser verdrängt wird und die ganze Wassermasse etwas höher steigt, der wirkt zurück und hebt das Bein in die Höhe. Vergleichen Sie das einmal damit, wenn Sie einen Kristall oder einen anderen festen schweren Gegenstand einfach auf die Erde legen, wie der drückt, wie der getragen werden muß, wie der eine Last ist. Legt man ihn ins Wasser, dann wird er gehoben. Und wenn er leicht genug ist, wird er sogar so weit gehoben, daß er oben herauskommt und schwimmt. Auch dies hängt mit den feinen Lamellenbildungen des Wassers zusammen, weil diese feinen Lamellenbildungen sich gegenseitig im Gleichgewicht halten und fortwährend ausgleichen, indem sie umeinander herum fahren, unter das Gebilde darunter fahren und es leichter machen, weil ein Teil davon höher gestiegen ist und auf die anderen einen Druck ausübt.

Wir hatten also erstens die Eigenbewegung des Wassers selbst mit ihrem Spektrum an Grundformen, an Urformen, dann zweitens das Wasser als den Vermittler zwischen den Erdestoffen, indem es sie löst und in chemische Reaktion miteinander bringt. Drittens haben wir die Reduktion der Schwerkraft der Erde. Sehen Sie, wie in allen drei Fällen das Wasserwesen dem Erdewesen entgegenarbeitet. Was das Erdewesen schwer macht, macht das Wasserwesen leichter. Was das Erdewesen konsolidiert, löst das Wasserwesen auf. Was das Erdewesen formt, bringt das Wasserwesen zu einer Gesamtform, zu einer universellen Form, zur Tropfenform. Das bedeutet aber, es wirken im Wasser ganz andere Kräfte.

Das Wasserwesen hat als Element ein ganz anderes Verhältnis zu den Schöpferkräften als das Erde-Element. Beim Erde-Element mußten wir versuchen zu begreifen, wie das vor sich geht, daß das, was in Blitz und Donner und Licht als Schöpferkraft lebt und in den Sinnesbereich hineinflammt, durch die Tätigkeit des Erde-Elementes beruhigt und zum Ausgleich, zu einer gewissen Harmonisierung, gebracht wird.

Was tut nun das Wasser-Element, wenn es – selbst Erde geworden – nun das Erde-Element ergreift und wenn es dabei in fortwährender Bewegung ist? Es ist ja z. B. auch eigenartig, daß das Wasser, das auf der einen Seite in der Lage ist, alles Mögliche an Erde in sich aufzulösen und mit sich zu tragen, sich auf der anderen Seite auch wieder davon befreit, indem es verdunstet, denn da gehen die Erdeprozesse nicht mehr mit, die bleiben zurück. Das Wasser befreit sich davon und beginnt den anderen Kreislauf, den Kreislauf, den es am Himmel macht. Merkwürdigerweise konsolidiert es sich ja dort sofort in lauter Tropfen. Das brauchen nicht gleich Regentropfen zu sein, das können Nebeltröpfchen, Nieseltröpfchen oder Wolkentropfen sein, die ganz winzig klein sind, aber es sind alles lauter Tröpfchen. Erst wenn diese durch besondere meteorologischen Prozesse zusammengebracht werden, so daß die Tropfen groß genug sind, dann fallen sie wiederum herunter auf die Erde. Das Wasser entwickelt also nicht nur seine Mittlertätigkeit in bezug auf das Erde-Element, sondern es entzieht sich ihm auch wieder und sagt: die Erde ist etwas, wovon ich loskommen muß, wovon ich mich befreien muß.

So haben wir das Großartige, daß wir auf der einen Seite den himmlischen Kreislauf des Wassers haben. Wenn es sich dann mehr und mehr konsolidiert, mehr und mehr erdig wird, Erdenstoff wird, fällt es dann herunter und macht den irdischen, den materiellen, Kreislauf durch. Darin haben wir das Bild von den beiden Kreisläufen des Wassers, von dem irdischen und dem himmlischen Kreislauf. Der irdische Kreislauf verläuft von der Quelle bis zum Strom und zum Meer, während in dem himmlischen das verdunstete Wasser aus dem Gaszustand in den Tröpfchenzustand zurückkehrt und dann durch die Meteorologie allmählich auch als Regen herunterkommt. Das ist im Grunde genommen das Urbild der Tätigkeit des Wasser-Elementes, denn die Bilder und Gestalten, die in der siebenfältigen Grundmorphologie der Wasserurbilder auftreten, von der Lamelle bis zum Trichterwirbelstrom, von dem Allereinfachsten bis zum Allerkompliziertesten, diese Bilder selber sind vorübergehend, sie bleiben nicht. Sie bilden sich und verschwinden. Aber indem sie dieses tun, zeigt das Wasser seine eigentliche Eigenschaft als Element, als Wasser-Element, nämlich die Eigenschaft, nicht nur als Erdenwasser Bilder hervorzubringen, sondern diese Bilder wiederum durch die vom Kosmos hereinwirkende Schöpferkraft bestimmen zu lassen.

Sie sehen dabei sofort, daß das Wasser-Element zur Schöpferkraft, zur göttlichen Schöpferkraft, ein ganz anderes Verhältnis hat als das Erde-Element. Das Erde-Element hat die Aufgabe, die Schöpferkraft zu beruhigen, ja sie sogar an ihr Ende zu bringen, sie zu konsolidieren und zu stabilisieren, ihr sogar mit einer gewissen entfremdeten Selbständigkeit – allerdings mit einer äonenlangen Sehnsucht – entgegenzutreten. Das Wasser-Element ist dagegen jederzeit bereit, die Schöpferkraft aufzunehmen und die eigenen Grundformen, die es bildet, zu Bildern der Schöpferkraft zu machen. Das ist ja das Überraschende, wenn man dem Wasser zusieht, daß es mit Hilfe seiner eigenen sieben Grundgestalten nun nicht nur seine eigenen Grundgestalten hervorbringt, sondern daß diese Grundgestalten fortwährend in solche Gestalten übergehen, die man bei den Mineralien im Erdreich nicht findet, aber dafür bei den lebendigen Wesen, den Pflanzenformen, den tierischen, den organischen Formen. Das können Sie ja auch im Bilde sehen, wenn Sie das sehr interessante Buch von Theodor Schwenk »Das sensible Chaos«[11] lesen, wo diese Wasserbilder alle dargestellt sind. Da sieht die eine Wasserbewegung aus wie eine Niere, eine andere wie ein Herz, eine dritte wie eine Leber, eine vierte wie ein Knochen, eine fünfte wie ein Muskelsystem usw. Dabei ist aber das Entscheidende, daß das Wasser eine solche Empfindlichkeit für die Schöpferkräfte hat, daß es sie als Bilder in sich aufnehmen kann. Wenn man das Wasser dann zu einer gewissen Beruhigung bringt, so daß es nur noch leise in sich strömt, bewahrt es diese Bilder sogar, und wenn man es dann wieder in Bewegung bringt, kommen die Bilder wieder zum Vorschein. Das geht sogar so weit, daß das bewegte Wasser in der Lage ist, Bilder aufzufangen, die aus dem Kosmos kommen und die dadurch zustande kommen, daß draußen im Kosmos bestimmte Konstellationen der Planeten zu den Fixsternen entstehen. Es gibt darüber die interessantesten Forschungen, aus denen deutlich hervorgeht, wie das bewegte Wasser, aber nur das bewegte, das genügend bewegte, Wasser in der Lage ist, diese Schöpferkräfte in Gestaltungen, die außerordentlich charakteristisch sind, abzubilden.

Auf der anderen Seite bildet das Wasser in der Metamorphose seiner sieben Grundbilder auch das ab, was in ihm selbst lebt. Das führt dann zur Qualitätsforschung, so daß man, wenn man das Wasser sich in den entsprechenden Apparaturen bewegen läßt, ablesen kann, welche Eigenschaften dieses Wasser hat. Darum nannte Theodor Schwenk dieses Wasser »sensibel«, empfindlich. Das Wasser ist also das Empfindliche, das Sensible. Man kann es eigentlich nicht direkt ein Sinnesorgan nennen, denn ein Sinnesorgan spiegelt ja die Welt. In einem gewissen Sinne wiederholt ein Sinnesorgan aber auch die Welt, und das tut das Wasser auch. Es ist also nicht ein spiegelndes Sinnesorgan, sondern es ist eigentlich ein repetierendes, ein rekapitulierendes, ein wiederholendes Sinnesorgan: es bringt die Formen, die im Weltall, im Kosmos, vorhanden sind, in sich selbst zur Erscheinung. Es bringt sie noch einmal zur Erscheinung, und zwar so, daß es diese Formen wiederholt und so lange bewahrt, bis es wieder in Bewegung kommt. Sobald es in Bewegung kommt, läßt es die Form los und nimmt die nächste an. Das Wasser ist also ein »sensibles Chaos«, man könnte auch sagen: eine sensible Bewegung, eine sensible, tastende, empfindliche Bewegung, die fortwährend danach sucht: Wie soll ich mich denn nun eigentlich bewegen? Welche Bewegungsbilder kann ich aufnehmen, wie kann ich die sieben Grundformen meiner eigenen Bewegungstendenzen so machen, daß sie nicht nur den Stoff, sondern noch etwas anderes mit enthalten, nämlich die Bilder? Dabei kommt jetzt noch einmal ganz deutlich das zur Erscheinung, was wir schon bei der stehenden Welle beobachtet haben, daß es nämlich Bilder sind, die durchströmt werden, durchströmte Bilder, durch Strömung hervorgebrachte, durchströmte Bilder. Denken Sie mal, was das für eine Bewegung ist! Und diese Empfänglichkeit, diese Bewegungsfähigkeit, diese Lebendigkeit, diese Sensibilität, das macht das Wasser so frisch. Der Bergkristall, den ich da auf meinem Schreibtisch stehen habe, dieses wunderbare Gebilde, steht da vollkommen ruhig. Das einzige, was mit ihm tätig sein darf, ist das Licht und etwas auch die Wärme. Aber das Wasser ...! Es gibt überhaupt nichts im weiten Weltall, was das Wasser nicht beeinflussen kann, demgegenüber das Wasser nicht offen, sensibel, empfänglich, empfindlich ist, so daß es das nachmacht.

Wir kommen jetzt also dazu, uns zu fragen: Was ist nun das Wasser-Element? Damit meine ich das Wasser jetzt nicht als Stoff, sondern das Wasser-Element als die kosmische Ordnung, die kosmische Gesetzmäßigkeit, die kosmischen Kräfte, welche das Wasser-Element bedeuten. Jede Flüssigkeit zeigt etwas von diesem eigentlichen Wasser-Element, von dem Wasser als Elementum. So wie das Erde-Element konsolidiert, formt und individualisiert, so bildet das Wasser-Element mit und bildet nach. Es nimmt fortwährend die Impulse der Schöpferkräfte in sich auf und bildet sie mit, bildet sie nach. Es bildet, es gestaltet. Auf der einen Seite tut es das durch die Empfindlichkeit, durch die Sensibilisierung, und auf der anderen Seite dadurch, daß es tatsächlich eine in sich strömende Bewegung hat, durch die es das alles aufnehmen kann. Und die größte Überraschung ist eigentlich, daß es diese Bildung behalten kann. Wenn man einem Wasser bestimmte Qualitäten verleiht und es prüft, indem man es bewegt, zeigt es das. Läßt man es wieder ruhen und prüft es nach einer Weile wieder, dann zeigt es das wieder. Es hat also auch die Fähigkeit, bestimmte Gestaltungen nicht nur aufzunehmen und empfindlich zu wiederholen, nachzubilden, sondern es hat auch die Fähigkeit, sie in sich aufzubewahren, ihnen eine Art Dauer zu verleihen. Das ist es, was das Wasser-Element wiederum an das Erde-Element heranführt: die großartige Wechselwirkung zwischen dem Empfindlichen, Beweglichen des Wasser-Elementes und dem Bewahrenden, Konsolidierenden, Individualisierenden des Erde-Elementes.

Ich möchte diese Betrachtung des Wasser-Elementes mit dem zweiten Teil des schon zitierten Wahrspruchwortes von Rudolf Steiner abschließen, wobei ich im Hinblick auf das Erde-Element auch den ersten Teil wiederhole.

»Sieh, du mein Auge,
Der Sonne reine Strahlen
Aus der Erde Formenwesen.

Sieh, du mein Herz,
Der Sonne Geistgewalten
Aus des Wassers Wellenschlägen.«

Ich glaube, Sie haben bemerkt, daß das Auge allein nicht mehr genügt, um mit dem Wasser mitzukommen, sondern daß das Herz sich in Bewegung setzen muß, mit dem Wasser frisch strömend, frisch bildend, frisch gestaltend, frisch sich belebend, so daß die Wahrnehmungskraft für das Wasser-Element nicht mehr das Auge ist, sondern das Herz.

DRITTE STUNDE

Die Luft

Mit der Luft ist es eine merkwürdige Sache, und es gibt zwei völlig entgegengesetzte Anschauungen von ihr. Die eine besteht darin, daß man zum Ausdruck bringt, wie ja für das Auge die Luft ein übersinnlicher Gegenstand ist, denn sie ist unsichtbar. Und dieses merkwürdige Luftige, Leichte bewirkt ja, daß bei einer bestimmten Anschauung der eine dem anderen sagt: Du bist mir Luft!, was heißen soll: ich sehe durch dich hindurch. Herr Korf hat eine etwas andere Weltanschauung, denn er hat tatsächlich eine Erfindung gemacht.

»Korf erfindet eine Zimmerluft,
die so korpulent, daß jeder
Gegenstand drin stecken bleibt.

Etwa wenn er mit dem Feder-
halter grade nicht mehr schreibt,
weil die Dienstmagd an die Türe pufft –

gibt er kurzweg ihm ein Alibi –
mitten in der Luft entweder
oder sonstwo in ihr, gleichviel wo und wie.«[12]

Also Korf steckt den Federhalter in die Luft, und der bleibt einfach da stehen, bis er gefrühstückt hat, und dann findet er ihn da wieder. Das ist doch immerhin ein bißchen merkwürdig, daß der eine sagt: du bist mir Luft, und der andere sagt: ich erfinde eine Luft, in der bleibt der Federhalter stecken.

Für das Auge ist dieses merkwürdige Wesen Luft also ein unsichtbarer Gegenstand. Wenn man sich mit ihr beschäftigen will, dann braucht man dazu Hilfe. Es muß also irgend etwas in diese Luft hereinkommen, was sie sichtbar macht: kleine Staubteilchen, wenn sie in die Luft verweht werden, machen plötzlich die Bewegungen, welche die Luft vollzieht, sichtbar. An einer Staubwolke, einer Rauchwolke, einer Wasserwolke, an diesen Wolkengebilden, da können wir der Luft ein wenig zusehen. Sie ist uns dann nicht Luft, sondern sie erscheint in ihrer Tätigkeit.

Ein wenig deutlicher wird die Luft ja, wenn sie nun tatsächlich etwas von der Korf'schen Erfindung annimmt, und das ist überall dort der Fall, wo wir den Atemzug erleben. Wir erleben das Hereinatmen, Hereinziehen der Luft in den mittleren Menschen, wobei das Bewußtsein am Anfang noch mitmacht, wenn man sie bis in die Lunge hinein noch kalt oder warm fühlt; dann verschwindet sie für das Bewußtsein. Aber sie wirkt ja weiter, bis in die Tiefe der ganzen Organisation hinein. Dann erleben wir sie wieder bei der Ausatmung, wenn wir den Strom der zuziehenden, sich bewegenden Luft mitfühlen. Das setzt sich ja dann fort in den feineren Luftbewegungen: in einem Hauch, einer Brise, einem Wind, einem Zug im Zimmer, einer Steigerung der Windkraft. Von da ab wird die Sache mit einem Mal sehr real, sehr deutlich, vor allem dann, wenn sich die Luftbewegung zum Sturm oder sogar Orkan steigert. Es ist schon ein dramatisches Erlebnis, wenn man einmal in eine wuchtige Sturmböe hineingerät oder erlebt, wie ein Orkan imstande ist, Häuser, Bäume, Autos und Menschen in Bewegung zu versetzen. Da erscheint innerhalb dieses so leichten, feinen Elementes Luft eine ungeheure Gewalt.

Luft ist in der Tat ein Stoff, aber ein wesentlicher Unterschied gegenüber dem Wasser besteht darin, daß die Luft keine chemische Verbindung ist – Wasser ist ja eine chemische Verbindung von Wasserstoff und Sauerstoff –, sondern daß in der Luft die Elemente im Sinne der heutigen Physik und Chemie selbständig sind. Man kennt die chemische Zusammensetzung, also die stoffliche Zusammensetzung der Luft, als ein Gemisch genau. Es ist ein Gemisch, in dem die Elementarbestandteile sich vollständig durchdringen, weil sie gewissermaßen im atomaren Zustand, teilweise sogar im ionisierten Zustand, wie man das nennt, sind.

Da ist zunächst der Stickstoff. Er hat seinen ganz verkehrten Namen davon bekommen, daß man beobachtet hatte, wie er die Flammen erstickt. Daß er aber außerdem noch etwas ganz anderes ist, das kommt in diesem Namen überhaupt nicht zum Ausdruck. Fast 80 Volumen-Prozente unserer Luft bestehen aus Stickstoff. Man muß sogar sagen: eigentlich ist fast die ganze Luft Stickstoff. Dem Stickstoff beigesellt ist ein zweites Gas, eine zweite Luftart, die nicht ganz 20 Volumen-Prozente ausfüllt. Das ist der Sauerstoff, den wir für die Atmung brauchen. Dieser Anteil der Luft unterhält das Feuer und bewirkt die Verbrennungen, während der Stickstoff sie löscht.

Was sonst noch in der Luft enthalten ist, ist nur in Spuren vorhanden, also zehntel Prozente Kohlensäure und sonstige Gase, hundertstel Prozente Wasserstoff und andere. Über den Ballungsgebieten der Menschen ist die Luft heutzutage bis zu zehntel Prozente mit diesen Gasen angereichert, und das genügt schon, um Probleme zu bewirken.

Dann enthält die Luft vor allem noch etwas Kohlensäure, also Kohlendioxyd. Diese Kohlensäure, die auch nur zehntel Prozente am Volumen ausmacht, kommt hauptsächlich durch alle Verbrennungen und durch die Ausatmung der Menschen herein, während sie auf der anderen Seite fortwährend von den Pflanzen und vom Wasser aufgenommen wird. In bezug auf den Kohlensäuregehalt der Luft herrscht in der Natur ein unglaublich empfindliches Gleichgewicht. Dies besteht darin, daß das Wasser der Luft die Kohlensäure abnimmt, wenn sie etwas zu viel davon enthält, indem es die Kohlensäure auflöst, und dann, wenn die Luft zu wenig Kohlensäure enthält, gibt das Wasser die Kohlensäure wieder ab. Das gehört zu den feinen Wechselwirkungen zwischen diesen beiden Elementen.

Die Luft ist also im wesentlichen ein Gemisch von Stickstoff und Sauerstoff, denn 78 Prozent Stickstoff plus ca. 20 Prozent Sauerstoff hinzuzählen, ergeben fast schon hundert Prozent. In der Luft besteht also ein eigenartiges Mengenverhältnis.

Es passiert etwas Merkwürdiges, indem nämlich das leichte Gebilde, dieses bewegliche Gebilde Luft, das so riesengroß um die Erde herum ausgebreitet ist, in sich einen Druck ausübt, den sogenannten Luftdruck. Ohne daß wir Menschen es überhaupt gewahr werden, ist dieses ganze riesige Gebilde Atmosphäre, das die Erde umgibt, in sich selber gespannt und drückt mit einem ganz schönen Gewicht. Wenn man einen luftleeren Raum herstellt und oben darüber eine Membran einsetzt, dann wird die eingedrückt. Sie platzt nach innen, weil die Luft rings herum einen starken Druck ausübt. Bei einem Zentimeter Querschnitt sind es ja 760 mm Quecksilbersäule, die diese Luftdruckwesenheit tragen kann. Es ist nun wieder eigenartig, daß von der Meeresoberfläche an, also ganz unten vom Null-Niveau aus, wo der Luftdruck eine Atmosphäre beträgt, er nach oben rapide abnimmt, so daß in einer Höhe von ungefähr 32 Kilometern nur noch ein tausendstel davon vorhanden ist – so dünn, so leicht wird das nach oben.

Aber noch etwas Eigenartiges ist der Fall, indem die höheren Luftschichten immer in einem elektrischen Spannungszustand gegenüber der Erdoberfläche stehen, und diese Spannung, die elektrische Spannung zwischen der Atmosphäre und der Erdoberfläche, ist außerordentlich groß. Die Atmosphäre ist dadurch positiv elektrisch geladen, und die Atome sind um so stärker ionisiert, je höher man kommt. Schon in sechs Kilometer Höhe ist gegenüber der Erdoberfläche eine Spannung von 300 000 Volt vorhanden, die fortwährend das Bestreben hat, ausgeglichen zu werden, denn die Erdoberfläche und das Erdinnere sind leicht negativ elektrisch. Innerhalb von wenigen Stunden würde es um die ganze Erde herum passieren, daß diese Höhenspannung zwischen der ausgespannten ionisierten Höhenluft und der dicken schweren Luft der Erdbasis sich ausgleichen würde, wenn nicht jeden Tag mehrere hunderttausend Gewitter auf der Erde diese Spannung wieder aufladen würden. Bis in die elektrischen Verhältnisse herein besteht auf der einen Seite ein Druckzustand und auf der anderen Seite ein Saugzustand, ein Spannungszustand, bei dem die untere Luft die obere gewissermaßen fortwährend anziehen, zu sich ziehen will. In diesem lebendigen, feinen, schwingenden Gleichgewicht lebt die ganze Atmosphäre.

Nun kommt aber noch etwas dazu, nämlich dieses geradezu Unglaubliche, daß die Luft für Wärme genauso durchlässig ist wie für Licht. Dadurch kommt es, daß die Wärmestrahlung von der Sonne durch die ganze Atmosphäre frei hindurchströmen kann und erst, wenn sie auf das Wasser und auf die Erde auftrifft, eine Temperaturerhöhung bewirkt. Die Luft wird also nicht erwärmt durch das, was von oben hereinkommt, sondern durch das, was durch das von oben Hereinstrahlende unten warm wird und durch Berührung auch die angrenzende Luft erwärmt. Wenn nur die Sonne durch die Luft hindurchschiene, würde diese überhaupt nicht warm werden, sondern sie wird erst warm, wenn sie die Erde und das Wasser berührt. Dadurch entsteht ein eigenartiges paradoxes Phänomen, daß nämlich die warme, leichtere Luft unten und die kalte, schwerere Luft oben ist, so daß fortwährend die leichtere Luft, die aber warm ist, aufsteigt, sich im Aufsteigen abkühlt und nun mit der höheren, schwereren, aber kälteren Luft in Wechselwirkung kommt. So entsteht das erste Faktum der Atmosphäre, das Faktum der absoluten Ruhelosigkeit; ein fortwährendes Gedrücktsein, Gespanntsein, Erwärmtsein und Abgekühltwerden durchfließt den ganzen atmosphärischen Raum. Diese Verhältnisse verteilen sich über die Erde so, daß wir in den Hochtropen, also rings um die Erde um den Äquator herum, fortwährend niedrigen Druck und warme Luft haben, die aufsteigt. Zu beiden Seiten der Hochtropen – also in den subtropischen Zonen, bei uns besonders im Mittelmeergebiet – haben wir starken Luftdruck, heiße Luft, die absteigt. Daher kommt es, daß wir in der gemäßigten Zone, in der wir leben, fortwährend Zirkulationen haben, die sehr kompliziert sind, wodurch das Wetter diesen außerordentlich charakteristischen, beweglichen Ausdruck bekommt. Dies bewirkt auch, daß die kalte Luft an den beiden Polen stärker drückt. Wir haben also stärkeren Luftdruck an den Polen, ganz wenig Luftdruck am Äquator, starken, warmen Luftdruck in den beiden subtropischen Zonen, den Mittelmeergebieten, und die fortwährend bewegte Luft in den gemäßigten Breiten. Dies gilt hauptsächlich für die Nordhalbkugel, ist aber auf der Südhalbkugel ähnlich. Daran sieht man, daß die Luft, die Atmosphäre, viel mehr als das Wasser eine Art Einheit, ein großes Ganzes, rings um den Erdball herum ist mit seinen ganzen immanenten charakteristischen Spannungen: Schwerespannung, Druckspannung, elektrische Spannung, Wärmespannung, Bewegungsspannung. Außerdem kommt noch hinzu, daß die Lufthülle in den Jahreszeiten fortwährend atmet, daß sie im Sommer in den Zonen, in denen sich das Wetter abspielt, also eine andere Ausdehnung hat als im Winter.

Als allererstes können wir feststellen, daß die Luft, die Atmosphäre, das Luft-Element als Lufterscheinung, das Ganze der Erde umspannt.

Wenn wir durch Rauchwolken, Staubwolken oder Wasserwolken Hilfen haben, dann können wir als zweites beobachten, wie sich diese ruhelosen Bewegungen abspielen. Da ist zunächst das Überraschende, daß die Bewegungsformen der Luft genauso sind wie beim Wasser. Ich darf daran erinnern, wie ich in der letzten Kursstunde die siebengliedrige Wasserbewegung dargestellt habe. Diese besteht zunächst darin, daß das Wasser, sobald es sich bewegt, sofort in feine Häute auseinandergeht, die übereinanderlaufen, daß diese feinen Häute dann, sobald sie in Bewegung kommen, anfangen zu mäandern, zu schlängeln, daß dann die Schlängelung übergeht in Wogen, in Wellenbildungen, die entweder stehende oder wandernde Wellen sind, daß bei noch stärkerer Bewegung die Wellen in Wirbel übergehen, wobei sich dann im Wasser Wirbelstraßen und Wirbelrohre bilden. Und schließlich entsteht die höchste Form der Wasserbewegung, die Trichterbildung als spiralige Bewegung, die natürlich immer von Wellen, Wirbeln und Wirbelstraßen begleitet ist.

Alles dies gibt es in der Luft auch. Sie brauchen nur daran zu denken, wie das aussieht, wenn eine Fahne im Wind weht. Die macht auch immer eine Schlängelbewegung, genauso wie das fließende Wasser, d. h. die strömende Luft bewegt sich auch so, daß sie immer hin- und hergeht. Und wenn dann diese Bewegung deutlicher wird, dann hat man es damit zu tun, daß die Luft Wellen bildet. Das kann man sehen, wenn z. B. am Himmel eine Luftschicht über eine andere darüberzieht. Genauso wie, wenn der Wind über das Wasser weht, das Wasser zu Wogen aufbewegt wird, entstehen da oben in den Höhen Wellen, sobald zwei Luftmassen übereinanderziehen, die eine schneller und die andere langsamer oder sogar gegenläufig, was es auch gibt. Die Wellenberge füllen sich immer mit einer Wolke, und die Wellentäler haben keine, und so sehen wir dann am Himmel die Schäfchenwolken, die Lämmerwolken. Das sind aber lauter Wellen in der Luft.

Diese Wellenbildung gibt es auch im großen Ausmaß, wenn die sogenannten Wogenwolken entstehen, die man eigentlich nur von den Satelliten aus sehen kann, weil das schon ganz große Gebilde sind, die von der Erde aus nicht mehr unterschieden werden können. Die sind dann viele hundert Kilometer lang und manchmal hundert Kilometer breit; es sind riesige Wogen. Wenn man einen rauchenden Schornstein beobachtet, sieht man auch, wie die aufsteigende warme Luft nicht einfach wie ein Strahl dahinfährt, sondern wie sie fortwährend Wellen, Wirbel, eine ganze Wirbelstraße bildet. Daraus kann man sehen, daß die Wirbelbildung in der Luft genauso stattfindet wie im Wasser.

Dann gibt es noch die ganz großen Bewegungen der Luftmassen in den Wettervorgängen. Wenn z. B. die von Westen nach Osten ziehenden Kaltluftmassen der Polarzone an der sog. Polarfront, die bei uns auf der Nordhalbkugel ungefähr bei 60° nördlicher Breite liegt, auf die von Süden kommenden Warmluftmassen auftreffen, dann stoßen die beiden Luftschichten so aneinander, daß sie ineinanderwellen. Die Kaltluft umgreift die Warmluft, und die Warmluft wird in Bewegung gesetzt, steigt auf, und dann entsteht ein gewaltiger Trichter, der sich auf der Nordhalbkugel entgegen dem Uhrzeigersinn bewegt. Dort entstehen dann böige stürmische Winde, die von unten nach oben aufsteigen, Wolken bilden und diese Wolken zum Regnen bringen. Das klassische Tiefdruckgebiet hat sich gebildet. »Tief« heißt es deshalb, weil der Druck darin tief ist; also in dem Tiefdruckgebiet ist kein starker Luftdruck vorhanden, und dadurch kommt das Aufsteigen zustande. Wenn dieses Gebilde dann zehn bis fünfzehn Kilometer hoch gestiegen ist, dann breitet sich das da oben aus, fließt nach allen Seiten ab und kommt in einen anderen Bereich, wo der Trichter umgekehrt von oben nach unten verläuft, ganz langsam und ruhig. Die Wolken werden aufgelöst, es wird warm und heiß, und die Luft strömt unten wieder auseinander, und zwar auf der Nordhalbkugel mit dem Uhrzeigersinn. Dann haben wir ein sog. Hochdruckgebiet. Die von oben nach unten fallende Luft bewirkt ein Hoch, bewirkt einen höheren Druck. Diese beiden klassischen Gebilde, diese riesigen Wirbeltrichter, bewegen sich – entsprechend den Hauptströmungen – in Mitteleuropa von Westen nach Osten. Sie laufen der Erddrehung voran und werden durch eines der größten Rätsel, die es in der Atmosphäre gibt, gesteuert, nämlich durch die sog. Strahlströme, die sich an der Grenze zwischen der Troposphäre und der Stratosphäre befinden. Das sind Luftströmungen, die in gewaltigen Schlängelbewegungen mit Wirbelbildungen von Westen nach Osten autonom rings um den Erdball mit rasenden Geschwindigkeiten bis zu 200, 300 Kilometer pro Stunde laufen und diese Hochs und Tiefs in Bewegung halten, so daß sie sich immer bewegen.

Damit haben wir die strömende Luft vor uns. Wir können ihre Bewegung mit Hilfe von Staub- oder Rauchwolken oder auch mit Hilfe der Wetterwolken sehen und beobachten, wie das vor sich geht. Es sind immer die beiden Trichterbewegungen, durch welche ganze, riesige Luftmassen – so nennt man das – über die Erde transportiert werden. Die Wetterprozesse finden immer an den Fronten statt, d. h. wo die eine Luftmasse mit der anderen zusammenstößt, da gibt es die Dramatik. Dieser Prozeß entsteht immer wieder dadurch, daß eben an den beiden Polen die Sonne wenig scheint und die Luft kalt ist, und daß am Äquator die Sonne übermäßig viel scheint, die Luft dadurch heiß und feucht ist, aufsteigt, nach beiden Seiten zu abfließt und dann in der Mitte die komplizierten Wetterbildungen hervorruft, mit denen wir es hier in unseren gemäßigten Breiten zu tun haben.

Wir finden also die Luft – wenn wir sie nicht wie am Anfang als Ganzes anschauen, sondern mehr in bezug auf ihre einzelnen Bewegungsprozesse – in einer merkwürdigen Verwandtschaft mit dem Wasser. Die Luft fließt, strömt, wirbelt und bildet zahllose feine Häutchen, genauso wie das Wasser. Versuchen Sie bitte mal, sich einen Moment lang in einen gemäßigten Wind hineinzuversetzen, der z. B. durch einen Tannenwald weht. Durch diesen Strom, der da durchgeht, entstehen an jeder Nadel, an jedem Ast, an jedem Zweig, an jedem Stamm, winzig kleine Wirbelchen, im Laubwald an jedem Blatt. Das Interessante ist dabei, daß die Luftbewegung im Durchschnitt 14mal so schnell ist wie die Wasserbewegung, und erst wenn die Luft 14mal so schnell strömt wie das Wasser, beginnt sie Wirbel zu bilden. Das Wasser kann 14mal langsamer fließen und macht schon Wirbel, bildet Wellen. Die Luft braucht eine feste, strenge, intensive Bewegung, aber dann differenziert sie sich völlig in Millionen und Abermillionen feinste Wirbelchen, feinste Häutchen auf. Man muß also sagen, was wir beim Wasser als das Wesentliche angesehen haben, daß es nämlich als bewegtes Wasser diese Sensibilität in den auflösenden Oberflächen bekommt und daß es dann in diese Oberflächen die Bilder des Lebens auffangen kann und abbildet, haben wir bei der Luft in gesteigertem Maße, nämlich die Fähigkeit, Leben und Lebensgestalten zu bilden, zum Werden und Vergehen zu bringen, Exkarnation und Inkarnation zu bewirken usw.

Man kann sich auch klarmachen, daß man als Mensch beim Einatmen lauter feine Wirbel bildet, welche in die Lunge hineingehen und dort auf die zahllosen Lungenbläschen aufgeteilt werden. Man muß sich ja klarmachen, daß die Oberfläche der Lungenbläschen, wenn man sie ausbreiten könnte, so groß wie ein Tennisplatz wäre. Es findet in der Lunge also eine riesige Oberflächenentwicklung statt, und die ist noch viel gewaltiger auf jeder Wiese, über jedem Wald, über jedem Feld. Es kommt also ein Übermaß an Auflösung der Luft in ihre Teilchen zustande. Das ist bei der Luft möglich, weil sie aus diesen beiden Elementen Stickstoff und Sauerstoff zusammengesetzt ist, die sich gegenseitig so durchdringen, daß sie ganz leicht aneinander vorbeigehen und durcheinander hindurchgehen. Das ist also das eine.

Nun kann man fragen: Was unterscheidet denn die Luft nun eigentlich vom Wasser? Was zeigt sich in der Luft als das Luft-Element, als das, was hinter der physischen, materiellen Luft steht? So wie hinter dem sichtbaren Wasser das Wasser-Element steht, steht hinter der Luft das Luft-Element. Worin zeigt sich das seinem Wesen nach?

Da kommen wir nun zu einer ganz andersartigen Bewegung der Luft, und die ist überhaupt nicht mit dem Wasser verwandt. Das liegt daran, daß die Luft der elastischste Körper ist, den es gibt. Das bedeutet, daß die Luft sich enorm zusammendrücken läßt und sich enorm ausdehnen kann. Wenn man sie entsprechend zusammenpreßt, kann sie ganz dick und dicht werden. Denken Sie mal, wie hart ein fest aufgeblasener Autoreifen ist, in dem nur Luft und weiter nichts ist, aber die Luft in einem so stark zusammengedrückten Zustand, daß sie beinahe wie ein fester Körper ist. Auf der anderen Seite denke man daran, wie leicht, wie dünn das alles wird, wenn man in die Atmosphäre hinaufkommt, und das merkt man schon im Hochgebirge.

Nun ist das Eigenartige, daß jede Ausdehnung der Luft mit einem Kälterwerden durch sich selbst verbunden ist und jedes Zusammendrücken der Luft mit einem Wärmerwerden. Das finden wir schon in der berühmten Geschichte von dem Holzhacker und dem Zwerg. Der Zwerg sitzt unter einer Baumwurzel und beobachtet den Holzhacker im Winter. Dieser hat den ganzen Tag heftig gearbeitet, ab und zu hat er die Handschuhe ausgezogen und in seine Hände gehaucht. Er hat sich also die Hände durch Anhauchen warm gemacht. Dann kam der Moment, daß der Holzhacker sich eine Suppe kochte. Er macht also ein Feuer, und die Suppe wird schön heiß. Jetzt führt er den Suppenlöffel zum Munde und bläst, und die Suppe wird kalt. Da sagt der Zwerg: »Hör mal, wie machst du denn das? Aus deinem selben Mund kommt's mal kalt und mal warm heraus, und beides ist Luft. Wie machst du denn das?«

Ja, wie machen wir das? Wenn es kalt sein soll, dann muß ich den Mund spitzen, ein kleines Loch machen, hinter den Lippen die Luft zusammendrücken und dann, wenn sie herauskommt, freilassen. Indem sie aus dem Mund herauskommt, dehnt sie sich aus. Überlegen Sie mal, wie warm die Luft hinter den Lippen ist und wie kalt sie vor den Lippen wird! Durch diese Ausdehnung kühlt sie sich ab und verbraucht die ganze Wärme, die in ihr steckt. Hinter den Bakken ist sie ganz schön warm, so rund 37°, wenn sie aber herauskommt, ist sie so kühl, daß der Suppenlöffel mit der Suppe abgekühlt wird. Wenn ich mir umgekehrt im Winter die kalten Hände wärmen will, dann muß ich den Mund möglichst weit aufmachen und die warme Luft sanft und langsam herauskommen lassen. Dann wärmt die warme Luft die Hände. Es gibt also da ein merkwürdiges Wechselspiel zwischen der Ausdehnung – die immer damit verbunden ist, daß Wärme für die Ausdehnung verbraucht wird – und umgekehrt der Zusammenziehung, wobei Wärme frei wird. Sie wird gewissermaßen aus der Luft herausgepreßt. Diesen Vorgang können wir erleben, wenn wir den Reifen von einem Fahrrad aufpumpen. Wenn man nur lange genug pumpt, wird die Luftpumpe ganz schön heiß.

Es gibt aber auch noch ein Drittes: Wenn die Erwärmung und Abkühlung der Luft nicht durch Zusammenpressen und Ausdehnen hervorgerufen wird, sondern wenn man der Luft Wärme zuführt, dann dient diese zugeführte Wärme dazu, daß die Luft sich ausdehnt und leichter wird und daß der Druck abnimmt. Wenn man umgekehrt die Luft abkühlt, wirkt das so, daß der Druck zunimmt, wobei die Luft immer fester, immer mehr zusammengedrückt wird. Wir haben also ein Dreifaches vor uns: erstens die Raumerfüllung, das Volumen: die Luft ist ausgedehnt oder zusammengezogen, rein räumlich. Zweitens haben wir Wärme, die hineinschlüpft in die Luft und wieder herausschlüpft, und drittens haben wir den Druck, der zunimmt oder abnimmt. Diese drei Elemente spielen in der Luft fortwährend miteinander und bewirken, daß die Luft sich bewegt. Sie bewegt sich aber jetzt nicht wie das Wasser strömend und wirbelnd, sondern atmend, also durch Ausdehnung und Zusammenziehung, die aber immer mit Druckänderung und Wärmeänderung verbunden sind. Man bekommt den Eindruck, daß dieser Atmungsprozeß der Luft, die Ausdehnung und Zusammenziehung der Luft, fortwährend eine Wechselwirkung mit sich selbst bewirkt, die in diesen Druck- und Wärmeerscheinungen zum Zuge kommt. Es ist also bei der Luft nicht einfach eine Ausdehnung, wie wenn ich einen Haufen Pulver auf einen größeren Raum verstreue und ihn dann wieder in eine Büchse zusammensammle, sondern die Ausdehnung, die Zerstreuung, ist mit Druck- und Temperaturveränderungen verbunden und umgekehrt auch die Zusammenziehung. Das ist es, was wir hören, denn wenn das Wasser rauscht, hören wir, was das Wasser mit der Luft macht. Und wenn der Wind weht, hören wir, was die Luftbewegung mit der Luft macht, indem die Schallwelle, die Tonwelle, entsteht, die dadurch charakterisiert ist, daß sie sich fortwährend ausdehnt und zusammenzieht und dadurch läuft. Was als Schallwelle, als Tonwelle durch die Luft läuft, ist nicht eine strömende, wasserartige Bewegung der Luft, sondern es ist eine Atmungsbewegung, eine Ausdehnungs- und Zusammenziehungsbewegung. Wenn ich mit einem harten Gegenstand auf einen anderen harten Gegenstand schlage, dann gibt das einen kleinen Knall, denn die Luft wird durch die Berührung der beiden festen Körper einen Moment lang zusammengedrückt und dehnt sich wieder aus. Dieser Knall läuft dann durch den Raum, und zwar mit einer Geschwindigkeit, daß er innerhalb einer zehntel Sekunde da hinten am letzten Fenster angekommen ist; denn diese Atmungswelle der Luft, diese Schallwelle, diese Ausdehnungs- und Zusammenziehungswelle bewegt sich mit 333 Metern in der Sekunde fort. Sie braucht also für einen Kilometer drei Sekunden, und für die 30 bis 40 Meter in diesem Raum ungefähr eine zehntel Sekunde. Das ist ja die Ursache z. B. für das Echo und auch dafür, daß man sehen kann, wie jemand in der Ferne etwas tut, z. B. Holz hackt, und der Knall erst etwas später bei mir ankommt. Dies ist nun die Luft im eigentlichen Sinn; denn was wir vorhin als Strömung angeschaut haben, die Auflösung in Lamellen, in Blätter, ist immer mit ganz feinen Druckveränderungen verbunden. Wenn das Wasser einen Wirbel bildet, da ändert sich an dem Druck überhaupt nichts, denn Wasser ist nicht zusammendrückbar. Man kann es in ein geschlossenes Gefäß hineingießen und mit -zig Atmosphären darauf drücken, es rührt sich nicht, es bleibt, wie es ist: Wasser. Die Luft gibt dagegen sofort nach, zieht sich zusammen, erwärmt sich, dehnt sich wieder aus, kühlt sich wieder ab, steigert den Druck, vermindert den Druck und ist in einer übersensiblen, fortwährend schwingenden, vibrierenden Atmung miteinander verbunden, und das verbreitet sich als Schallwellen durch die Welt. Nun überlege man einmal einen Moment, was das bedeutet, wenn – wiederum als Beispiel – ein Luftstrom durch einen Tannenwald weht und das dann anfängt zu sausen. Zunächst ist es ganz leise, dann steigert sich das, bekommt einen ganz bestimmten Charakter, einen ganz bestimmten Toncharakter. Der kommt dadurch zustande, daß an diesen zahllosen Tannennadeln nicht nur zahllose kleine Wirbelchen in der Luft entstehen wie eine Art Wasserbewegung, sondern daß jedes dieser Wirbelchen gleichzeitig eine kleine Ausdehnung und Zusammenziehung macht, und die pflanzt sich fort. Das ist es, was wir hören, und ist unglaublich interessant.

Das eigentliche Charakteristische für die Luft ist das Atmen, die Ausdehnung und Zusammenziehung des Luft-Elementes. Dadurch unterscheidet sich die Luft fundamental vom Wasser und zeigt ein völlig anderes Element. Wenn man beim Wasser sagen kann, daß die Sensibilität des Wassers als bewegtes Wesen zahllose Oberflächen bildet, in denen sich dann Bilder aus der Lebenswelt abbilden können, so daß das Wasser für das Leben, für die Lebensgestalt, für die Lebensbilder sensibel ist, so sieht man bei der Luft, daß hier etwas Zusätzliches hinzukommt, was die Luft dazu bringt, daß sie atmet – und wenn es im allerwinzig kleinsten Teilchen ist –, daß sie sich ausdehnt, zusammenzieht, erwärmt und abkühlt, den Druck steigert und wieder abnimmt. Das findet fortwährend, ununterbrochen statt.

Wir empfangen durch die Luft zunächst einmal so etwas wie einen Knall oder Krach, wir empfangen aber auch den Donner des Blitzes mit seinen dahinrollenden Klang- und Schall- und Tonwellen. Man schlage an eine Eisenstange, eine Kupferstange oder eine Silberstange, und man wird sofort hören, von welcher Stange der Ton ausgeht. Die Luft übernimmt in der Art, wie sie den Klang auffängt, mit vollständigster, radikalster Selbstlosigkeit den Charakter des schwingenden Gegenstandes. Wenn in den Bergwerken die Holzstempel stehen, die das Hangende tragen, da geht der Steiger jeden Tag durch und klopft mit dem Hammer an die Stempel und kann ganz genau hören, welcher Stempel überbelastet ist, denn der klingt etwas höher. Das ist jetzt nur ein Beispiel dafür, wie das, was vibriert, was elastisch ist, von der Luft sofort aufgenommen und in diese fein empfindlichen Ausdehnungs- und Zusammenziehungsprozesse, in die Atmungsprozesse hereingenommen wird, die sich dann mit Schallgeschwindigkeit in der Luft ausbreiten. Dann übernimmt sie natürlich nicht nur den Klang, sondern auch den Ton.

Man überlege wieder einen kleinen Moment lang, wie jedes Musikinstrument völlig anders klingt, auch wenn der gleiche Ton gespielt wird. Das Kammer-A einer Flöte klingt völlig anders als das Kammer-A einer Geige oder einer Trompete. Es werden also nicht nur die Grundschwingungen aufgenommen, sondern auch das, was man in der Akustik die Obertöne nennt, welche die Klangfarbe eines Tones bewirken. Zuletzt übernimmt die Luft in ihren Ausdehnungs- und Zusammenziehungsprozessen auch den Laut der Tiere und der Menschen. Versuchen Sie einmal am Morgen oder am Abend ein wenig dem Amselgesang zu lauschen und sich dabei diese kleine Vogelkehle ein bißchen vorzustellen und zu denken, wie bereitwillig die Luft diesen Ton aufnimmt. Der breitet sich um diesen kleinen Vogel herum einfach aus, so daß man ihn noch in ziemlicher Entfernung voll tönend aufnehmen kann. Damit kommen wir jetzt dazu, das Element Luft, das sich in der Materie Luft offenbart, von innen her fassen zu können. Denn so wie das Wesen Wasser-Element sich in allen Wasserprozessen dadurch äußert, daß es im strömenden Zustand fortwährend Bilder aufnimmt und Bilder abgibt – Bilder, die Lebensbilder sind, die Abbilder sind für das, was Leben ist – so nimmt die Luft als materielles Medium fortwährend intensiv in sich einen Vorgang auf, der in dieser atmenden Erwärmung und Abkühlung, Ausdehnung und Zusammenziehung, in diesem Drücken und Loslassen die Innerlichkeit der äußeren Gegenstände vermittelt. Denn wenn ich z. B. eine Glocke mit dem Sehsinn anschaue oder mit dem Tastsinn ergreife, dann habe ich nur ihre Außenseite erfaßt. Wenn ich sie aber anschlage und sie zu tönen beginnt, dann höre ich etwas von ihrem Wesen, von ihrem Charakter, und ich kann den Charakter einer Silber- oder einer Bronze- oder gar einer Goldglocke genau unterscheiden. Ich höre innerlich etwas von dem Wesen, und das zeigt mir, daß der aus- und einatmende Charakter der Luft, insofern ihre Bewegungen Ausdehnung und Zusammenziehung, d. h. Atmungsprozesse sind, fortwährend in der Lage ist, die Innerlichkeit der Welt in sich aufzunehmen und nach außen zu bringen. Die Innerlichkeit der Welt ist aber nicht mehr nur Leben, sondern bereits Seele, Empfindung, und dieses Empfindungselement ist im wesentlichen ein Willenselement. Der besagte »Weltanschauungsfachmann«, von dem wir am Beginn dieser Kursstunde etwas gehört haben, hat ja auch diese Seite der Angelegenheit dargestellt, indem er nämlich das Seelenhafte ein wenig humoristisch deutlich zum Ausdruck bringt:

»Ein Glockenton fliegt durch die Nacht,
als hätt' er Vogelflügel,
er fliegt in römischer Kirchentracht
wohl über Tal und Hügel.

Er sucht die Glockentönin BIM,
die ihm vorausgeflogen;
d. h. die Sache ist sehr schlimm,
sie hat ihn nämlich betrogen.

›O komm‹ so ruft er, ›komm, dein BAM
erwartet dich voll Schmerzen.
Komm wieder, BIM, geliebtes Lamm,
Dein BAM liebt dich von Herzen!‹«[13]

Sie sehen, das sind alles rein seelische Vorgänge.

»Doch BIM, daß ihr's nur alle wißt,
hat sich dem BUM ergeben;
der ist zwar auch ein guter Christ,
allein das ist es eben.

Der BAM fliegt weiter durch die Nacht
wohl über Wald und Lichtung.
Doch, ach, er fliegt umsonst! Das macht,
er fliegt in falscher Richtung.«

Man darf diese Angelegenheit ja auch einmal ein bißchen humoristisch anschauen. Das Luft-Element ist dieses eigenartige atmende Element, das in der Lage ist, die Innerlichkeit der Welt zur Erscheinung zu bringen. Im Grunde genommen lebt das Luft-Element im Bim, Bam, Bum, also in Antipathie und Sympathie, d. h. in Ausdehnung und Zusammenziehung, in Hingabe und Selbstbehauptung. Im Grunde genommen liegt auch unserem Atem dasselbe zugrunde; denn indem ich einatme, nehme ich die Welt auf und sage eigentlich: ich bin nicht, die Atemluft ist. Und wenn ich ausatme, sage ich: ich bin. Dann behaupte ich das, was aus mir hervorgeht, in die Welt hinaus. So ist Sympathie und Antipathie, Ausdehnung und Zusammenziehung, seelisches Leben und willensartiges Geschehen, dasjenige, was beim Luft-Element im Hintergrund steht. Das hören wir im Ton, denn im Ton offenbart die Luft ihr eigenes inneres Wesen.

Wenn man diese drei Elemente, die wir bisher angeschaut haben, miteinander vergleicht, kann man sagen: das Erde-Element ist dadurch charakterisiert, daß die Schöpfergewalten den stärksten Abstieg bis zum Irdisch-Festen gemacht haben, indem das Erde-Element in die Kräfte der Welt eingreift und sie konfiguriert, den Kristall und die Erdgestalten bildet, und daß durch diese Konfiguration die von den Schöpfermächten ausgehenden Weltenkräfte endgültig isoliert werden, daß sie in Erstarrung, in Entfremdung und in den Tod hineinkommen, so daß sie sich nicht mehr rühren können.

Steigen wir innerhalb des Erde-Elementes zum Wasser auf, dann können wir an den Phänomenen sehen, wie das bewegte Wasser für alles empfindlich wird, was eigentlich nicht mehr irdisch ist, was nicht mehr die Gesetzmäßigkeit des Irdischen hat – also daß jedes Stück für sich ist, daß eins das andere nicht durchdringen darf, daß jedes für sich bestehen muß – sondern daß sofort höhere Bilder aufgenommen und weitergeführt, umgewandelt und wieder losgelassen werden. Wir steigen von der Materie, die sich im Erde-Element zeigt, innerhalb des Erde-Elementes Wasser zum Wasser-Element auf, nämlich zu dem, was als elementarisches Geschehen hinter der Wasserwelt steht und was sich im Wasser in der Art offenbart, wie es sich verhält. Aber das Wasser-Element ist bereits etwas, was mit den Lebensvorgängen, mit den Lebenskräften, mit den Lebensbildern und Lebensgestaltungen zu tun hat. Ich sage das deshalb so deutlich, um zu zeigen, daß wir das Wasser, das wir in der Hand haben und das fließt, nicht etwa mit dem Wasser-Element verwechseln dürfen. Das Wasser ist ein Erdenstoff und gehört infolgedessen dem Erde-Element an, denn es ist konfiguriert, es ist seinem Zustand entfremdet, es kann zu Eis gerinnen. Weil aber hinter dem

Wasser das Wasser-Element als das in ihm erscheinende Element steht, bewirkt es auch im festen Zustand, daß es trotzdem verdunstet, aufsteigt und in Bewegung kommt, was diejenigen Erdenstoffe, die ganz im Erde-Element gebannt sind, natürlich nicht tun. Ein Bergkristall verdunstet nicht, er bleibt da liegen. Im irdischen Wasser offenbart sich das Wasser-Element als die Gesetzmäßigkeit und die Substantialität der Lebensvorgänge im Weltall bis in solche Gestaltungen hinein, wie z. B. die Pflanzen. Denn wenn man das Wasser Formen bilden läßt, indem man es einfach in Strömung bringt, sieht man ja, daß es fortwährend organische Formen bildet. Das finden Sie sehr schön in dem schon genannten Buch von Theodor Schwenk »Das sensible Chaos« ausgeführt.

Bleibt man immer noch im Erde-Element und steigt aber zur Luft auf, dann ist man in demjenigen Erde-Element, das im gasförmigen Zustand erscheint und in der Lage ist, uns das Luft-Element zu vermitteln und zu zeigen, was das Luft-Element wesenhaft ist. Das bildet sich in der Luft ab, aber noch nicht in den Prozessen der Luft, die wasserverwandt sind. In diesen bildet sich auch in der Luft noch das Leben in den Luftströmungen, in den Luftwirbeln, in den Luftgestaltungen usw. ab. Dort aber, wo wir die Innenseite der Luft erfassen, wo die Luft ihr eigentliches Wesen in Ausdehnung und Zusammenziehung zeigt, wo sie entweder als stehende Schallwelle oder als sich bewegende Schallwelle mit sich selber in sich bewegt ist, da kommen wir an das eigentliche Luft-Element heran. Es ist das Luft-Element, das bereits im Luftstoff, in dem, was wir als Atmosphäre um die Erde herum haben, die Seelenkräfte des Kosmos zur Offenbarung bringt, rauschend, brausend, tönend, klingend, lautend. Denken Sie einmal daran, was das bedeutet, daß wir unser eigenes menschliches Innere in der Luft physisch zur Offenbarung bringen können, wenn wir sprechen oder singen, weil dieses Luftstoffwesen in der Lage ist, seelische Inhalte äußerlich in Laut, Ton und Klang hereinzubekommen. Die Luft ist dazu fähig, nicht nur Lebensträger zu sein wie das Wasser, sondern auch Seelenvermittler, und darum hat man im Wettergeschehen, also in dem, was sich im Jahreslauf als Wettergeschehen in der Atmosphäre abspielt, nicht nur Lebensvorgänge vor sich, sondern kosmische Stimmungen: eine Winterstimmung, eine Frühlingsstimmung, eine Sommerstimmung, eine Regenstimmung oder eine Heiterkeitsstimmung. Wenn wir das Luft-Element erleben wollen, müssen wir nicht nur unsere Vorstellung, unsere Bildvorstellung, unsere Imagination wie beim Wasser in Bewegung setzen, sondern wir müssen unsere Musikalität in Bewegung bringen.

In diesem Zusammenhang ist es vielleicht nicht nötig, auf die höchst interessanten Dinge einzugehen, die mit den Klangverhältnissen in der Musik zusammenhängen. Es ist bekannt, daß, wenn eine Schwingung doppelt so schnell wird, eine Oktave herauskommt, indem z. B. die Länge der Saite einer Geige halbiert wird. Die halbe Saitenlänge bildet denselben Ton wie die doppelte Schwingungszahl. Die acht Oktaven der Musik gehen von dem Ultrabaß-C mit 16 Schwingungen pro Sekunde hindurch bis zu 4200 Schwingungen in der Sekunde bei den höchsten Tönen, die man hören kann. Das Ultrakontrabaß-C der Orgel und die höchsten Töne der Flöte hängen nach ganz strengen rhythmischen Ordnungen alle miteinander zusammen. Und das bedeutet, daß das Seelische, die seelischen Gesetze der Welt: Sympathie – Antipathie, Zuneigung – Abneigung, Verselbständigung – Hingabe, in dem Luftprozeß bis in die physische Wahrnehmung, bis in das Hören hereinkommen können.

»Sieh du mein Auge,
Der Sonne reine Strahlen
Aus der Erde Formenwesen.
Sieh du mein Herz,
Der Sonne Geistgewalten
Aus des Wassers Wellenschlägen.
Sieh du meine Seele,
Der Sonne Weltenwillen
Aus der Lüfte Glanzgeflimmer.«

Für die Form des Erde-Elementes braucht man das Auge. Für das Leben des Wasser-Elementes das vom Wasser durchströmte Herz, für das Klingen und Singen des Luft-Elementes die wache menschliche Seele.

VIERTE STUNDE

Das Feuer

Die Natur gibt uns für die Betrachtung und das Verständnis der drei Elemente, die wir bisher angeschaut haben, eine gewisse Hilfe, weil sie das Leben und Weben und die Gesetzmäßigkeit in bestimmten Stoffen, die wir als Elemente bezeichnen müssen, einigermaßen klar zum Ausdruck bringt. Das ist der Fall, wenn wir die Konfiguration der Erde betrachten, wenn wir den Kristall anschauen und sehen, wie man ihn charakterisieren kann, welche Eigenschaften er hat, und wenn wir diese Eigenschaften als das Ergebnis bestimmter Gesetzmäßigkeiten erfassen, welche sie zur Erscheinung bringen. Nehmen wir z. B. die Kristallkonfiguration: die Undurchdringlichkeit, die Festigkeit, die Härte, aber auch das spezifische Gewicht zeigen das Wirken des Erde-Elementes. Das Erde-Element ist aber nicht etwa mit diesem Stoff identisch, sondern es ist das Weben und Leben, das sich zwischen den schöpferischen göttlichen Wesen und dem irdischen Ergebnis abspielt und als bestimmte Gesetzmäßigkeiten in Erscheinung tritt.

Das Wasser als Erdenstoff zeigt uns in seinen Erscheinungsformen, in seinen Bewegungsformen, das Wirken und Weben des Wasser-Elementes. Es wäre ein Irrtum, wenn man das physische Wasser mit dem Wasser-Element verwechseln würde. Das physische Wasser ist ein Erdenstoff, und als solcher gehört es eigentlich sogar dem Erde-Element an. Aber es hat sich gewisse Fähigkeiten bewahrt, durch die es uns zeigt, was das Wasser-Element als Leben und Weben des Kosmos bewirkt, indem es eben nicht Konfigurationen oder Kristalle bildet, sondern Bilder und Leben schafft. Das Wasser zeigt uns mit seiner ganzen Empfindlichkeit als Erdenstoff, durch sein Verhalten, durch seine Eigenschaften, durch seine Verwandlungen das Wasser-Element.

Die Luft als das dritte Element besteht aus irdischen Stoffen, die in ihrer ganzen Konfiguration, in ihrer Art, sich zu bewegen, zu strömen, zeigen, daß die Luft mehr dem Wasser-Element zugehörig ist. Auf der anderen Seite haben wir aber das, was nun wirklich das Leben des eigentlich Luftigen ist: die Zusammenziehung, die Ausdehnung, das Atmen und Pulsieren, das die Tonwahrnehmung vermittelt und durch diese Tonwahrnehmung auch das Qualitative der Weltvorgänge hindurchtönen läßt. Dadurch offenbaren sich im Luft-Element seelische Gesetzmäßigkeiten, so wie sich im Wasser-Element Lebensgesetzmäßigkeiten offenbaren.

Es ist nicht richtig zu sagen: das Wasser und alle Flüssigkeiten bilden das Wasser-Element, sondern sie sind innerhalb des Erde-Elementes, innerhalb der irdischen Stofflichkeit, dasjenige, was die Wirkung und Tätigkeit des Wasser-Elementes am schönsten offenbart. Genau dasselbe gilt für die Luft. Indem wir die Wirksamkeit, die Eigenschaften, die Tätigkeiten eines solchen Stoffes beobachten und uns immer deutlicher vor die Vorstellung rücken, kommen wir natürlich in sein inneres Leben und Weben hinein. Und das ist die Mühe, die man aufwenden muß, um die Natur besser, lebendiger zu verstehen.

Wenn wir nun von diesen drei Elementen zum Feuer-Element, zum Wärme-Element aufsteigen, dann müssen wir zunächst konstatieren, daß wir keinen Stoff zur Verfügung haben, an dem wir das Wesen des Wärme-Elementarischen ablesen könnten. Wir haben nicht so etwas wie die Luft, wie das Wasser, wie den Kristall, an denen sich die Wirkungen des Luft-Elementes, des Wasser-Elementes und des Erde-Elementes offenbaren. Wir sind darauf angewiesen, die Buchstaben lesen zu lernen, die dadurch entstehen, daß das Wärme-, das Feuer-Element etwas sehr viel Geistigeres ist als die anderen drei. Darin liegt bei der Betrachtung des Feuer-Elementes die ganz große Schwierigkeit. Diese Tatsache hindert uns auf der anderen Seite aber auch daran, nun irgendeinen Stoff –

wie bei Wasser oder Luft – mit dem Element des Feuers zu verwechseln.

Auch beim Feuer-Element haben wir mit Hilfe der anderen Stoffe, mit Hilfe von Luft und Wasser und Erdenstoffen, Bilder vor uns, ganz bestimmte Bilder. Es sind im wesentlichen drei Bilder, in denen sich das Wirken und Weben des Feuer-Elementes, des Wärme-Elementes, am deutlichsten offenbart.

Das erste dieser drei Bilder ist die Flamme, das zweite die Glut und das dritte das atmosphärische Spiel von Wärme und Kälte. In diesen Bildern erscheint die Tätigkeit des Feuer-Elementes im Irdischen. Es gibt aber auch ein grandioses Bild für das Feuerwesen, für das Feuer-Element am Himmel, und das ist die Sonne. Wir erleben also das Feuer-Element im irdischen Bereich in drei Bildern: in der Flamme, in der Glut und in den atmosphärischen Wärme- und Kälteverhältnissen der Jahreszeiten. Auf der anderen Seite haben wir das große kosmische Bild der Sonne.

Lassen Sie uns ruhig wieder bei den Erfahrungen, bei den konkreten Bildern bleiben, die wir kennen. Was kann man erleben, wenn man z. B. vor einem Kaminfeuer sitzt? Man schichtet da ein paar Holzscheite auf, dann entzündet man sie mit Hilfe einer Flamme und beobachtet, wie die Flammenbildung entsteht. Wenn Sie versuchen, sich diese Flammenbilder aus der Erinnerung herbeizuholen, dann können Sie feststellen, daß da eine gewisse Verwandtschaft mit den Bewegungen von Wasser und Luft besteht, denn auch die Flamme wird sich niemals irgendwie steil oder irgendwie steif bewegen. Sie wird immer so in Bewegung sein, daß sie wiederum die Urform der Bewegung, die wir schon am Wasser studiert haben, wiederholt, indem sie den Prozeß, der sie durchströmt, in ganz feine Schichten, in ganz feine, empfindliche Lamellen auflöst, die einander durchdringen und aneinander vorbeilaufen. Man wird beobachten können, wie diese Flamme – solange sie eine echte Flamme ist – zwar ähnlich wie Wasser und Luft Strömungsformen zeigt, aber dann fällt einem auf, daß die Flamme das nicht macht, was bei heftig bewegtem Wasser sofort erscheint: daß außer dieser schlängelnden, sich windenden Bewegung der Wirbel entsteht, wie es auch bei der Luft geschieht. Die Flamme bildet keinen Wirbel. Sie reißt die Luft, die sie durchströmt und erwärmt, sogar mit, so daß am Ende dieser schlangenartigen Bewegung immer Zungen, spitze Zungen, entstehen. Die Flamme macht in ihrer strömenden, reißenden Bewegung keine Wirbelbildungen, sondern sie züngelt und bildet immer Spitzen, die auslaufen. Man kann geradezu den Eindruck haben, wenn die Flamme irgendwo genügend Nahrung findet, dann züngelt sie, dann leckt sie sich richtig heran und ergreift den weiteren Flammenbildungsprozeß. Diese Bewegung bei der Flammenzungenbildung – so nennt man das ganz richtig – kann sich so weit steigern, daß aus der Flamme dann einzelne Feuerteilchen herausgerissen werden und als Funken heraussprühen. Erst dort, wo die Flamme aufhört, beginnt in dem Wechselspiel von Rauch und Luft die Wirbelbahn. Der Rauch bildet dann Wirbel.

Versuchen Sie einmal, sich einen Moment in diese ganz verschiedenartige Dynamik, die wir ja genau kennen, hineinzuleben. Da ist also die heftig züngelnde Flamme, und darüber befindet sich wirbelnde Rauchluft, eine Bewegung, die wir ja schon oft studiert haben. Manchmal gelingt es der Luft, auch die Flamme in den Wirbel hineinzuziehen, aber im nächsten Moment löst sie sich davon wieder. Die Flamme unterscheidet sich also rein als Bewegungsform doch ganz wesenhaft von der Luft- und Wasserbewegung. Diese Unterscheidung nimmt man auch wahr, wenn man hinschaut, wie diese Bewegung immer eine ganz starke Intention nach oben hat. Wenn Sie das nun mit der Bewegung des Wassers nach unten vergleichen, dann haben Sie in der strömenden, wirbelnden, auftrichternden Wasserbewegung auf der einen Seite und in dieser züngelnden, lebendig flackernden Flamme auf der anderen Seite sofort den Gegensatz vor sich.

Die Flamme erscheint ja nie ohne ihre zwei Begleiter, von denen der eine der Rauch ist. Er muß nicht unbedingt sichtbar sein, auch aus jeder Kerzenflamme steigt Rauch auf, nur ist der nicht immer sichtbar. Erst wenn die Flamme anfängt zu rußen, wenn also nicht alles darin zu Kohlendioxyd verbrennt, sieht man über der Kerzenflamme auch den Rauch. Der zweite Begleiter der Flamme ist die Asche. Die Flamme ist immer von einem Aschebildungsprozeß begleitet. Daran sieht man, daß der Wärmeprozeß, der Feuerprozeß, sowohl zwischen Luft und Wasser wie auch zwischen Luft und Erde spielen kann. Denn die Asche ist bereits etwas Irdisches, etwas Erdiges. Auf der anderen Seite haben wir dieses Luftige, das den Rauch repräsentiert, und die lebendige Flamme lebt und webt ganz frei dazwischen.

Es kommt dann noch ein Drittes hinzu, denn zu Asche und Rauch kommt das Licht. Das heißt also, daß in dem Feuer, in der Flamme, eine sehr starke Bewegung ist, die nun nicht mehr die äußere, physisch sichtbare, dynamische Bewegung der züngelnden Flamme bildet, sondern in der Flamme ist auch eine intensive Innenbewegung, die aber ganz anders ist als die intensive Bewegung der Luft, denn die Luft tönt, wenn sie den Ton trägt. Es ist eine sehr geheimnisvolle intensive innere Bewegung, ein inneres Zittern und Vibrieren, welches dann das Licht aus der Flamme ausstrahlen läßt.

Wir haben dann das zweite Bild des Feuer-Elementes, die Glut, wo jetzt nicht eine lebendige Flamme aufflackert, aufleuchtet, sondern wo der Erdenstoff in sich durch und durch warm ist. Zu den großartigsten Erlebnissen, die man haben kann, gehören die Hochofenabstiche. Es gibt manchmal die Gelegenheit, daß man einen Hochofen besuchen und den Moment abwarten kann, wenn der Abstich gemacht wird, bei dem die arbeitenden Menschen mit einer gewaltigen Eisenstange in dieses riesige Gebilde hineinstechen, und dann kommt mit einem Mal das glühend flüssige Eisen hervor. Man kann auch in einer Eisengießerei diesen eigenartigen Vorgang beobachten, wenn das Metall durch und durch erwärmt, erhitzt, erglüht ist, dann sogar flüssig wird und strömt und einen überwältigenden moralischen Eindruck macht. Wer besonderes Glück hat, kann sogar einmal in einem Goldbergwerk beobachten, wie da mit sehr langen Zangen das glühend-flüssige Gold aus dem Elektroofen herausgeholt und in den Schmelztiegel gegossen wird. Das sind alles Bilder für die Glut. Man kann die Glut aber auch am Kamin beobachten, wenn das Holz durch und durch verbrannt ist und nur noch das Kohlenstoffgerüst der Holzstücke übriggeblieben ist, wenn keine Flamme mehr züngelt, sondern der glühende Kohlenstoff ganz ruhig verglüht.

Lassen Sie uns noch einmal auf die Tatsache hinschauen, daß wir bei Luft und Wasser zwischen bewegten und stehenden Wellen unterschieden haben. Wenn ein Stein im Bach liegt und das Wasser angeströmt kommt, wird es durch den Stein aufgehalten und wogt hoch, fließt dann über diesen Stein, und dabei entsteht eine stehende Welle, d. h. eine Wellenbildung, durch die fortwährend das Wasser hindurchströmt, aber die Welle als Form bleibt stehen. Sie ist zwar empfindlich – sie wird einmal ein bißchen größer, einmal ein bißchen kleiner, bewegt sich einmal nach rechts, einmal nach links –, aber sie bleibt da. Wenn man in eine Kerzenflamme hineinschaut, dann sieht man, daß sich da dasselbe abspielt. Man bedenke, was das heißt, daß da unten der Kohlenwasserstoff ist, dieses Wachs, welches durch die Flamme aufgeweicht und flüssig wird und einen ganz kleinen flüssigen Wachssee auf dem Teller der Kerze bildet. Dieses Wachs wird dann durch den Docht kapillar angezogen, steigt in dem Docht bis zu einer bestimmten Höhe und verdampft. Es macht also alle Zustände durch: es wird vom festen Zustand der Kerze in den flüssigen Zustand versetzt, geht dann durch den Docht hindurch und verdampft durch die Wärme der Flamme schon im Docht selber oder oberhalb des Dochtes und bildet am unteren Teil der Kerzenflamme einen stehenden dunklen Raum, um den das erhellte Gas – der zum Gas gewordene, erhellte, durchleuchtete Kohlenwasserstoff, also Kerzensubstanz – nun einen feinen hellen Schimmer herumlegt, so daß man durch diesen Schimmer hindurch in die Dunkelheit da unten schauen kann, wo es noch nicht brennt. Der Schimmer ist blau, weil es direkt am Docht im Innern dunkel und darum herum schon etwas erhellt ist.

Man kann also sehen, wie bei der brennenden Kerze fortwährend der Aufstieg vom festen Zustand durch den flüssigen über den gasförmigen Zustand bis dorthin erfolgt, wo innerhalb der Kerze durch die Hitze die Kohlenstoffteilchen und die Wasserstoffteilchen des Stearins – Stearin besteht im wesentlichen aus Kohlenstoff und Wasserstoff – auseinandergerissen werden. Endgültig auseinandergerissen werden sie dadurch, daß aus der umgebenden Luft der Sauerstoff hinzutritt und zupackt, und dabei entsteht nun eine Temperatur – man bedenkt das meistens nicht – die im heißesten Teil der Kerzenflamme rund 800 °C beträgt, so daß der noch nicht verbrannte Kohlenstoff, der von unten nach oben aufsteigt, zum Glühen kommt. Er kommt so zum Glühen, daß im heißesten Teil der Flamme, in der Mitte im oberen Drittel, eine Weißglut entsteht, um die herum eine Gelbglut liegt, die dann oft sogar von Rotglut ganz zart umschimmert ist. Dieses Gebilde steht ganz still da, wenn die Flamme nicht flackert, wenn sie nicht durch Wind oder durch Wasser oder durch andere Dinge, die in der Kerze oder im Docht sind, gestört wird und ins Flackern kommt. Wenn dieser Prozeß ganz ruhig abläuft, kann man zusehen, wie die Flamme steht und vom Stoff durchströmt wird, vom festen über den flüssigen, den gasförmigen, den rotglühenden, gelbglühenden, weißglühenden Zustand, bis sich der Kohlenstoff und der Wasserstoff mit dem Sauerstoff verbinden und sich über dieser stillen Flamme die unsichtbare Rauchwolke erhebt.

Im Grunde genommen sind alle Flammen stehende Wellen, man könnte auch sagen: stehende Gebilde. Nur weil die Stoffzufuhr nicht regelmäßig ist, wird die Flamme einmal größer, einmal kleiner, nimmt einmal mehr mit und einmal weniger, und dadurch entsteht dieses ungeheuer Lebendige, Flackernde einer Flammenwelt. In der Glut haben wir dagegen einen ruhigen Zustand von Wärmebildung, von Feuerbildung, wo der Stoff in den Zustand ruhiger fester oder flüssiger Durchwärmtheit kommt und einfach nur Licht und Wärme ausstrahlt, dabei aber ruhig bleibt.

Lassen Sie uns drittens noch ein bißchen in die Natur hinausschauen und diese eigenartigen Vorgänge beobachten, die sich da draußen im Jahreslauf abspielen, die aber deutlich von der Sonne bestimmt sind. Jetzt haben wir die Sommersonnenwärme, die sich auch bei uns manchmal zu einer Art Glut steigert, dann aber wieder herabgedämpft wird, wenn die herbstliche Beruhigung, aber auch die herbstliche Dramatik einsetzt, bis hin zur klirrenden Winterkälte. Damit haben wir zwei Begriffe: Wärme und Kälte, die es im Sinne der heutigen physikalischen Auffassungen der Naturwissenschaft nicht gibt. Wärme und Kälte sind nach Meinung der heutigen Naturwissenschaft nur subjektive Erlebnisformen des Menschen gegenüber der Natur, denn in der Natur gibt es nur Temperaturen.

Im Sinne der heutigen mechanischen Wärmetheorie ist Temperatur eine Bewegung der Stoffe. Je wärmer ein Stoff ist, desto stärker zittern seine Teile, die sog. Moleküle und Atome, denn sie sind dauernd in vibrierender, zitternder Bewegung, und diese Bewegung ist kinetisch exakt meßbar. Sie kann durch Energiezufuhr gesteigert und durch Abnahme von Energie gedämpft werden. Um sich zu verständigen, hat man bestimmte Maßstäbe eingerichtet, und da gibt es mehrere Systeme, in denen man z. B. von Zentigrad spricht. Dabei hat man sich in der Wissenschaft und auch in der Technik darauf verständigt, daß man den Zustand der Molekularbewegung, welchen das Wasser hat, während es gefriert, eben mit null Grad bezeichnet, so daß man dann, wenn man das Wasser bis dahin erwärmt, wo es in den Dampfzustand übergeht, siedet und kocht, die Temperatur als 100 Zentigrad bezeichnet. Die beiden Übergänge des Wassers vom festen in den flüssigen und vom flüssigen in den gasförmigen Zustand werden dabei als Maßstäbe genommen. Mit Hilfe dieser Maßstäbe kann man genaue Beobachtungen, Messungen und Berechnungen machen und ist so zur kinetischen, zur mechanischen Wärmetheorie gekommen, in der es heißt: Wärme gibt es nicht, sondern es gibt nur die Bewegung, das Zittern, das Vibrieren der Stoffteilchen, und dieses nimmt der

Mensch als Wärme oder Kälte wahr. Sie sehen, daß damit das Feuer-Element restlos abgeschafft wurde.

Zu dieser mechanischen Wärmetheorie kommt eine zweite. Zu dieser wird die Wissenschaft dadurch herausgefordert, daß sie sieht, daß Wärme nicht nur ein Temperaturzustand der Materie ist, also ein Bewegungs- und Schwingungszustand der Materieteilchen, die bei hoher Temperatur sehr schnell und bei niedriger Temperatur sehr gering schwingen, sondern daß aus dem großen Bereich der elektromagnetischen Schwingungen eine bestimmte Schwingungszahl so wirkt, daß der Mensch nicht Licht, sondern Wärmeeffekte wahrnimmt. Aber auch da heißt es wieder: in Wirklichkeit gibt es keine Wärme, sondern es gibt nur diese elektromagnetische Schwingung, und wenn sie auf den Menschen trifft – in der Nähe eines Ofens oder wenn ihn die Sonne bescheint – dann hat er eine Wärmeempfindung. Wiederum ist das, was der Mensch als Wärme erlebt, rein subjektiv und hat mit der Natur selbst überhaupt nichts zu tun. Aber nicht nur die Wärmestrahlen, sondern auch die Lichtstrahlen sind nach dieser Meinung nur elektromagnetische Strahlen als Ergebnis dieser Anregungszustände der kleinsten Teilchen der Materie. Was ich vorhin bei der Flamme rein phänomenologisch beschrieben habe, ist physikalisch nichts weiter als schwingende Gasmoleküle oder ionisierte Gasatome. Diese kinetische Wärmetheorie und die magnetische Wärmetheorie sind heute voll ausgebildet und geben in gewissen Grenzen die Grundlage für manches andere ab, was heute in der Physik gedacht wird. Kälte gibt es demnach gar nicht, sondern es gibt nur verschiedene Grade von Wärme.

Nun hat man entdeckt, daß eine Erwärmung nicht nur mit einer stärkeren Bewegung dieser kleinsten Teilchen verbunden ist, sondern auch mit einer Ausdehnung des erwärmten Körpers im ganzen. Hat man z. B. einen Metallring von einem ganz bestimmten Durchmesser und an einer Kette eine Metallkugel, die durch diesen Ring gerade durchfällt, und hält man jetzt diese Kugel über eine Flamme und erwärmt sie, dann kann man sie auf den Ring setzen, sie fällt nicht mehr durch, denn sie hat sich ausgedehnt. Sogar das Wasser dehnt sich beim Erwärmen ein bißchen aus, sein Volumen wird ein bißchen größer. Mit Druck läßt sich das Wasser nicht zusammendrücken, aber mit Wärme und Kälte kann man es ausdehnen und zusammenziehen. Nun stellt das Wasser interessanterweise in diesem ganzen Zusammenhang eine absolute Anomalie dar, indem es sich beim Abkühlen zwar bis + 4° immer mehr zusammenzieht, wenn es aber noch weiter abgekühlt wird, also auf + 3°, + 2°, + 1°, dehnt es sich wieder aus, was kein anderer Stoff macht. In dem Moment, in dem es gefriert, dehnt es sich sogar noch mehr aus, so daß das Eis auf dem Wasser schwimmt, weil es spezifisch leichter ist. Bei verflüssigtem Eisen schwimmen die noch nicht zur Flüssigkeit gekommenen Eisenstücke nicht etwa oben, sondern sinken nach unten. Nur das Wasser hat diese merkwürdige Eigenschaft, daß es sich fortwährend dagegen zu sträuben scheint, sich dem Zwang des Kälterwerdens und Sich-weiter-Zusammenziehens zu unterwerfen. Es protestiert. Auch darüber gibt es natürlich wieder physikalische Theorien, warum das so ist. Man erklärt es mit der Bildung der Wassermoleküle usw. Wenn man aber so denkt, hat man in dieser ganzen physikalischen Anschauung überhaupt nichts mehr vom Wärme-Element darin, man hat es gewissermaßen beseitigt, umgebracht. In seinem Erleben der Wärme befindet sich der Mensch dagegen in einem ganz anderen Verhältnis zu ihr, denn man nimmt doch keine Spur von diesen »Atomwackeleien« wahr, sondern die Wärme, und man nimmt doch auch keine Spur von dem wahr, was sich nun meinetwegen zusammenzieht und noch mehr zusammenzieht, sondern man nimmt die Kälte wahr. Und der Maßstab für diese Wahrnehmungsunterschiede sind nicht die 0° beim gefrierenden Wasser oder die 100° beim siedenden Wasser, sondern der Maßstab ist die Temperatur meines Blutes. Alles was oberhalb von rund 37° ist, erscheint mir warm, und alles, was unterhalb von diesen 37° ist, erscheint mir kühl, und wenn es dann kühler wird, kalt. Ich habe von der Kälte eine genauso reale Wahrnehmung wie von der Wärme.

Die große Frage ist nur: Womit nehmen wir Menschen die Wärme und die Kälte wahr? Um das zu verstehen, muß man darauf aufmerksam werden, daß ein gewaltiger Unterschied zwischen der Art der Wahrnehmung der Wärme und der der Wahrnehmung z. B. von Licht und Farbe besteht. Licht und Farbe kann ich weder mit meinen Ohren noch mit meinen Händen wahrnehmen, sondern nur mit dem Auge, mit diesem spezialisierten Organ. Ein solches Organ für die Wärme habe ich aber nicht. Es gibt auf der Haut zwar gewisse Nervenendigungen, die immer heiß oder kalt empfinden, und sogar wenn man sie mit einer Nadelspitze berührt, hat man einen Moment einen Eindruck des Heißen. Aber das ist mehr ein lokal über die Haut ausgebreiteter Reiz. Ob es warm oder kalt ist in mir oder draußen, nehme ich in Wahrheit mit dieser mittleren Temperatur der Blutwärme von 37° wahr. Wie kann ich das? Damit kommen wir auf den entscheidenden Punkt, von dem aus allein man verstehen kann, was das Wärme-Element in der Welt ist. Denn in dieser Wärme, ich könnte auch sagen in dieser bestimmten Temperatur, die durch den menschlichen Organismus mit allen möglichen Mitteln aufrechterhalten wird – wenn sie absinken will, wird sie wieder aufgeheizt, wenn sie zu hoch steigt, wird sie wieder gedämpft –, in dieser Wärme bin ich selbst restlos darin, und zwar in der Wärme, die meinen Leib durchzieht. Um das Wärmewesen zu begreifen, nützt es überhaupt nichts, irgendwelche physikalischen Untersuchungen heranzuziehen, sondern da muß der Mensch selbst zum Wahrnehmungsorgan werden.

Versuchen Sie sich einmal bewußtzumachen, wo die Eigenwärme, in der jeder vollständig darin ist, mit der er sozusagen identisch ist, eigentlich anfängt. Es gibt interessante Untersuchungen eines Physiologen. Auf einen Versuchsplatz mußte sich ein Mensch setzen, unter dem auf eine bestimmte Weise Rauch erzeugt wurde. Die aufsteigenden Wärmewolken wurden durch Beleuchtung und Projektion auf einem transparenten Schirm sichtbar gemacht. Wenn der Versuchsperson mathematische Aufgaben gestellt wurden, also eine intellektuelle Arbeit, verschob sich das Strömungsmaximum der Wärme zum Kopf hin, während die Strömungen im Unterleib nachließen und beinahe zum Stillstand kamen. Wenn wir mathematische Aufgaben lösen, dann wird unser Kopf also wärmestrahlend. Warum? Wenn der Versuchsperson dagegen ein Kriminalroman vorgelesen, also der emotionale Tonus erhöht wurde, begann sofort wieder die abdominale Strömung, also die Strömung des Unterleibes. Bei den Willen aktivierenden Bewußtseinsinhalten wurde dagegen der Gesamtkörper strahlend, aber mit dem Unterschied, daß vielfach abdominale Zonen bevorzugt waren und daß die Wellen in jedem Fall kleiner waren als bei emotionalem Inhalt. Bei einem Kriminalroman waren die Wellen groß, bei der Mathematikaufgabe klein, aber fein usw.

Das bedeutet also, daß die Wärme, in der ich als Mensch lebe, nicht nur innerhalb meiner Haut ist, sondern auch in meinem Umkreis, und wenn ich entsprechende Luftströmungen aufsteigen lasse, die von dieser Wärme beeinflußt werden und ich das projiziere und sichtbar mache, kann ich das sogar beobachten. Wir haben also die Umkreiswärme und dann die Wärme der Haut. Es ist ja ganz deutlich festzustellen, daß schon auf der Haut ein Organismus von Wärme hergestellt wird, indem der Organismus dafür sorgt, daß z. B. die Haut an der Stirn nicht eine Temperatur von 37° hat, sondern sehr viel weniger. Auch die Haut an den Gliedmaßen hat eine reduzierte Temperatur, während die Haut in den Gliedmaßenbeugen, im Schoß und unter den Achselhöhlen genau 37,2° hat, und das ist die durchschnittliche Hautwärme.

Gehen wir jetzt noch ein bißchen weiter, dann kommen wir im Organismus zu den Organen, in die man heute Elektrosonden hineinstecken kann, die so dünn sind, daß dem Patienten gar nichts passiert. Damit kann man genau messen, wieviel Grad Celsius die Niere, die Leber, die Milz, der Magen, der Darm, das Gehirn, usw. haben. Dabei wurde festgestellt, daß die einzelnen Organe des Leibes unterschiedliche Temperaturen haben. Wir haben also jetzt die Umkreistemperatur, die Hauttemperatur und die Organtemperatur. Geht es jetzt ganz nach innen, dann kommen wir zum Blut und zu den Körpersäften. Unser Blut hat in sich selber wiederum einen ganz außerordentlich komplizierten Wärmeorganismus, in dem sogar die Blutwärme zwischen den beiden Kammern des Herzens verschieden groß ist, und die Blutwärme in den Lungen ist anders als in dem Blut, das z. B. in der Leber pulsiert. In dem geschilderten Experiment des Physiologen wurde der Versuchsperson eine Rechenaufgabe gestellt, ein Kriminalroman vorgelesen oder irgendein Willensimpuls angeregt. Aber ich kann ja auch ganz einfach still sitzen und außerordentlich heiter, vergnügt und seelisch warm sein. Dann ändert sich die Bluttemperatur nicht, aber die Temperatur meines Seelenlebens. Umgekehrt kann ich eisig kühl werden, wenn irgendein Zeitgenosse anfängt, mich zu malträtieren. Das ist dann ein abgekühltes Seelenleben. Wir kommen da also zu Temperaturen, zu Wärmeverhältnissen, die rein seelischer Natur sind. Daß diese seelischen Wärmeverhältnisse unter Umständen, also wenn sie kräftig und heftig genug sind, auch die Bluttemperatur beeinflussen und die Wärmeströmung und -ausstrahlung der Organe und auch die Haut, das hat dieser Physiologe gezeigt. Das kann sein, braucht aber nicht zu sein. Die seelische Erwärmung kann sich ohne körperliche Reaktionen abspielen, kann aber auch intensiv in die körperlichen Wärmeverhältnisse hineinwirken. Wenn ein Mensch, der immer kalte Hände und kalte Füße hat, sich für etwas seelisch erwärmt, dann wird er plötzlich merken, wie seine Hände warm werden. Aber das geht ja noch weiter, denn es gibt ja auch eine Begeisterung, und man kann an einem rein geistigen Inhalt erwachen, erglühen und sich an einem Ideal erwärmen. Auf der anderen Seite kann man aber auch vor einem unerreichbaren Ideal vor Schrecken wie erstarrt, wie abgekühlt, kalt werden. Wir haben also geistige Wärme und Kälte, wir haben seelische Wärme und Kälte, und wir haben Blutwärme und -kälte. Und jetzt kommt die Frage: Was ist dazwischen?

Noch einmal: wir haben die Umkreiswärme und -kälte, wir haben die Hautwärme und -kälte, wir haben die Organwärme und -kälte und die Blutwärme und -kälte, das sind vier. Auf der anderen

Seite haben wir die geistige Wärme und Kälte und die seelische Wärme und Kälte, das sind sechs. Was ist dazwischen? Unser Bewußtsein wird auf der einen Seite durch einen Fieberzustand, der rein physiologisch zustande kommt und mit dem Thermometer genau gemessen werden kann, verändert, und umgekehrt erhöht ein Wutanfall, der rein seelische Begründungen haben kann, meßbar die Temperatur des Blutes. Wie geht das vor sich? Hier liegt das eigentliche Geheimnis, das eigentliche Rätsel, weil wir, wenn wir Wärme wahrnehmen wollen, die Wärme – auch die äußere physikalische Wärme – nur mit Hilfe der Wärme wahrnehmen können, in der wir selber stecken. Dabei tritt die Wärme, in der wir vom Geistigen bis zum Materiell-Physischen, sogar bis zum Umkreis des Leibes stecken, siebenfältig auf.

Das bedeutet aber: Wenn wir in der Natur Wärme- und Kältevorgänge beobachten, sind diese anders als das, was vom Luft-Element als Lufttätigkeit auftritt, was vom Wasser-Element als Wassertätigkeit auftritt und was vom Erde-Element als Erdenstoffe auftritt. Das Wärmewesen hat in der physischen Welt überhaupt keine Realität, nur eine Wirkung. Nun kann man die Frage haben: Wo ist denn das Wärmewesen als solches? Wo sind Wärme und Kälte als Wesenhaftes überhaupt vorhanden? Weil es die Physiker nicht finden können, sind sie auf die Idee gekommen, daß da nichts weiter ist als die subjektive Wahrnehmung des Menschen.

Da gibt es ein interessantes Phänomen: wenn ich Eis zum Schmelzen bringen will, muß ich die Temperatur erhöhen, also von $-10°$ auf $-5°$ und weiter bis auf 0°. Jetzt fängt das Eis an zu schmelzen, und auch wenn ich das Wasser immer mehr erwärme, wird es trotzdem nicht wärmer, sondern es bleibt bei der Temperatur von 0°, bis das letzte Stückchen Eis im Wasser geschmolzen ist. Es muß also fortwährend Wärme zugefügt werden, damit das Wasser aus dem festen, dem erdigen Zustand in den wäßrigen, flüssigen Zustand übergehen kann. Ist das geschehen, ist das Eis also restlos geschmolzen, dann erwärmt sich das Wasser auf 1°, 10°, 20°, 50°, 100°. Kommt man bei 100° an, dann fängt das Wasser an zu sieden, und auch wenn ich fortwährend weitere Wärme zuführe, bleiben diese 100° bestehen; das Wasser wird nicht wärmer, sondern die zugeführte Wärme, welche die Temperatur erhöht, verschwindet vollständig in den neuen Zustand hinein. Es gibt natürlich auch hierfür eine mechanische Wärmetheorie. Wenn man demgegenüber aber langsam dahinterkommt, daß das Wärmewesen im wesentlichen etwas Übersinnliches ist, dann bekommt das von hier aus ein ganz anderes Licht.

Wir haben jetzt zwei Bilder vor uns. Auf der einen Seite steht der Mensch mit Umkreiswärme, Hautwärme, Organwärme, Blutwärme, dann kommt der geheimnisvolle Übergang von der physisch meßbaren Wärme zur seelisch bedingten meßbaren Wärme, und schließlich die seelische Wärme und die geistige Wärme. Auf der anderen Seite haben wir das Bild der Wärme, die immer Temperatursteigerung und Ausdehnung bewirkt, die verschwindet, um das Bild des nächsthöheren Aggregatzustandes herbeizuzaubern, das dann erscheint. Wenn wir diese beiden Bilder miteinander ins Gespräch bringen, kann man die Frage haben: Was passiert da eigentlich? Was passiert mit dem realen Wärmewesen? Zu diesem hat die Physik keinerlei Zugang, weil es in dem Bereich, in dem die Physik forscht, gar nicht vorhanden ist, sondern nur seine Wirkungen erscheinen. Man kommt darauf, sich sagen zu müssen: Das Wesen des Feuers, ob es als Flamme oder Glut oder Temperatur der Wetterverhältnisse von Sommer und Winter erscheint, es enthüllt sich nicht, es zeigt sich nur. Man muß es von innen erfassen, sonst kommt man überhaupt nicht heran. Die Erdewirkung, die Wasserwirkung, die Luftwirkung können wir von außen fassen, die sind außen da. Das Wärme- und Feuerwesen zeigt sofort den Charakter der Innerlichkeit. Auch wenn es äußerlich Bewegungen hervorruft, so sind die selbst doch eine ganz andere Sorte von Bewegungen als die äußeren Bewegungen von Luft und Wasser. Ich muß also in das eigene Innere hineinschauen, dorthin, wo ich in mir selbst erlebe, daß ich in meinem eigenen geistigen Dasein mit diesem Wärmewesen identisch bin. Ich muß also erkennen, daß ich beim Feuer aus dem Erdemäßigen, aus dem Wasser-Lebensmäßigen, aus dem Luft-Seelenmäßigen in das rein Geistige hineinkomme, in dasjenige Geistige, das die anderen Elemente durchdringen kann, sie aber so durchdringt, daß es gleichzeitig immer geistig bleibt.

Rudolf Steiner, der diese Angelegenheiten übersinnlich beobachten konnte, hat das ungefähr so beschrieben: Das Wärmewesen, das Feuer-Element, ist nicht wie ein extensiver Bewegungswirbel wie Wasser und Luft, sondern wie ein intensiver Bewegungswirbel. Es ist auch nicht ein extensiver Schwingungsprozeß wie die tönende Luft, sondern es ist ein intensiver Bewegungswirbel, der sich so abspielt, daß er fortwährend aus dem Geistigen in das Physische hereinwirkt, und in dem Maße, wie er physisch wird, geht er sofort wieder ins Geistige zurück und ist damit für die Physik als Realität überhaupt nicht zu finden, sondern nur als Wirksamkeit. Es ist aber im Menschen innerlich dort zu erleben, wo der Mensch im inneren Erleben den Punkt in sich zu finden versucht, wo sein inneres Seelisches, das ja ein Übersinnliches ist, in das Blut eingreift.

Dieses Eingreifen in das Blut kann nur ein Willensvorgang sein. Und damit kommen wir jetzt dazu, dieses ganze abgründige Rätsel des Feuerwesens, des Feuer-Elementes, der Wärmewirklichkeit der Welt, wirklich ein bißchen zu verstehen. Wir müssen uns nämlich sagen: physikalisch kommt man da gar nicht heran, man muß den Menschen an die Physik anknüpfen und die Physik an den Menschen. Beim Menschen selbst wiederum nützt es nichts, wenn man nur das Leibliche und die Lebensprozesse ins Auge faßt oder nur die seelischen Prozesse. Denn da bleibt man ja noch im Seelischen. In den Vorgängen der seelischen Wärme und Kälte, im Gefühlsleben, hat man immer nur die Äußerung von etwas Innerlichem. Erst wenn man zum geistigen Wesen des Menschen selbst aufsteigt, d. h. zu seinem Ichwesen als Wille, dann ist man im Wärmewesen darin, dann ergreift man innerlich das Feuergeheimnis der Welt. Und so hat man in diesem Feuergeheimnis ein ganz anderes Element, ein ganz andersartiges Element als in Luft, Wasser und Erde.

Davon haben manche Menschen immer eine Ahnung gehabt, daß dieses Wärme-Feuer-Element das eigentliche Wesen des Menschen ausmacht, sein eigentlich geistiges Wesen, aber nicht als eine Abstraktion, auch nicht als ein Bild, sondern als eine Kraft, als eine Willenskraft. Diese Willenskraft ist ihrer innersten Natur nach eine ganz besondere Sorte von Willen. Es gibt ja verschiedene Sorten von Willen, aber derjenige Wille, der als Wärme wirkt und der in sich die Souveränität hat, sich zu erwärmen und abzukühlen, sich zu behaupten und hinzugeben, ist seinem Wesen nach geistige Liebe. Wenn man das Wasser-Element ergreift, kommt man mit Hilfe des Stoffes Wasser in die Lebensbilder der Welt herein: Bilder entstehen, Bilder vergehen, das Wasser nimmt sie auf und läßt sie wieder los. Wenn man in die Luft hineinlauscht, kommt man in die Gesetzmäßigkeiten des Seelischen der Welt. Das Luft-Element ist Seelenatem. Steigt man zur Wärme, zum Feuer auf, kommt man in das eigentlich Geistige, und zwar in dasjenige Geistige, das wesenhaft moralisch auftritt. Das haben die Meister geahnt und gewußt und auch ausgesprochen.

»Mein Jahr.
Nicht vom letzten Schlittengleise bis zum neuen Flockentraum
Zähl' ich auf der Lebensreise den erfüllten Jahresraum.
Nicht vom ersten frischen Singen, das im Wald geboren ist,
Bis die Zweige wieder klingen, dauert mir die Jahresfrist.
Von der Kelter nicht zur Kelter dreht sich mir des Jahres Schwung.
Nein, in Flammen werd' ich älter und in Flammen wieder jung.
Von dem ersten Blitze heuer, der aus dunkler Wolke sprang,
Bis zu neuem Himmelsfeuer rechn' ich meinen Jahresgang.

Conrad Ferdinand Meyer[14]

Und so dürfen wir jetzt das ganze Wahrspruchgebilde nochmals vor uns haben, indem wir immer wieder sehen, was erlebt wird und womit es erlebt wird.

»Sieh, du mein Auge,
Der Sonne reine Strahlen
Aus der Erde Formenwesen.

Sieh, du mein Herz,
Der Sonne Geistgewalten
Aus des Wassers Wellenschlägen.

Sieh, du meine Seele,
Der Sonne Weltenwillen
Aus der Lüfte Glanzgeflimmer.

Sieh, du mein Geist,
Der Sonne Götterwesen
Aus des Feuers Liebesströmen.«

FÜNFTE STUNDE

Das Zusammenwirken der Elemente

In den vergangenen vier Kursstunden sind wir einen bestimmten Weg gegangen, um ein Verständnis für das Wesen der Elemente zu finden. Dabei konnten wir von der Tatsache ausgehen, daß die Elemente im irdischen Bereich durch ganz bestimmte Stoffe repräsentiert sind. Indem man die Bilder dieser Stoffe anschaut, kommt man innerlich in Bewegung. Das ist der erste Schritt auf diesem Weg. Man schaut also den Berg und das Tal an, den Kristall und den Ackerboden, und sieht: das Bild des Erde-Elementes. Man schaut die Quelle und den Fluß an, den Strom und das Meer, den Regentropfen und die Tautropfen, den Schneekristall und das Eis, und sieht: das ist die materielle Repräsentanz des Wasser-Elementes. Man nimmt die Luft in ihren Bewegungen wahr, in ihrer Fähigkeit, den wehenden Atem, Wind und Sturm, aber auch Vogellied, Waldesrauschen und Menschenlaut zu tragen, und hat dann einen gewissen Eindruck von der Wirksamkeit des Luft-Elementes. In der letzten Kursstunde haben wir ja gesehen, daß es eine stoffliche Repräsentanz für das Feuer-Element nicht gibt, daß wir also das Feuer-Element nur in seinen Äußerungen, in seinen Wirkungen an den anderen Stoffen beobachten können und daß wir dabei schon sehr stark auf den Menschen und auf die Wahrnehmung des menschlichen Inneren angewiesen sind. Denn die Tatsache ist sehr wichtig, daß das Wärme-Element in der heutigen materialistischen Naturwissenschaft völlig unbekannt ist, weil diese nur Wirkungen wahrnimmt, die sie rein mechanistisch oder atomistisch, relativistisch interpretiert und so das dahinterstehende Wesenhafte überhaupt nicht mehr wahrnimmt. Man muß also schon in den Menschen hineinschauen, um da das Wärme-, das Feuerwesen zu finden. Dieser Unterschied zwischen den drei erstgenannten und dem vierten Element ist außerordentlich charakteristisch.

Wenn man sich von diesen Bildern in Bewegung setzen läßt und nun versucht, die Charakteristika, die Eigenschaften, die Tätigkeiten, die Bildungstätigkeiten dieser Elemente zu erfassen, dann kommt man zu ganz bestimmten, ganz charakteristischen Erscheinungen, die dann sehr bald dahin führen, daß man auf diesem Wege noch eine Stufe weitergehen muß. Man kommt nämlich dazu, daß man in diesen Elementen die Wirksamkeit von vier großen umfassenden kosmischen Gesetzmäßigkeiten entdeckt, so daß man also von der Erscheinung, vom Bild, zur Tätigkeit, zur Bewegung aufsteigt, schließlich zu der Gesetzmäßigkeit, die dann schon sehr weit führt.

Wir haben uns klargemacht, daß die irdischen Gesetzmäßigkeiten allein im Erde-Element wirken, während schon in das Wasser-Element mit seinen Wassererscheinungen die kosmische Gesetzmäßigkeit hereinwirkt, die Gesetzmäßigkeiten des Lebendigen, des Lebens. Das Wasser hat die Fähigkeit, Lebensbilder aufzufassen, Lebensbilder hervorzubringen, sie in sich zu tragen und weiterzugeben. Wir haben gesehen, daß im Luft-Element ein noch höheres Gesetzmäßiges auftritt, nämlich die Gesetzmäßigkeiten des Seelischen, des Beseelten im Weltall, und wir haben schließlich beim Wärme-Element gefunden, daß sich da die eigentlich geistigen Gesetzmäßigkeiten offenbaren.

Nun kann man die Frage haben: Genügt das schon? Hat man damit eigentlich das Wesen dessen erfaßt, was die Elemente sind? Ich will deshalb heute versuchen, noch einen Schritt weiterzugehen, allerdings wissend, daß das nicht ganz leicht ist, aber vielleicht sind wir durch die vorangegangenen Stunden ein bißchen vorbereitet und geschult. Denn wenn man ein wenig lernt, diese vier Elementwesenheiten differenziert wahrzunehmen, also ihre charakteristischen Eigenschaften herauszufinden, dann muß man sofort auch das andere ins Auge fassen, daß diese vier Elemente nicht irgendein

Abstraktum in der Welt sind, sondern daß sie miteinander zusammenhängen, daß sie aufeinander wirken, daß sie miteinander in ein Wechselspiel kommen, daß also zwischen den Elementen und ihren Gesetzmäßigkeiten gewisse Berührungspunkte, gewisse Berührungsflächen, ja sogar Übergänge vorhanden sind. Und diese Übergänglichkeit des Elementarischen ist nun wiederum etwas, was zum Verständnis der Sache ganz außerordentlich charakteristisch und wichtig ist.

Bedenken Sie z. B., was das bedeutet, daß das Feste, das Erde-Element, jederzeit in der Lage ist, vom Wasser aufgenommen und im Wasser aufgelöst zu werden. Das Wasser der Weltmeere enthält eine ganze Reihe von Erdebestandteilen entweder in Form von Salzen oder in Form von anderen Stoffzuständlichkeiten, die es in sich aufgelöst, aufgesogen hat. Wir entdecken mit einem Mal, daß zwischen Wasser und Erde schon rein im Stofflichen Berührungspunkte und Übergänge vorhanden sind, äußerlich allein schon dadurch, daß das Wasser in der Lage ist, jeden Erdenstoff zu benetzen, naß zu machen. Die Hunde haben ja die großartige Fähigkeit, wenn sie in das Wasser geraten sind und wieder herauskommen, jeden Teil ihres Körpers so zu schütteln, daß das Wasser wieder wegspritzt. Aber ein bißchen naß bleibt das Fell immer noch. Nach dem Motto: »Wasch mir den Pelz, aber mach mich nicht naß« geht es ja nun doch nicht. Diese Berührung zwischen dem Flüssigen und dem Erdigen, zwischen dem Wasser-Element und dem Erde-Element, diese zahllosen feinen und feinsten Berührungsflächen spielen ja z. B. gerade im Erdboden eine ganz gewaltige Rolle. Wenn aber nun das Wasser einen Erdenstoff auflöst, z. B. ein Salz, ein Metallsalz, ein Oxyd, dann findet ja nicht nur eine äußere Berührung zwischen dem einen und dem anderen statt, sondern es entsteht eine Berührungsfläche, die durch und durch geht. Wenn ein im Wasser aufgelöstes Körnchen Salz Wasser wird, wird es ja gewissermaßen seiner Erdhaftigkeit wie enthoben und in das Wasser-Element hereingenommen, und dabei durchdringen sich die beiden Elemente in ihrer Bildgestalt als Erdig-Festig-Salziges und als Flüssig-Wäßriges gegenseitig vollständig und bilden miteinander eine Art innerer Berührungszone. Dies führt gerade dazu, daß dann der Träger des Wasser-Elementes, nämlich das Wasser, die gewaltige Fähigkeit hat, fast alle chemischen Prozesse, chemischen Vorgänge und Wechselwirkungen von Stoffen allein dadurch möglich zu machen, daß es die Stoffe auflöst, teilweise sogar zersetzt – ionisiert nennt man das –, wodurch dieses Wechselspiel sofort in Gang kommt. Das Erdige wird gewissermaßen flüssig und kann sich selbst bewegen, zueinander und voneinander weg.

Wenn wir vom Wasser zur Luft aufsteigen, dann sehen wir wiederum, daß das Wasser die Luft in sich aufnehmen kann. Das Wasser kann die Luft auflösen; genauso wie es Salz, also Erdiges, auflösen kann, kann es auch Gasiges auflösen. Das Wasser enthält auch alle Gase, die in der Luft vorkommen. Dies bedeutet, daß hier wiederum eine innere Oberflächenbildung, eine innere Zwischenflächenbildung zwischen Luft und Wasser stattfindet. Hinzu kommt noch die äußere Oberflächenbildung, nämlich die Wasseroberfläche, der Wasserspiegel, an dem fortwährend Übergänge stattfinden, sowohl infolge von Bewegung – Luftbewegung und Wellenbildung – wie auch infolge der Verdunstung des Wassers, und umgekehrt atmet das Wasser auch Luft ein. Man sieht also, wie die Elemente ganz fein miteinander in Wechselwirkung stehen, wie eigentlich das eine ohne das andere gar nicht zu denken ist.

Wenn wir dann zur Luft aufsteigen, dann sehen wir, wie die Luft nun wiederum Wasser in sich aufnehmen kann und wie sie das Wasser luftartig werden läßt. So wie das Wasser den Kristall Wasser werden läßt, so läßt die Luft das Wasser Luft werden, sie macht es atembar. Wir atmen ja in unseren Lungen fortwährend feuchte Luft ein und aus. Wiederum entsteht zwischen Luft und Wasser eine Art innere Oberfläche, so daß die bewegte Luft und die warm und kalt werdende Luft fortwährend Wasser in außerordentlich lebendiger Weise aufnehmen und abgeben kann. Man bedenke nur, was es heißt, wenn die Luft unsichtbar Wasser in Form von Wassergas aufgenommen hat und sie dann abgekühlt wird, daß dann mit einem

Mal Wasser wieder in Form von winzig kleinen Tröpfchen erscheint, d. h. daß sich Dunst oder Wolken bilden! Umgekehrt verschwindet das Wasser wieder, sobald diese Luft etwas wärmer wird, und die Wolke löst sich auf.

Am allerintensivsten findet diese Durchdringung, diese Wechselwirkung, zwischen dem Wärme-Element und allen anderen statt. Das Wärme-Element hat auch hier wieder eine Sonderstellung, denn es hat eben die Möglichkeit, alle anderen Elemente vollständig zu durchdringen und dadurch den eigenartigen Prozeß der Ausdehnung und Zusammenziehung zu bewirken. Überall, wo das Feuer-Element in Luft, Wasser, Erde eindringt, werden diese ausgeweitet, ausgedehnt. Das ist besonders stark bei der Luft, aber beim Wasser und den festen Stoffen findet es ebenso statt. Umgekehrt: wenn sich die Wärme zurückzieht, läßt sie gewissermaßen die Stoffe los und bewirkt sogar etwas wie den Übergang des einen Aggregatzustandes in den anderen, also Eis wird flüssig, Eisen schmilzt zu flüssigem Eisen, Wasser wird gasförmig.

Nun gibt es noch ein sehr interessantes Phänomen, das nicht gleich ins Auge fällt, nämlich daß die Übergänge des einen Elementes in das andere, also die Berührungen der Elemente untereinander, auch noch in mehr geistiger Art stattfinden, wobei das Wort »geistig« erstmal in Anführungsstriche gesetzt werden soll. Wenn das Wasser-Element als stehendes Wasser auftritt, dann hat jedes Wasserteilchen seine Schwere, die es zum gemeinsamen Schwerpunkt der Erde hinzieht. Dadurch aber, daß die einzelnen Teile ins Gleichgewicht miteinander kommen, bildet sich ein bestimmtes Niveau: die Wasseroberfläche. Was dabei im Wasser-Element wesenhaft ist, das wirkt auch im Bereich des Erde-Elementes, aber hier nur wie im Abbild. Denn wenn man z. B. ein riesiges Granitmassiv vor sich hat und darin zahllose Millionen und Abermillionen Kriställchen, dann liegen diese auch so ähnlich darin wie die Wasserteilchen im Wasser. Aber sie bilden das nur ab, denn jeder Kristall hat seine eigene Form und läßt sich von den anderen in seiner Form nicht beeinflussen; er hat auch seinen eigenen kleinen

Schwerpunkt. Das bedeutet also: bei der Ablagerung von Erde bildet sich wie in einem Bild dasjenige ab, was das Wasser selbst macht.

Wenn man dann wiederum die Luft anschaut, die Luft mit ihrer Eigenschaft, sich fortwährend auszudehnen und zusammenzuziehen, und feststellt, daß sie neben den charakteristischen Bewegungen, über die wir ja gesprochen haben, diesen eigenartigen charakteristischen Atem hat, dann sieht man, daß das Wasser, indem es aus dem flüssigen in den luftförmigen Zustand übergeht und sich in die Ausdehnung erhebt, das im Bilde nachmacht, was die Luft wesenhaft immer an sich hat.

Steigt man schließlich zur Wärme, zum Feuer auf und sieht dann, wie das Feuer als seine charakteristische Eigenschaft eigentlich dieses hat, sich mit sich selber zu durchdringen, fortwährend an der Grenze zwischen Physischwerden und Geistigwerden hin- und herzuvibrieren, so daß man im menschlichen Inneren die äußerlichen Wärmeverhältnisse und die inneren Wärmeverhältnisse in einem geheimnisvollen Zwischenraum miteinander in Beziehung findet, so hat man davon ein Bild wiederum in dem, was die Luft macht, weil sie diese ungeheure Ausdehnungsmöglichkeit hat und gewissermaßen wie versprüht und wie zu Wärme werden will. Aber sie bildet das Wärmehafte nur ab. Wir haben also in der Luft außer ihren eigenen Eigenschaften ein Wärmebild. Das nur macht es uns möglich, die äußeren Wirkungen der Wärme zu studieren. Wir haben im Wasser ein Bild der Luft, und wir haben in der Erde ein Bild des Wassers. Die wesenhafte Wirklichkeit liegt immer in einer höheren Schicht, und das darunterliegende Element bildet das darüberliegende in sich ab. Darin ist etwas Gemeinsames, etwas Übergängliches in der elementarischen Welt vorhanden.

Damit kommen wir nun zu der entscheidenden Frage: Wie steht die elementarische Welt nun nicht nur mit sich selbst in Beziehung von einem Element zum anderen, sondern wie steht die Gesamtheit der Elemente eigentlich im ganzen Weltall, im Kosmos darin?

An dieser Stelle möchte ich den für die heutige Kursstunde entscheidenden Schritt machen, denn man muß jetzt den Mut haben, das Übersinnliche gewissermaßen mit ins Auge zu fassen. Das Übersinnliche ist ja, wenn man auf das ganze Weltenall hinschaut, dreigliedrig gegenüber einem Vierten, das eben sinnlich ist. Wir haben die Sinneswelt, das, was wir mit den Sinnen wahrnehmen können – was wir mit den Augen sehen, mit den Ohren hören, mit den Händen betasten, als Druck fühlen, als Schwere empfinden usw., wir haben die Undurchdringlichkeit der materiellen Welt, alles dessen, was als Sinnenwelt auftritt –, und wir haben demgegenüber die rein geistige Welt. Man kann, wenn man bewußt Mensch sein will, von einer geistigen Welt sprechen, denn man kann ja schon bei sich selber, in seinem eigenen Inneren, das Geistige, Wesenhafte finden. Dann sieht man, daß man selbst eine geistige Wesenheit, eine geistige Person ist. Und so, wie wir auf der einen Seite die Sinneswelt haben, so haben wir auf der anderen Seite die geistige Welt, die sogenannte höhere geistige Welt, und die besteht aus geistig-göttlichen Wesen.

Nun ist es beim Menschen so, daß zwischen seiner Geistigkeit, seinem Ich, und seiner sinnlichen Leiblichkeit Zwischenbereiche bestehen. Der eine Zwischenbereich ist das, was das Geistige im Menschen als Seele umhüllt und umgibt, und man kann sagen: das Geistige wirkt innerlich, es verinnerlicht sich. Indem das Geistige innerlich wird, indem es subjektiv wird, indem es sich selbst zu erleben lernt, indem es sich auf sich selbst und gleichzeitig auf die Welt zu beziehen lernt, wird es Innerlichkeit, und das heißt ja Seele. Man kann also sagen, daß die höhere, geistige Welt, die aus rein geistigen Wesenheiten besteht, immer einen Teil ihrer Geistigkeit verinnerlichen und zu Seele werden läßt, und diese Verinnerlichung, dieses Seele-Werden des Geistes, ist einer unendlichen Entwicklung fähig.

Auf der anderen Seite hat das Geistige das Bestreben, nicht nur sich selbst zu erleben, sich selbst zu verinnerlichen, einen Teil seiner Geistigkeit Seele werden zu lassen, sondern es hat auch das Bestreben, sich zu offenbaren, sich zu betätigen, das heißt sich nach außen zu wenden. Indem das Geistige, das höhere Geistige, sich nicht nur nach innen wendet und Seele wird, sondern nach außen wendet und Leben wird, entsteht so etwas wie eine niedere geistige Welt.

Nun ist man immer leicht geneigt, diese Welten sozusagen wie die Etagen eines Hauses übereinanderzusetzen, und davon bekommt man dann ein solches Bild in die Seele: ganz unten ist also die Sinneswelt, die materielle Welt, dann kommt die niedere Geistwelt, dann die Seelenwelt und dann die höhere Geistwelt. So ist das aber nicht, denn sowohl die höhere geistige Welt wie auch die seelische Welt und die niedere Geistwelt – die Lebenswelt, die Ätherwelt – haben einen direkten Bezug zur Sinnenwelt. Jetzt bekommt man ein Bild, das ich nicht an die Tafel zeichnen, sondern in unsere Vorstellung hineinmalen möchte.

Wir können also sagen: unten haben wir die materielle, die sinnliche Welt, und wir haben ihr gegenüber die höhere geistige Welt, also die Welt, die aus geistigen Wesen besteht. Zu der gehört ja der Mensch auch. Und wir haben dann auf der einen Seite die verinnerlichte Seite des Geistigen als Seelisches und auf der anderen Seite die veräußerlichte Seite des Geistigen, das, was auf äußerliche Weise nach der Sinnenwelt hin tendiert: die niedere Geistwelt. Und zwischen diesen Bereichen wirken die Elemente. Denn die unmittelbare Verbindung des rein Geistigen zum Irdischen, zum Erde-Element, ist das Feuer. Wir erleben ja in jedem Feuerphänomen, in jeder Feuerbildung, eine unmittelbare Einwirkung des höchsten Geistigen direkt in die Sinneswelt herunter. Zwischen dem Seelischen, dem verinnerlichten Geistigen und der Sinnenwelt vermittelt die Luft, das Luft-Element, während zwischen dem niedrigen Geistigen – dem Lebensmäßig-Geistigen, dem Geistigen, das nach außen und innen lebt, das sich verkörpert und entkörpert, – und dem Irdischen das Wasser-Element vermittelt. Das Erde-Element selbst steckt hinter dem irdischen, sinnlichen Erscheinungsgebiet. Dadurch wird es ganz verständlich, warum das Wärme-Element geistige Gesetzmäßigkeiten repräsentiert, warum das Luft-Element seelische Gesetzmäßigkeiten repräsentiert, warum das Wasser-Element Lebensgesetzmäßigkeiten repräsentiert und warum das Erde-Element die Gesetzmäßigkeiten der materiellen sinnlichen Welt repräsentiert. Die vier Elemente sind selbst wiederum die Zwischenbereiche, die Beziehungsbereiche zwischen den Welten.

Geistige Welt – Wärme-Element
Seelenwelt – Luft-Element
Lebenswelt – Wasser-Element
Erdenwelt, Sinneswelt – Erde-Element.

Wir haben gesehen, wie das Feuer-Element die Möglichkeit hat, in alle drei anderen Elemente hereinzuwirken und die Beziehungen herzustellen und wie es gleichzeitig auch in den anderen abgebildet ist: das Feuer-Element im Luft-Element, das Luft-Element im Wasser-Element, das Wasser-Element im Erden-Element.

Wir kommen nun zu der ganz entscheidenden Frage: Woher stammen diese Elemente, diese Gesetzmäßigkeiten, diese Zwischenbereiche zwischen den Welten untereinander? Woher stammen sie und wie sind sie entstanden? Was ist ihr eigentliches Wesen? Wenn man diese Fragen beantworten will, muß man die geistige Welt selbst fragen. Bisher haben wir in diesen Kursstunden nur die Erscheinungen befragt. Wir haben gesehen, daß die Erscheinungen uns gewisse Antworten geben, daß sie uns von dem Gebundensein an das nur Sinnliche freimachen und daß sie uns zunächst die Antwort geben: das ist übersinnlich, die Elemente sind eigentlich übersinnlich. Sie sind dasjenige Übersinnliche, das zwischen dem eigentlichen Übersinnlichen und dem ganz Sinnlichen, auch dem Erde-Element, vermittelt. Wenn man aber wissen will, was diese Elemente nun wesenhaft sind, was eigentlich das Wesenhafte ihres Beziehungscharakters ist, dann muß man die geistige Welt selbst befragen. Es ist ja ganz klar, daß wir aus der gewöhnlichen Bewußtseinszuständlichkeit auf diese Frage keine Antwort bekommen könnten, wenn nicht die Geistesforschung Rudolf Steiners dazu in der Lage wäre, Licht darüber zu verbreiten. Sie tut das, indem sie uns nun auf die eigentlich geistige Welt aufmerksam macht, d. h. auf jene Wesen, die in dieser geistigen Welt leben, und das sind die hierarchischen Wesen.

Diese hierarchischen Wesen werden immer so beschrieben, daß sie untereinander Beziehungen haben, und zwar Beziehungen, die sie nicht von vornherein haben, sondern die sie selber herstellen. Aus den Beschreibungen der Geisteswissenschaft hören wir, daß ganz am Anfang die Beziehung zwischen derjenigen geistigen Hierarchie, die in der christlichen Tradition die Throne genannt werden, zu der unmittelbar über ihnen stehenden nächsten Hierarchie, den Geistern der Harmonie, den Cherubim, entstanden ist. Diese Beziehung entsteht dadurch, daß die Throne im Anblick der Cherubim in die Knie gehen, daß die Schönheit, die Erhabenheit, die harmonische Kraft dieser Cherubim auf die Throne einen so ungeheuren Eindruck macht, daß sie aus ihrer eigenen Wesenheit an diese Cherubim ein Opfer abgeben, und zwar ein Opfer ihres Willens. Indem das Opfer ihres Willens zu den Cherubim aufsteigt und sich diese Opferkraft, diese Willenskraft, von den Thronen vollständig loslöst und den Cherubim übergeben wird, entsteht das Wärme-Element, das Feuer-Element. Die Throne werden zu dieser Haltung, zu dieser Tat durch den Anblick der Cherubim angeregt, durch den Anblick der kosmischen Schönheit und Harmonie und Gewalt der Cherubim. Dieses Feuer-Element ist seinem Wesen nach nicht nur die geistige Beziehung, die geistige Gesetzmäßigkeit, die wir in der letzten Stunde ein wenig angeschaut haben, sondern dieses Feuer-Element ist seinem Wesen nach die Hingabe der Throne an die Cherubim, also ein seelisch-geistiger Opfervorgang. Und dadurch entsteht eine Beziehung zwischen diesen beiden Hierarchien. Den Beziehungscharakter, d. h. den Charakter der Vermittlung, des Zwischenbereichs zwischen dem Geistigen und dem Sinnlichen haben wir ja an den Elementen bereits angeschaut. Durch diese Beziehungstätigkeit, diesen Beziehungscharakter, ist ja ihr ganzes Wirken charakterisiert. Jetzt erfahren wir, was die Wirklichkeit ist, die hinter dem Feuer wirkt, und der Geistesforscher sagt: Es gibt überhaupt kein Feuer in der Welt, das nicht letzten Endes etwas von dieser Beziehung, von dieser Hingabe, von dieser Anbetung der Throne gegenüber den Cherubim enthielte. Das gibt dem Feuer-Element seine moralische Qualität, seine Selbstlosigkeit.

Fragt man nun weiter, woher das Luft-Element stammt, dann erfährt man, daß die unter den Thronen stehende nächste Hierarchie, die Geister der Weisheit, die Kyriotetes, von dem Anblick des Opfers der Throne wiederum so tief erschüttert werden, daß aus ihnen eine Beziehung zu diesen Thronen hervorgeht, die nun darin besteht, daß sie aus ihrem eigenen Inneren die schenkende Tugend entwickeln, die seelische Hingabe. Während die Throne die Willenshingabe, die Opferhingabe, hervorgebracht haben, bringen die Geister der Weisheit, die Herrschaften, die Kyriotetes, diese liebevolle Hingabe an die Throne, an das Opfer der Throne zustande, und daraus entsteht das Luft-Element als Träger der Weltgesetzmäßigkeit des Seelischen.

Wenn man weiter fragt, wie das Wasserelement entstanden ist, dann wird einem von Rudolf Steiner gesagt, daß man jetzt noch eine Stufe tiefer steigen muß zu denjenigen hierarchischen Wesen, die unter den Geistern der Weisheit stehen, nämlich zu den Geistern der Bewegung, den Dynameis. Indem diese Dynameis die schenkende Tugend der Hierarchie der Kyriotetes anschauen, entsteht in ihnen zu diesen Kyriotetes eine Beziehung. Diese Beziehung besteht darin, daß sie auf ihre Kraft verzichten, daß sie eine Art Zurückhaltung ausüben, eine Art schöpferischer Resignation, damit die anderen beiden Hierarchien das immer wieder verwirklichen, was sie tun, nämlich das Opfer-Schaffen und das Schenken. Aus dieser Beziehung zwischen den Dynameis und den Kyriotetes geht das Wasser-Element hervor mit seiner wunderbaren Resignation, seinem Verzicht auf alle Eigenheiten und seine vollständige Möglichkeit, sich hinzugeben an die Erde, an die Luft, an die Wärme und an das Licht.

Dann kommt der letzte Schritt. In diesem letzten Schritt werden nun wiederum die nächstfolgenden hierarchischen Wesen, nämlich die Geister der Form, die Exusiai, durch den Anblick des schöpferischen Verzichtes der Dynameis, der Geister der Bewegung, angeregt, und sie beschließen, ein Weltenopfer dadurch zu bringen, daß sie sich binden, sich fesseln lassen an die Formen, an die endgültigen Ausgestaltungen der Welt. Sie verzichten also darauf, in allen Bewegungen vorhanden zu sein, aber fangen alle Bewegungen auf, bringen sie zur Ruhe, befestigen sie und verleihen ihnen Dauer. Das sind die Geister der Form.

Wenn wir von dem unmittelbar sinnlich Wahrnehmbaren aufsteigen und den Weg zu gehen versuchen, daß wir die Elemente in Bewegung bringen, in Prozesse verwandeln und dann den Charakter der Elemente, die Gesetzmäßigkeit der Elemente anschauen, dann sehen wir, wie sich das durch sich selbst eigentlich schon offenbart: es sind Beziehungsverhältnisse, Beziehungskräfte. Diese Beziehungsverhältnisse und Beziehungskräfte sind aber nicht solche, wie sie zwischen Menschen bestehen, sondern solche zwischen geistigen Wesen, den hierarchischen Wesen. Durch den ganz bestimmten Charakter der Beziehung dieser Wesen zueinander entstehen Wirklichkeiten, die vorher nicht dagewesen sind, bevor diese Wesen ein solches Verhältnis zueinander begründet haben. Dadurch wird die Welt mit einer Realität erfüllt, die elementarischen Charakter hat, die den rein elementarischen, selbstlosen Beziehungscharakter hat. Denn man sieht ja, daß das Opferverhalten der Throne, die schenkende Tugend der Kyriotetes, der schöpferische Verzicht der Dynameis, das sich selbst bis zur Festigung Beruhigende der Exusiai im Grunde eigentlich moralische Qualitäten sind. Es sind moralische Qualitäten, die aber Welt werden, die aus den Hierarchien hervorgehen, sie miteinander in Beziehung setzen und dadurch Substanz, Gesetzmäßigkeit, Prozeß und schaffendes Gestalten werden.

So steht zwischen den Hierarchien das Element, aber jetzt als Hervorbringung, als schöpferische Hervorbringung von Wesen, und die vier Elemente sind tatsächlich bis heute die selbstlosen Beziehungswirklichkeiten, die Verhältniswirklichkeiten im ganzen Weltall.

Damit habe ich also versucht, die eine Seite der Sache zu charakterisieren, so daß man sie jetzt formulieren kann. Ich darf jetzt versuchen, die Bilder, die ich entwickelt habe, zu formulieren und in Begriffe zu bringen. Man kann das so formulieren: Wir haben es zunächst mit der irdisch-materiellen Repräsentanz der Elemente zu tun, also mit Erde, Wasser und Luft. Wir haben es zweitens mit dem Weben und Leben der Materie zu tun. Wir haben es drittens mit bestimmten Gesetzmäßigkeiten dieses Lebens und Webens der Materie zu tun. Denn die Luft, obwohl sie Materie ist, bewegt sich nach seelischen Gesetzmäßigkeiten. Auch das Wasser, obwohl es Materie ist, bewegt sich nach ätherischen Lebensgesetzmäßigkeiten, und die Erde, obwohl sie materielle Erde ist, empfängt die geistige Gesetzmäßigkeit der reinen Kristallform oder der Bildung und Gestaltung eines Gebirges, eines Tales, einer Ebene. Das Feuer-Element bewahrt am allerreinsten, am allerdeutlichsten seinen Ursprung, es zeigt uns seinen kosmisch-schöpferischen Beziehungsursprung.

Erlauben Sie mir, jetzt noch den letzten schwierigen Schritt zu versuchen. Wenn man die auseinandergelegten Elemente in ihrer vierfachen Charakteristik anschaut und auch in ihrem vierfachen kosmischen Ursprung bei den geistigen Wesen, so muß man doch sehen, daß dem ein noch geheimnisvolleres, noch tieferes Einheitliches zugrunde liegt. Gewiß ist das Willensopfer der Throne etwas anderes als die schenkende Tugend der Kyriotetes und diese wiederum etwas anderes als der schöpferische Verzicht der Dynameis und der wiederum etwas anderes als die Formkraft, die Befestigungskraft der Exusiai, der Geister der Form. Aber hinter diesen Beziehungsverhältnissen steht etwas Gemeinsames, man möchte sagen, das »Ur-Element«, das in und hinter den vier Elementen wirkende Ur-Element. Dieses Ur-Element offenbart sich großartigerweise auch für unsere Augen, und zwar in drei Gestaltungen.

Die erste Offenbarung dieses einheitlichen Ur-Elementes ist die Sonne. Als wir vor einiger Zeit ausführlich über das Wesen der Sonne gesprochen haben, haben wir ja versucht, uns klarzumachen, was die Sonne ist. Die Sonne ist eigentlich selbst gar nichts, sondern – so grotesk das klingt – entsteht fortwährend dadurch, daß aus allen Räumen des geistigen Kosmos der Sternenwelt die Kräfte wie in einem Brennpunkt zusammenströmen, daß sie dann in der Sonne durch sich selbst hindurch zusammengefaßt werden wie in einer innersten Einheit, dann wieder in das Planetensystem ausstrahlen, von dort wieder zusammenströmen, in die Sonne zurückgenommen werden, durch die Sonne noch einmal hindurchströmen, von wo aus sie dann zu Mond und Erde herunterströmen und auf der Erde die Mannigfaltigkeit des Lebens bewirken.

»Sonne, du Strahlentragende
Deines Lichtes Stoffgewalt
Zaubert Leben aus der Erde
Unermeßlich reichen Tiefen ...«[10]

Wir haben gesehen, wie dann das, was zur Erde gekommen ist, von der Sonne auch wieder zurückgenommen wird, daß dieses Zentralfeuer im Kosmos da draußen seinem Geistigen, seinem Wesenhaften, seiner wesenhaften Seite nach das fortwährende In-eins-Bringen der Elemente ist. Es ist wie eine Art Ur- und Grundprozeß des Elementarischen, des Vermittelnden von einem zum anderen und von dem anderen zu dem einen hin und her und wieder zurück. Die Sonne ist das schlagende Weltenherz, das nur dadurch entsteht, daß die Welten zusammenwirken und sich wieder differenzieren. Das ist das Wesen der Sonne.

Wir haben das zweite Bild für die Einheit der Elemente, für das Höhere der Elemente: die Bilder der Sterne, der Fixsterne. Wenn wir die Fixsterne anschauen, sehen wir geistig, daß da aus dem Geistigen, Übersinnlichen durch den Stern etwas hindurchstrahlt und wieder ausstrahlt in die sinnlich sichtbare Welt. Und das sind wiederum gewisse Kräfte, die allem Elementarischen gemeinsam zugrunde liegen.

Wir haben aber auch noch ein drittes Phänomen, in dem die Elemente gewissermaßen als Einheit auftreten, und das ist der Blitz. Ich habe schon in der ersten Kursstunde versucht, auf diese Angelegenheit hinzudeuten. Wir haben ja in der Blitzwirkung die Flamme, das Licht, den Ton und die Kraft, und alles tritt sofort auf einmal in Erscheinung. Daraus entsteht die interessante Frage: Was kommt denn in diesem Phänomen, in dieser höchsten Erscheinung in die sinnliche Sichtbarkeit? Als Antwort gibt es diese alten Einweihungsformeln, die da – frei formuliert – sagen: Schau den Blitz, sieh sein Licht, laß dieses aufflammende Licht langsamwerden, sich beruhigen, dann wirst du beobachten, wie dieses sich beruhigende Licht allmählich festgehalten wird vom Element der Luft und indem es in das Luft-Element eindringt, die Farbigkeit der Atmosphäre aufleuchten läßt, den blauen Himmel, die rosenrote Abendwolke, den goldenen Rand einer von der untergehenden Sonne durchleuchteten Wolke. Und wenn du dieses noch weiter zur Ruhe kommen läßt, erscheint die Farbe von Stein, Pflanze, Tier, Mensch. Und die erscheinende Farbe, vom Erde-Element aufgefangen, ist der beruhigte Blitz. Aber hinter diesem beruhigten Erscheinungsfeld der irdischen Verhältnisse – der rosenroten Abendwolke, des blauen Himmelszeltes, der roten Rose, des grünen Smaragdkristalls, der rosigen Bäckchen eines Kindes –, dahinter steht die eigentliche gemeinsame Welt der Elemente, in der es eigentlich ununterbrochen gewittert, in der ununterbrochen die Elemente wie zusammengefaßt werden, durcheinander hindurch bewegt werden, um sich wieder auszubreiten. Indem man darauf hinschaut, was in der Blitzerscheinung als Licht auftritt, sieht man etwas, was aus der geistigen Welt unmittelbar in die irdische Welt hereinflammt, und man sieht darin die Taten der Seraphim. Das Liebeslicht der Seraphim flammt im Blitz plötzlich herein, faßt alle Elemente zusammen und läßt sie wieder auseinandergehen. Man kann also sagen, sie sind die Weltenmaler, die Licht und Finsternis aus sich hervorgehen lassen, blitzartig zur Entfaltung bringen und wiederum beruhigen, so daß ihr Licht sich in der Atmosphäre, in der Luft, die das aufnimmt, zunächst ausbreiten kann, und dann kann es allmählich auch in die einzelnen Stoffe und Kräfte der Erdenwelt übergehen.

Aber zum Blitz gehört noch ein Zweites: in dem Blitz erscheint nicht nur das Licht, sondern auch der Ton, dieser gewaltige Ton, der entsteht, nachdem sich das Ganze zusammengezogen hat und dann aufreißt. Denn es zieht sich ja da Elektrizität zusammen. Die rieselt wie ein aus vielen Quellen gespeister Fluß plötzlich zusammen, bildet einen kraftvollen Strom wie eine Art Elektrizitätsschlauch und reißt dann ebenso plötzlich wieder auseinander. Da, wo es auseinanderreißt, kommt das Licht und die Wärme heraus und auch der Ton, weil die Luft plötzlich zusammengezogen, wieder ausgedehnt, aufgerissen, auseinandergerissen wird, und dann rollt das als Donner dahin. Der alte Eingeweihte sagte:

Laß den Donner sich beruhigen, dann hörst du das Rauschen und Wehen des Windes im Wald, du hörst das Brausen eines Wasserfalles, du hörst den Ton des Vogels und die Stimme des Menschen dann, wenn sich das im Luft-Element beruhigt und bis in die Wirkung des Erden-Elementes ausgebreitet hat.

Dann haben wir in dem Blitz auch das Feuer, die Wärme. Denn es sind ja mehrere tausend Grad Celsius, die da plötzlich aufflammen. Wiederum sagte der alte Eingeweihte:

Laß diese Flamme sich beruhigen, laß sie immer langsamer werden, laß diese Intensität der Wärme sich verdichten und abkühlen, und du bekommst alles das, was du mit den Händen tasten kannst, das aus dem Reich der Throne hervorgegangen ist, so wie die Weltenharmonie, die Weltenmusik, hervorgegangen ist aus dem Reiche der Cherubim.

Wir sehen, wie hinter diesem Phänomen des Blitzes – in dem die Seraphim als Licht und Farbe erscheinen, in dem die Cherubim als Ton und Klang erscheinen, in dem die Throne als Wärme und Materieverdichtung erscheinen –, wie dahinter die eigentliche Schöpfermacht, die göttliche Schöpferkraft liegt. Darum haben die Menschen, als sie noch vernünftig waren und nicht nur an die Elektrizität und die Physik glaubten, in Blitz und Donner immer die wesenhafte Gottheit angebetet und erlebt. Das heißt aber: So wie in dem Licht des Blitzes die Farbenwelt aufleuchtet, hinter welcher die Seraphim stehen, so wie in dem Donnerton das Musikalische der Welt aufleuchtet und dahinter die Cherubim sind, so wie in dem Feuer, in der Feuerflamme des Blitzes die Throne dahinterstehen, indem alles aufleuchtet, was Materie wird, so steht hinter diesen dreien der Vater-Gott. Der Vater-Gott ist das den Elementen gemeinsame Urwesen. Wenn wir die Schritte des Weges von den äußerlich erscheinenden Elemente-Repräsentanten Schritt für Schritt bis dorthin weitergehen, wo die Elemente wesenhaft zwischen den Hierarchien entstehen, dann müssen wir ja fragen: Und was steht dahinter? Dahinter ist das Ur-Element, also dasjenige, was zwischen allen Wesen die Verbindung herstellt, was die Verbindung zwischen dem höchsten Geistigen und dem tiefsten Materiellen herstellt, und das ist eigentlich der Vater-Gott, der Hinter- und Urgrund der vier Elemente, die durch die Tätigkeit der Hierarchien entstanden sind und heute noch wirken.

Wenn wir mit unseren Gedanken und Empfindungen bis dahin vorgedrungen sind, daß wir in der Blitzerscheinung so etwas wie die Gemeinsamkeit der Elemente finden, das, was sie alle zusammenfaßt, was ihnen allen gemeinsam ist, und wenn wir dadurch auch ihren Untergrund erleben können, so können wir jetzt auch verstehen, warum nun von den niederen Hierarchien Wesen entstehen, geboren, gezeugt und in gewisser Weise abgeordnet werden, welche in diesen Elementen direkt tätig sind. Das erst sind die Elementarwesen, also die vier Klassen der Elementarwesen: die Gnomen, die im Erden-Element tätig sind, die Undinen und Nixen, die im Wasser-Element tätig sind, die Sylphen, die im Luft-Element tätig sind und die Salamander im Wärme-Element. Sie kommen ja bei Goethe im »Faust« alle vor. Die Elemente sind also nicht identisch mit den Elementarwesen, sondern die Elementarwesen sind Enkelkinder der Abkömmlinge der Hierarchien und leben ganz spezifisch in bestimmten Elementen und sind darin tätig. So heißt es dann in der betreffenden Spruchbildung über diese Elementarwesen ganz eindeutig:

Der Gnom sagt von sich: »Ich halte die Wurzelwesenskraft,
sie schaffet mir den Formenleib.«

Die Undine sagt: »Ich bewege die Wasserwachstumskraft,
sie bildet mir den Lebensstoff.«

Die Sylphe sagt: »Ich schlürfe die luft'ge Lebekraft,
sie füllet mich mit Seinsgewalt.«

Das Feuerwesen, der Salamander, sagt: »Ich däue die
Feuerstrebekraft, sie erlöst mich in Seelengeistigkeit.«[15]

Die Elementarwesen reden also von sich selbst. Beim Menschen ist das immer unangenehm, wenn er von sich selbst redet, aber die Elementarwesen sind solche Wesen, die das dürfen, weil sie nämlich tatsächlich grundehrliche Wesen sind, die nichts anderes zu tun haben, als innerhalb dieser Elemente so tätig zu sein, daß sie den Willen der Götter restlos erfüllen. Die tun gar nichts anderes als dies.

Und wo bleibt jetzt der Mensch in seiner Beziehung zu den Elementen? Wenn man vom Menschen etwas wissen will, dann muß man nicht die Wissenschaftler, sondern die Dichter fragen:

»Ich liebe die Flamme, das Glanzelement,
Im Wetterleuchten, im Sterngeflimmer.
Ich liebe den Äther, den göttlich-freien,
Wo die Winde, die Wolken, die Adler wandern.
Ich liebe die Welle, die rauschende,
Sehnsüchtig wallende, von Land zu Land.

Ich liebe die Erde, das heil'ge Grün,
Wo's hold zu wandeln, und noch süßer zu ruh'n ist.
Und sterb' ich, geb' ich mein Wesen gerne
Den lieb geword'nen, den Elementen:
Den Geist der Flamme, die Seele dem Äther,
Das Herz der Welle, den Leib der Erde.
Geist soll lodern, Seele sich dehnen,
Des Herzens Woge soll weiter rauschen und klingen,
Der Leib soll ruh'n.«[16]

Diese Elemente sind also Bestandteile des Menschen, und der Dichter fühlt, was er ihnen schuldig ist: daß das Feuer-Element irgendwie sein Geistiges vermittelt, belebt, trägt, daß das Luft-Element sein Seelisches vermittelt, belebt, trägt, usw. Und er spricht plötzlich von dem Moment, wenn er gestorben ist und sein Menschsein den Elementen übergibt, den Welten der Vermittlung zwischen dem Irdisch-Sinnenhaft-Sinnlichen und dem Übersinnlich-Geistig-Seelischen. Wir verdanken also den Elementen irgendwie auch uns selbst als irdische Menschen, aber nicht nur ihnen. Denn der nächste Dichter sieht die Sache ein wenig anders an:

»Eins ist gewählt und Eins gewußt: Ich bin!
Deshalb lobpreise ich von Urbeginn
das Weltenall, das mir verlieh das Werde:
Das Licht, die Luft, das Wasser und die Erde.

Ich preise dich, oh göttliches Gestirn,
ins Auge strahlend, sterbend im Gehirn,
ein blasser Schimmer, nur zu bald ergrauet,
o Sonne, die doch ewig in mich schauet.

Ich preise dich, o Wind, der mich umsaust,
als Gottes Atem meine Brust durchbraust,
in mir erstickt und immer neu geboren
vom Himmel mich erquickt, der Tod-erkoren.

Ich preise euch, ihr Bäche, die ihr quellt,
als rotes Blut durch meine Adern wellt,
ihr tragt mich in die Reihn der Götterwesen,
doch unter euch fühl ich den Leib verwesen.

Und preisen will ich auch das Erdengrab,
sinkt mein entseelter Körper einst hinab,
geborgen bis ans Ende der Gezeiten
und dann zerstiebend in den Sternenweiten.

Vergehn in Erde, Wasser, Luft und Licht!
Ihr rettet mich vor dem Verderben nicht.
Ich streue unter euch den Todessamen.
Die Schwingen Gottes müßten einst erlahmen –[17]

Gedankenstrich! Wenn was nicht wäre? Wenn der Mensch in diesem Weltall nicht wäre. Man muß den Menschen in das Weltall hineinstellen! Wenn man mit Liebe, Hingabe und Begeisterung alle diese Wunder der Welt anschaut und immer wieder Schritt für Schritt von unten bis oben zu verstehen sucht und dann den Menschen mitten hineinstellt – ja, was macht denn der? Im Menschen ist es eben nicht nur so, daß die Elemente einfach weiterwirken können. Wir haben gehört, wie der Dichter das ausspricht: jedes Element wird im Menschen an ein Ende gebracht, es wird irgendwie gelähmt, abgetötet, geschwächt, verdunkelt, entfremdet.

Damit kommen wir jetzt auf jenen entscheidenden Moment zu sprechen, den wir im Evangelium bei Markus im 6. Kapitel finden. »Und alsbald trieb er seine Jünger an, daß sie in das Schiff traten und vor ihm herüberfuhren gen Bethsaida, während er das Volk von sich ließe. Und da er sie von sich gelassen hatte, ging er hinauf auf einen Berg, um da zu beten. Und am Abend war das Schiff mitten auf dem Meer und er auf dem Lande allein. Und er sah, daß sie Not litten im Rudern, denn der Wind war ihnen entgegen. Und um die vierte Nachtwache, da kam er zu ihnen und wandelte auf dem Meer, und er wollte wie an ihnen vorübergehen. Und da sie ihn sahen auf dem Meere wandeln, meinten sie, er sei ein Gespenst. Und sie schrien, denn sie sahen ihn alle und erschraken. Und alsbald redete er mit ihnen und sprach zu ihnen: Seid getrost, ich bin, fürchtet euch nicht! Und er trat zu ihnen ein in das Schiff, und der Sturmwind beruhigte sich.«

Zwischen den Elementen im Weltenall da draußen und in der Natur finden wir als Ur-Element zugrunde liegen den VATER. Aber im Weben und Leben der Elemente miteinander und in den Übergängen des einen zum anderen – zwischen Feuer und Luft, zwischen Luft und Wasser, zwischen Wasser und Erde – lebt der SOHN. Weil aber im Menschen die Elemente abgedämpft oder übermäßig erregt werden, entsteht in ihm die Möglichkeit, daß der Herr der Elemente nicht nur da draußen, sondern auch im Menschen erscheint. Und so sagt der Dichter:

»Vergehn in Erde, Wasser, Luft und Licht!
Ihr rettet mich vor dem Verderben nicht.
Ich streue unter euch den Todessamen.
Die Schwingen Gottes müßten einst erlahmen:

Erwachte nicht in meinem Schaun ein Glanz,
in meinem Ohr, das lauschte, nicht ein Tanz,
in meinem Mund, der schwiege, nicht ein Schmecken,
in meinem Herzen nicht ein heilger Schrecken!

Ich sehe Christus, und das Element
naht sich, weil Seine Leuchte in mir brennt,
es will durch mich den Auferstandnen schauen,
es will in mir den neuen Menschen bauen.«

Was geschieht, wenn das Wärme-Element neu wird, wenn der wehende Atem neu wird, wenn der Strom des Lebens neu wird, wenn die Erde der Auferstehung zugeführt wird? Dann wandelt der SOHN durch die Elemente – in der Natur, im Menschen.

ERDE UND MENSCH – GEGENSEITIGE ZERSTÖRUNG ODER VERWANDLUNG?[18]

Das bevorstehende Pfingstfest, welches die Christenheit um die ganze Erde herum feiert, kann uns der Anlaß sein zu einer Art geistiger Ortsbestimmung, die einfach notwendig wird, wenn wir uns mit einem Thema beschäftigen wollen, dem man ja nicht ohne weiteres ansehen kann, daß es etwas mit dem Christentum zu tun hat: »Mensch und Erde«.

Das Christentum ist vor zweitausend Jahren durch ein äußerlich doch unscheinbares Ereignis entstanden: das Wandeln und Handeln und Lehren und Leiden eines eigentlich doch stillen Menschen. Und als dann die wenigen allmählich erwachen konnten dafür, was in diesem Sichtbaren und um dieses Sichtbare herum eigentlich geschehen war – indem sie hineinschauen konnten in ein Reich von Licht und Leben –, da war es doch so, daß wir uns heute kaum eine Vorstellung machen können davon, wie es der Urchristenheit dieser ersten Jahrzehnte und vielleicht auch ersten Jahrhunderte eigentlich zumute war. Sie kamen in kleinen Kreisen zusammen. Einer der Apostel trat unter sie: eine unsichtbare Welt war da, wirklicher als die sichtbare, im Ahnen, im Schauen und im Erleben, die Geister und die Herzen tief erfüllend. Es war ein Reich von Lebenskräften und Lichteskräften, die nicht nur die Menschengeister und Menschenseelen erfüllten, sondern denen gegenüber die Menschen wahrnehmen konnten: das erfüllt auch die Erde. Das war vielleicht am deutlichsten bei einem solchen Ereignis wie dem Damaskus-Ereignis des Apostel Paulus. Mit einem Mal war die Erde durchdrungen und erfüllt mit einem Glanz, mit einer Kraft, mit einer Wärme, – und in diesem Kräftebereich Er selbst, der Auferstandene, der Herr, der Christus Jesus, die Menschen-, Erden-, Geistes-Sonne.

Das war so, aber es blieb nicht so. Die Menschheit spürte: Je mehr die Jahrhunderte heraufzogen, je mehr die Entwicklung des Christentums sich ablöste von den urchristlichen Verhältnissen, in denen Himmelswelt, Erdenwelt und Menschenwelt von einer einheitlichen Segensaura durchsonnt waren, desto mehr entschwand dem Erleben der christlichen Kreise der Zusammenhang des Christentums mit der Erde und zog sich auf denjenigen Bereich zusammen, der mit dem Menschen etwas zu tun hat. Das Christentum wurde im engeren Sinne Religion. Ein Weltereignis, ein Himmels- und Erdgeschehen wurde Religion. Und dann machte sich allmählich mehr und mehr geltend, daß die Menschheit die Beziehung des Christusereignisses und der Christussphäre in bezug auf die Erde verlor und schließlich nur noch den Bereich aufrechterhielt und pflegte und hegte, der eben mit der Christusbeziehung und dem Menschen etwas zu tun hat, mit der Menschenseele, dem Menschenheil und – sagen wir ruhig auch: – der Menschen-Sündhaftigkeit und Menschen-Erlösungsbedürftigkeit. Das ging aber deshalb verloren, weil die Menschheit sich jetzt der Erde zuwandte, die mehr und mehr das Erdenlebenswerk wurde. Das Religiöse zog sich vornehmlich in die alten großen Kirchengemeinschaften zusammen: die Orthodoxie des Ostens und die katholische Kirche des Westens. Das Christentum kam in die Verwaltung der Kirchen, in die Verwaltung der menschlichen Seelen, der menschlichen, irdischen Verhältnisse, aber der Blick für das, was das Christentum für die Erde bedeutet, ging verloren. Und das steigerte sich noch in der Zeit, als dann aus diesem die Menschheit hegenden und pflegenden katholischen Christentumselement der Protestantismus auftrat, der nun noch stärker dieses Element der persönlichen Sündhaftigkeit, der persönlichen Erlösungsbedürftigkeit, des persönlich zu findenden gnädigen Gottes in der Gemeinde und in der Gemeinschaft in den Vordergrund stellte. Gewiß, es gab auch eine christliche Ethik – sowohl aus der katholischen Kirche wie auch aus dem Protestantismus heraus –, und diese Ethik bezog sich auch auf den Bereich, in dem der Mensch gesellschaftlich mit Menschen lebt, in dem er mit Menschen die Erde erobert und bearbeitet. Aber ein Wissen davon, daß die Natur, daß der natürliche Kosmos mit dem Mysterium von Golgatha etwas zu tun hat, verschwand nahezu vollständig aus dem Bewußtsein der Christenheit.

Ich meine mit dieser geistigen Ortsbestimmung, daß wir in diesem 20. Jahrhundert jetzt an einem Punkt angekommen sind, wo von außen her gerade aus dem Bereich, der sich aus dem Religiösen abgetrennt hat und den Umgang des Menschen mit der Erde betrifft, heute Zustände und Verhältnisse auftauchen, denen man vielleicht noch nicht gleich ansieht, daß sie etwas mit dem Christentum zu tun haben. Es ist vielleicht erlaubt, bei dieser geistigen Ortsbestimmung auf die Erneuerung des Christentums zu blicken, wie sie am Beginn dieses Jahrhunderts durch die Begründung der Christengemeinschaft eingetreten ist, und zu sehen, daß darin etwas aufzuleuchten beginnt, was uns auch aus dem religiösen Bereich heraus, aus dem Bereich des Christenstums heraus, einen Blick erwecken kann auf dasjenige, was jetzt aus den äußeren irdischen Arbeits- und Lebensverhältnissen aufbricht.

Der schweizerische Dichter Conrad Ferdinand Meyer verfaßte einen Säerspruch:

»Bemeßt den Schritt! Bemeßt den Schwung!
Die Erde bleibt noch lange jung!
Dort fällt ein Korn, das stirbt und ruht,
Die Ruh ist süß. Es hat es gut.
Hier eins, das durch die Scholle bricht.
Es hat es gut. Süß ist das Licht.
Und keines fällt aus dieser Welt.
Und jedes fällt, wie's Gott gefällt.«[19]

»Die Erde bleibt noch lange jung!« Und wie lange? – fragt das besorgte Menschheitsgemüt, die besorgte Menschheit, heute angesichts der Tatsachen, die jetzt da sind: erschreckendes Sterben des Waldes, Zerstörung des Lebens und Bedrohungen, die daraus aufsteigen!

»Die Erde bleibt noch lange jung?« Es gibt ja eine Wissenschaft der Ökologie. Wenn man das Wort ins Deutsche übersetzt, dann heißt das eigentlich die »Lehre vom Haushalt«, die »Haushaltslehre«. Das heißt also: die Menschen, die sich mit dieser Ökologie beschäftigen, die schauen auf die Erde hin und sehen, daß ein solches Wesen wie der Rhein einen Haushalt hat, einen Haushalt von seinen Quellen hoch oben in den Alpen bis zu seiner Mündung in die Nordsee, oder daß auch ein solches Gebilde wie die Ostsee einen Haushalt hat. Was wird da »gehaushaltet«? Stoffe, Kräfte, Leben, Wachstum und Gesundheit. Und wie sieht das jetzt aus? Krankheit, Siechtum, Bedrohung!

Man kann auch von der Ökologie Europas sprechen, wie da vom Atlantik her die befruchtenden Regen kommen. Wie sehen die heute aus, wenn in ihnen Säuren und Schwermetalle aufgelöst sind, auf die Erde fallen und die Wälder zu sterben beginnen? Wir haben die Ökologie Europas, die Ökologie der ganzen Erde, aber wenn der Kohlensäure-Haushalt, wenn der Ozonzustand, wenn usw. dies und jenes, – wenn das alles anfängt brüchig zu werden? Also, diese Tatsachen sind ja heute bekannt, und man kann den Eindruck haben: die Menschheit fängt langsam an aufzuwachen. Leider stimmt das nicht. Die bisher vorhandene Bewußtseinsentwicklung, bei der man durch die Ökologie in Betrachtung der Biotope, also der Lebensgemeinschaften einschließlich des Menschen, anfängt, davon etwas zu verstehen, wie das funktioniert, was da geschieht, warum und durch was alles das bedroht ist bis hin zu den gebunkerten Vernichtungs- und Zerstörungsgewalten, die, wenn man sie loslassen würde...! Ist das schon ein Erwachen? Man redet ja heute darüber und versucht sich das vorzustellen, es ist aber eigentlich doch unvorstellbar. Ist das schon ein Erwachen? Wir müssen aus dem, was aus dem Christentum dazu zu sagen ist, eben feststellen: Das ist noch kein Erwachen! Das ist zunächst ein gequälter Traumzustand.

Worin müßte das Erwachen bestehen? Was müßte innerhalb der Menschheit geschehen, daß gegenüber diesen Tatsachen, die eben so und so sind und die man heute ganz genau kennt und auch immer weiter untersucht und deren Bedrohlichkeit man sieht, ein Erwachen erfolgen könnte? Was müßte geschehen? Denn in diese Dinge nun rettend, verhindernd, heilend, ausgleichend einzugreifen, mit welchen Gedanken tut man das und mit welchen Mitteln versucht man das? Merkwürdigerweise mit denselben Gedanken, mit denen man die Zerstörung erdacht hat, und mit denselben Mitteln, mit denen man zerstört. Ich möchte erwähnen, daß im Anblick des zerstört-werdenden Waldes in Mitteleuropa nun aus den gleichen Gedankenarten heraus, aus denen man die Fabriken gebaut hat und die Emanationen, die Abgase und so weiter produziert, die Idee auftritt: daß die Wälder sterben, kommt nicht nur von den Emanationen, sondern das kommt daher, weil sie jahrhundertelang nicht gedüngt worden sind! Wenn man jetzt hergehen würde und würde ordentlich Kunstdünger in diese Wälder hineinbringen, dann würden sie wieder gesund. Was für ein Denken ist das in diesem beängstigenden traumartigen Halbschlaf?

Woher müßte das Erwachen kommen? Nun, das Erwachen kommt nicht eher, als bis eingesehen wird, was diese Erde – denn um sie handelt es sich ja, um die Umwelt und den Umweltschutz –, was diese Erde in Wahrheit ist. Wie lange wird es dauern, bis in der Menschheit sich der Gedanke durchsetzt, daß diese Erde mit ihren mineralischen Bau-Massen – Granit und Gneis, Schiefer, Gabbro, Basalt und so weiter bis in die Tiefen hinunter – durchwoben ist von gewaltigen Lebenskräften. Ja, was kann man denn von den Lebenskräften wissen? Gibt es die überhaupt? Wenn die Menschen sich einmal hinsetzten und nichts weiter tun würden, als zum Beispiel bei geschlossenen Augen auch nur eine Viertelstunde lang ruhig und demütig auf den eigenen Atem zu achten, dann würden sie bemerken können, daß da jemand etwas tut, was diesen Atem lebendig hält. Wenn sie auch nur eine Viertelstunde auf das eigene Blutpochen lauschen würden, würden sie bemerken, daß da jemand ist, daß da Kräfte sind, die das fortwährend ein ganzes Leben lang betreiben. Sehen Sie, das Erwachen wird nicht eher ein Erwachen sein, als bis die Menschheit mit ihrem wahrnehmenden Empfinden erwacht gegenüber diesen Kräften der Natur und der Erde und ein feineres Empfinden für das entwickelt, was da geschieht, als bis es ein Erwachen dafür gibt, was die ätherischen Lebenskräfte in Wirklichkeit sind. Ich benütze jetzt ganz direkt einen anthroposophisch-geisteswissenschaftlichen Begriff. Es gibt kein Erwachen, solange man nicht so weit kommt, daß man entdeckt: die Erde ist ein lebendiges Wesen!

Schon die Gesteinsmassen sind von Lebenskräften durchzogen, und diese Lebenskräfte sind es, die eigentlich bewirken, daß die Erde sich um sich selber dreht, genauso wie die Lebenskräfte es bewirken, daß das Blut im Menschen strömt und pulsiert, daß der Atem aus- und einströmt. Es sind Kräfte, die in die Materie eingreifen können und die Materie beleben, ergreifen, verwandeln, erhöhen und am Leben erhalten. Diese Lebenskräfte, dieser gewaltige Lebensleib der Erde ist geradezu mit Augen zu sehen, wenn er die Erde soweit gedreht hat, daß die Nordhemisphäre in das volle Frühlingssonnenlicht kommt und nun die Pflanzen in unendlicher Fülle aufbrechen, aufwachsen, ergrünen und erblühen. Man kann bemerken, daß dieses Leben der Erde durchzogen ist von Stimmungen, in denen dieses Leben gewissermaßen sich selber empfindet – zum Beispiel an einem taublitzenden, warm werdenden Sonnen-Mai-Morgen oder an einem strömenden Mai-Gewitter-Abend –, daß dieser Erdorganismus nicht nur Materie ist, sondern durchzogen von Lebenskräften, und daß diese Lebenskräfte erfüllt sind mit Empfindung, mit Stimmung, mit Seelenhaftigkeit. Das Erwachen ist in bezug auf die ganze Frage nach der Erde erst dann gültig, wenn die Menschheit lernen wird, den Erdenleib, das Erdenleben und die Erdenseele ins Auge zu fassen.

Dann wird allerdings das Zweite merkwürdigerweise aufleuchten: daß nämlich die Erde, weil sie eben ein lebendiger Organismus ist, eine Biographie hat. Diese Erde war in vergangenen uralten Zeiten noch so, daß auch der mineralische Leib, der Gesteins- und Mineralienleib dieser Erde noch gelebt hat und sich bewegt hat und geströmt ist und sich gebildet hat, daß aber dann der Augenblick kam, als aus diesem lebendigen Erdenwesen der Ur-Erde die Mineralien herausgefallen sind und die Lebenskräfte sich davon gelöst haben, so daß sie heute nur noch in den Pflanzen strömen, daß sie heute nur noch in den Tieren wirken, daß sie heute nur noch in der menschlichen Fortpflanzung enthalten sind. Das heißt aber, daß wir, wenn wir – erstens – dafür aufwachen, daß die Erde eine Lebenswesenheit und eine Seelenwesenheit ist, den vielleicht wirklich erschreckenden zweiten Gedanken fassen müssen, daß die Erde auch ein Schicksal hat und daß sie aus einem jugendlichen Zustand, in dem sie vor Jahrtausenden gewesen ist, alt geworden ist. »Die Erde bleibt noch lange jung?« Gewiß bleibt sie noch lange jung, aber sie ist doch bereits in einen Gesamtzustand gekommen, daß sich die Lebenskräfte aus dem mineralischen Reich gelöst haben, daß sie sich allmählich zurückzuziehen beginnen aus dem Pflanzenreich, aus dem Tierreich und aus dem Menschenreich. Das bedeutet, daß es tatsächlich so etwas gibt wie eine Geo-Biographie, eine Entwicklung der Erde, die jetzt nicht mehr in dem jugendlich-aufsteigenden Zustand ist, sondern bereits anfängt, langsam alt zu werden, zu ersterben und daß die Erdenvorgänge, die geologischen Prozesse, immer mehr und mehr mechanischer Natur werden. Das bedeutet aber, daß in der Erde auch Abbaukräfte wirksam sind. Wir erleben sie jedes Jahr. Jedes Jahr greifen in den Frühlingsmonaten und in den Sommermonaten diese Lebenskräfte in die Materie der Erde ein, beleben die ganze Pflanzenwelt, lassen sie zur vollen Entfaltung kommen. Dann aber ziehen sie sich daraus zurück, und die Pflanzenwelt vergilbt, vergeht, verwelkt, erstirbt, und nur die Dauerteile und die Samenkörner bleiben.

Der erste umfassende und umgreifende Gedanke – wenn wir als Christen von der Erde sprechen wollen – ist also der, daß sie ein lebendiges Wesen ist, in dem Lebens- und Seelenkräfte gewaltig, kosmisch wirken, und daß diese kosmischen Lebens- und Seelenkräfte der Erde eben auch mit dem zusammenhängen, was da draußen im Weltall ist, denn wir müssen den Gedanken, daß auch das

Weltall durchlebt und durchseelt ist, ebenfalls ganz neu entdecken und dafür aufwachen.

Dann kommt also der zweite grundlegende Gedanke: daß die Erde tatsächlich jetzt in einem Zustand ist, wo sie leise beginnt, aus einem auflebenden in ein absterbendes Erdendasein überzugehen. Man kann diesen zweiten Gedanken aber nicht ordentlich denken, wenn man ihn nicht sofort in Zusammenhang bringt mit all dem, was man auch sonst in der Erde an auflebenden jugendlich-aufbauenden Kräften und dann an alt-werdenden abbauenden Sterbekräften beobachtet, denn im Schoß der Sterbekräfte wachsen die Keime, bilden sich die Samenkörner für den neuen Lebenszyklus.

Aus dem Christentum heraus entsteht der dritte Gedanke, ein umfassender Gedanke: Vielleicht bilden sich in dieser langsam ersterbenden Erde Keime für eine Zukunft, für eine zukünftige Erde. »Himmel und Erde, sie werden vergehen, aber meine Worte als Keime einer Zukunft werden nicht vergehen.« Und eine neue Erde und ein neuer Himmel werden auferstehen aus den zugrundegehenden.

Jetzt wird die Sache gefährlich, weil nämlich zu dieser Idee, zu diesem Gedanken, zu diesem Aufwach-Inhalt sofort etwas hinzukommt – und davon muß gesprochen werden –, und das ist die Beteiligung des Menschen an dem Vorgang. Was heute in den beginnenden Traumzuständen in bezug auf die ganze Umweltschutzfrage in den Menschen da ist, das ist tatsächlich dies, daß sie sehen: Ja, der Mensch macht da doch kräftig mit, indem er die Erde ausnützt, verbraucht, in Anspruch nimmt, abbaut, Energien für sich, für sein Leben verbraucht. Das heißt also: wenn schon der eine Gedanke gefaßt ist, daß die Erde sich im Ganzen jetzt in einem absteigenden Zustand befindet, kommt hinzu, daß dieser Vorgang durch den Menschen ja beschleunigt wird. Dies ist der gefährliche Punkt. Wie steht es mit der Tatsache, daß der Mensch auf der Erde lebt, daß er mit der ganzen modernen technischen Entwicklung auf breiter Front in diesen Lebens- und Sterbeprozeß eingreift und die Sterbevorgänge verstärkt, beschleunigt? Da wird die Sache gefährlich, denn vielleicht geschieht dadurch etwas, was nicht unbedingt so geschehen müßte, wenn die Menschheit dafür erwachen würde, daß sie gegenüber all dem, wo sie notwendigerweise zerstört, vernichtet, verbraucht und Todeskräfte entwickelt, auch die andere gegenteilige Möglichkeit hätte, und zwar in dem Maße, wie sie zur Wirklichkeit der Lebenskräfte des Ätherischen erwacht, in dem Maße, wie sie zum Kosmisch-Seelischen erwacht, das heißt aber zu einer solchen Wirklichkeit, wie sie in der Seele der Erde in allen Elementarwesen vorhanden ist. Wo steht aber heute die Naturwissenschaft noch gegenüber einer solchen ganz konkreten Fragestellung wie der nach den Elementarwesen im Leben der Erde, in der Seele der Erde? Deshalb muß man sagen: das Bewußtsein dafür schläft noch, das träumt noch Angstträume. Ein Erwachen für den wirklich verborgenen Tatbestand des ganzen irdischen Menschheitslebens fehlt. Der kommt aber nicht eher zustande, als bis man dafür aufwacht. Da wird die Sache kritisch.

Es steht vor der Menschheit die konkrete Frage: Ja, gibt es denn nicht die Möglichkeit, ganz neu weiterzudenken? Gerade wenn man den ersten Gedanken denkt: die Erde ist ein lebendiges Wesen, sie hat einen Lebensleib, sie hat eine Seele, – und wenn man den zweiten Gedanken denkt: die Erde ist alt geworden, dann kann das doch auch heißen, daß sie hilfsbedürftig geworden ist. Das Keimen, das im Verborgenen in diesen abbauenden Lebenskräften der Erde vorhanden ist, kann nur dann voll entwickelt werden, wenn der Mensch sich dieser Erde annimmt und wenn er den dritten Gedanken, daß da Keimzustände vorhanden sind, in den vierten überführt. Dieser besteht darin, daß der Mensch selbst eine vollständig neue Technologie entwickeln muß und daß gerade nicht damit geholfen ist, daß die sterbenden Wälder auch noch mit Kunstdünger besät werden, sondern daß man auf der einen Seite zunehmend dafür zu sorgen hat, daß diese Emanationen, diese Abscheidungen von den Verbrennungsprodukten, irgendwo in dem Prozeß mehr und mehr zurückgehalten werden, daß aber auf der anderen Seite der intensivste Versuch gemacht werden muß, die aufbauenden Lebenskräfte, die zu entfliehen, zu entweichen beginnen, überhaupt erstmal zu erkennen und dann wieder hereinzuholen, in den Griff zu bekommen, mit ihnen umzugehen. Man hat heute die Möglichkeit, sowohl den ersten umfassenden Gedanken von der Erde als lebendigem Wesen zu entwickeln, als auch den zweiten umfassenden Gedanken von dem Altwerden der Erde, als auch den dritten umfassenden Gedanken von den Keimzuständen und schließlich den vierten von der Hilfsbedürftigkeit der Erde. Man kann heute diese Gedanken entwickeln, und man kann an ihnen erwachen. Man wird an ihnen erwachen müssen, denn man wird mehr und mehr einsehen lernen, daß man mit den Gedanken und mit den Mitteln, mit denen man die zerstörenden Kräfte entwickelt hat, nicht durchkommt.

Es kann gar nicht anders sein, als daß man davon spricht, und zwar ganz öffentlich und deutlich, daß am Beginn dieses Jahrhunderts der Christus-Eingeweihte Rudolf Steiner in dieser Menschheit erschienen ist und die Möglichkeiten gezeigt hat, wie man die Erde als lebendiges Wesen erkennen lernen kann und dadurch ganz andere Gedanken über die Erde entwickelt und aus diesen Gedanken heraus ganz andere Impulse für die Erde bekommt und aus diesen Impulsen heraus ganz andere Handhabungen, ganz andere Techniken entwickeln kann.

Dieses Bild entsteht, wenn man versucht, sich nicht nur äußerlich von dem bedrängen zu lassen, was immer deutlicher und deutlicher in diesen Angsttraum der modernen Menschheit hineinwirkt, sondern sich davon auffordern zu lassen, überall diese ganz andersartigen Gedanken in bezug auf die Erde zu entwickeln, denn in dem Augenblick fängt man an, die Erde anders zu sehen. Man fängt an, auch den Kosmos anders zu sehen und eine andere Empfindung zur Erde zu bekommen. Man fängt an, sich wiederum als ganze Menschheit zu empfinden, die erst voll wirklich ist, wenn sie sich mit der Erde zusammengehörig, zusammenhängend fühlt, und man erkennt, daß auch die Erde erst eine volle Wirklichkeit für das menschliche Denken, Erkennen, Fühlen, Handeln, Tun und Werken wird, wenn sie als eine Einheit mit dem Menschen, mit der Menschheit empfunden wird.

Was geschieht denn dadurch? Es ist in einem solchen Überblick, wie ich ihn hier versuchen darf zu entwickeln, nicht notwendig, auf die konkreten Einzelheiten einzugehen. Sie können entwickelt, sie können ergriffen werden, aber es ist eben mühsam, und es braucht Zeit. Das geht nicht so schnell. Es braucht hauptsächlich deshalb Zeit, weil es sich dabei um eine Veränderung der menschlichen Bewußtseine handelt, damit in die menschlichen Bewußtseine etwas einzieht von dem Übersinnlichen, von dem, was mit keiner Physik, mit keiner Chemie, mit keiner Astrophysik und mit keiner Mechanik und so weiter gefaßt werden kann: neue Erkenntnisart, neue Empfindungen, neue Willensimpulse, jetzt auch neue Verantwortungsgefühle!

»Die Erde bleibt noch lange jung«, wenn die Menschheit tatsächlich aufwacht für das, was die volle Wirklichkeit aller dieser Probleme ist, und wenn sie aus diesem Erwachen heraus andere Gedanken, andere Impulse, andere Techniken zu entwickeln beginnt. Das hat heute bereits angefangen. Es gibt schon Ansätze dafür.

Damit kommen wir jetzt noch eine Schicht tiefer. Ich möchte das Bild nochmals skizzieren: Da ist also die Erde, und wir fangen an zu erleben, daß in dieser Erde ungeheure Lebenskräfte enthalten sind, die mit den himmlischen Lebenskräften zusammenhängen, und daß außer diesen Lebenskräften auch gewisse Empfindungen der Erde vorhanden sind. Aber in diesen Lebenskräften waltet und wirtschaftet die Menschheit, und in diesen Empfindungen und Stimmungen der Erde leben Empfindungen und Stimmungen der Menschheit. Und nun kommen die radikalen Aussagen der übersinnlichen Geistesforschung und sagen: Wenn wir heute eine Landschaft vor uns haben und schauen nur an, was in ihr geschieht und würden sie nicht menschlich bearbeiten, sondern einfach nur in ihr leben, dann würde trotzdem in 3000, 4000, 5000 Jahren das, was mit dieser Landschaft geworden ist, und geschieht, innerlich einen Anteil von dem haben, was die Menschen gedacht, gefühlt und gewollt haben. Die Entwicklung der Erde ist nicht nur abhängig vom Menschen, sondern sie ist geradezu angewiesen auf den Menschen.

Aber fangen die Probleme erst dort an, wo wir heute beginnen, ihrer bewußt zu werden, wenn wir sehen, wie das schon ersterbende Erdendasein durch die menschliche Tätigkeit, den menschlichen Verbrauch und die menschlichen Abbaukräfte, die in die Natur hereingebracht werden, verstärkt zum Ersterben gebracht wird? Oder gibt es ein noch tieferes Verhältnis zwischen Erde und Mensch? Indem wir die Lebenskräfte und die Seelenkräfte der Erde und des Kosmos kennen und handhaben lernen, können wir allmählich dazu übergehen, das herbeizuführen, daß die Erde noch lange jung bleibt. Wir können sie immer wieder regenerieren. Man kann die alten Menschheitskulturen erst dann richtig verstehen, wenn man begreift, warum die bäuerlichen Kulturen der Menschheit in Asien, Afrika oder in Amerika – in Australien gab es das nicht – sofort anfingen, so etwas wie einen Kultus zu entwickeln. Sie wußten nämlich, daß sie durch den Kultus nicht nur der Erde zurückgeben können, was sie ihr durch die menschlichen Lebensbedürfnisse wegnehmen müssen, sondern daß eine zusätzliche Belebung der Erde notwendig ist, und zwar dadurch, daß der Mensch durch einen Kultus Anschluß bekommt sowohl an die Götter, an die übersinnlichen geistigen Wesen, wie auch an die Elementarwesen, an die Naturwesen. Der Mensch muß also einen Kultus vollziehen. »Fruchtbarkeitskulte«, »Naturkulte«, nennt man das in der Wissenschaft. Man weiß aber überhaupt nicht, was eigentlich geschehen ist, wenn die Menschen Opferaltäre gebaut haben, Opferprozessionen gemacht und Opferfeuer angezündet haben und sich so mit den waltenden Göttern verbunden haben und deren Lebens- und Seelenkräfte in die Erde hereingeführt haben. Wohin? In die Wälder, in die Felder, in die Äcker, in das Vieh, in die Menschen. Es gibt eben eine solche zusätzliche Hilfe für die Erde. Durch die alten Kulte ist diese Erde jahrtausendelang gepflegt und gehegt worden, und die Sache hat funktioniert.

In dem Maße aber, wie solche Naturkulte aufgehört haben, wie durch das Christentum das religiöse Leben ganz auf den Menschen bezogen worden ist und der Erde gegenüber nur die Verbraucherhaltung, die Verbrauchergesinnung, praktiziert wurde, in dem Maße wurde die Sache so weit bedrohlich, daß heute durch das Tun des Menschen eben nicht mehr die Regeneration, die Heilung der Erde erfolgt, sondern nur noch der Verbrauch.

Was heißt das jetzt aber, wenn in der Menschheit langsam auch ein Bewußtsein dafür erwacht, daß nicht nur das Reparable, also das Wieder-Heilmachen, das Regenerieren, das Ergänzen, das Mit-neuen-Lebenskräften-Erfüllen als eine neue Technologie in der Zukunft möglich sein wird und sein muß? Gibt es vielleicht in dem tieferen Verhältnis von Erde und Mensch einen Bereich – ich sage das ganz langsam –, der in Wirklichkeit irreparabel ist? Lebt tief drinnen im einzelnen Menschen und in der Menschheit vielleicht auch eine Kraft, die eben nicht dem Aufbau, dem Getragen-Werden, hingegeben ist, sondern die dazu dient, das, was der Mensch aus der Natur in sich aufnimmt, nun wirklich zu zerstören und zu vernichten, damit sein eigener Wille, seine eigene Ichkraft, sein eigenes Menschensein aus sich selbst heraus da sein kann, unabhängig von der Erde? Man berührt damit natürlich eine sehr tiefe verborgene Schicht des Verhältnisses des Menschen zur Erde, indem man aus der Geisteswissenschaft erfährt, daß tatsächlich der menschliche Wille – und zwar nicht so sehr der individuelle Wille des einzelnen, sondern das Zusammenwirken von Menschenwillen mit Menschenwillen durch die Gesellschaften, durch die Gemeinschaften, durch die Völker, durch die arbeitenden Gruppierungen – um die ganze Erde herum einen Bereich schafft, der vollständig zerstörender Natur ist, ganz innerlich, ganz geistig, und daß dem gegenüber in allem was der Mensch an Idealen, an geistigen Impulsen und Gedanken, an seelischen Impulsen und durchseelten Gedanken entwickelt, der Erde etwas hinzugefügt werden kann durch den Menschen, was dieses Defizit, dieses absolute Defizit tief innerlich wieder ausgleicht. Das ist aber nur möglich, weil durch das Mysterium von Golgatha, durch das Christuswesen, ein Lebensquell, eine Lebenskraft, ein Lebenslicht und eine Lebenswärme in diesen Erdorganismus eingezogen ist. Das haben die Ur-Christen noch voll erlebt, ist dann aber der Menschheit verloren gegangen. Nur das, was der Mensch innerlich mit dem Christuswesen erlebt, ist in Gestalt des alten Christentums bei den Menschen geblieben. Dieses ist aber tatsächlich aus dem Bewußtsein der Christenheit entschwunden und muß ganz neu gefunden werden, daß allein durch den Anschluß an die Christus-Lebenskräfte – nicht nur an die Lebenskräfte der Erde und des Kosmos, sondern an die durch das Christuswesen in die Erde hereingeströmten Lebenskräfte –, daß durch diesen Anschluß der Erde etwas hinzugefügt werden kann, was die notwendigen Zerstörungen und Sterbeprozesse zu Keimen macht. Durch das Christuswesen allein wird das, was in der ganzen Erdenentwicklung notwendiges Sterben ist, was »ersterbendes Erdendasein« ist, mit einem leuchtenden, wärmenden Sphärenkräftefeld durchströmt und durchsetzt. Dies ist es, was in dem Abbauenden, in dem Zu-Zerstörenden die Keime für eine Zukunft bildet, so daß also dasjenige, was in dem durch den Christus getrösteten und geheilten Menschen als seine eigene Zukunft aufkeimt, genauso für die Erde gilt. In diesen gewaltigen Organismus ist durch das Christuswesen etwas hereingekommen, was tatsächlich ewig jung ist.

Gleich nach seinem Säer-Gedicht hat Conrad Ferdinand Meyer ein Erlebnis niedergeschrieben, und da wird die Sache ganz anders.

> »Heute fanden meine Schritte mein vergeß'nes Jugendtal,
> Seine Sohle lag verödet, seine Berge standen kahl.
> Meine Blumen, meine Träume, meine buchendunklen Höh'n –
> Ewig jung ist nur die Sonne, sie allein ist ewig schön.
> Drüben dort in schilf'gem Grunde, wo die müde Lache liegt,
> Hat zu meiner Jugendstunde sich lebend'ge Flut gewiegt.

Durch die Heiden, durch die Weiden ging ein wandernd' Herdgetön –
Ewig jung ist nur die Sonne, sie ist ewig jung und schön.«[20]

Sie ist ewig jung und schön, die Sonne! Der Dichter spürt, erlebt, empfindet, daß, indem er alt geworden ist, sein Jugendtal verödet ist, anders geworden ist sowohl durch das ersterbende Erdendasein wie auch durch das, was die Menschheit zusätzlich gemacht hat. Und er erlebt, daß, wenn die Menschheit in der richtigen Weise akkert, sät und arbeitet, die Erde noch lange jung bleibt, aber nicht ewig; sondern, damit die Erde jung bleibt, damit aus ihrem Ersterben Samenkörner und Keime für die Zukunft hervorgehen, muß der Anschluß an das sonnenhafte Christuswirken gesucht werden.

Man weiß gar nicht, wie man davon sprechen soll, daß wir, wenn wir hier auf der Erde geboren werden, heranwachsen, Kinder und Jugendliche sind, anfangen das Leben zu ergreifen, zu arbeiten, uns freuen und leiden, auch Aufgaben und Verantwortungen haben und alles daransetzen müssen, daß die Erde eben nicht zu früh stirbt, daß sie wirklich noch lange jung bleibt, indem wir sie immer wieder verjüngen mit dem, was wir tun können. Wir müssen aber wissen, daß irgendwo in alledem doch auch etwas enthalten ist, was definitiv einmal aufhören muß, daß aber gerade deshalb, weil das so ist, durch das Mysterium von Golgatha in dieses ganze Erdenleben noch etwas ganz anderes eingewoben und eingezogen ist: ein Kräftequell, ein sprudelndes Lebensgewebe, ein warmes, leuchtendes Seelenelement und darin als die Sonne der Auferstandene selber. Diese gewaltige göttlich-menschliche Wesenheit ist auf der anderen Seite ganz nahe, ganz still, ganz bescheiden im Herzen eines jeden einzelnen Menschen. Die Christenheit wird lernen müssen, daß sie das Christusmysterium nicht nur auf die eigenen menschlichen Verhältnisse beziehen darf. Warum nicht? Weil das der Christus nicht tut, weil Er nicht nur diese Menschenmöglichkeit hat, sich ganz lieb, ganz klein und – lassen Sie mich das mal so ausdrücken – ganz nahe, ganz zärtlich, ganz zart zu machen für das

Herz eines jeden Menschenkindes, auf der anderen Seite aber eine gewaltige kosmische Wucht, eine kosmische Vollmacht, eine leuchtende kosmische Kräftewelt um sich herum hat, die er ausstrahlt auf den ganzen Erdorganismus und dort das bewirkt, was in allem Werden und Vergehen, in allem Sein und Vergehen schließlich Keime für die Weltenzukunft sind.

Erneuerung des Christentums heißt: im Anblick der Erde aufzuwachen für die kosmischen, für die tellurischen Dimensionen des Christusmysteriums. Ursprünglich war auch die Menschenbeziehung des Christus zunächst nur wie eine Ahnung bei den Menschen. Das wurde immer stärker und stärker. Die Christusbeziehung zu der Erde ist auch heute nur erst wie eine Ahnung, sie wird aber immer stärker und stärker werden. Je mehr dieser Angsttraum, den wir heute durchmachen, bewußter und bewußter werden wird, wird das Erwachen für die übersinnlichen Wirklichkeiten der Erde und des Kosmos, für die übersinnlichen Möglichkeiten einer Arbeit der Menschheit an der Erde, wird aber vor allem das Gefühl für dieses Reich Christi auf Erden stärker und stärker werden, und die Menschen werden es ins Bewußtsein bekommen. Was heißt eigentlich »Pfingsten«? Erleuchtung der Bewußtseine, Erleuchtung der Herzen, Erleuchtung der Hände, Erleuchtung der Beziehungen von Mensch zu Mensch in den Gemeinschaften. Pfingsten heißt aber auch: Erleuchtung dafür, daß mit dem Mysterium von Golgatha etwas auf der Erde geschehen ist, was kosmische Dimensionen hat, und daß die Menschheit langsam wach werden wird für diese Tatsachen und sich dann ganz anders beteiligen wird – ich sage das jetzt ganz bewußt – einerseits an den notwendigen Zerstörungen, andererseits gerade an den durch die Zerstörungen gesteigert herausgeforderten Heilungen. Durch dieses beides, notwendige Zerstörungen, notwendige Heilungen, beginnt ein tieferes Erwachen für das, was wir Menschen nur auf der Erde gewinnen können – nicht vor der Geburt in der geistigen Welt, nicht nach dem Tode in der geistigen Welt –, was wir nur hier auf der Erde gewinnen können: dieses eigenartige, auf der einen Seite ganz persönliche, auf der anderen Seite ganz menschheitlich-pfingstliche Verhältnis zu dem Sohn durch den Geist.

»Für meine Mutter – die Erde«

»Ich geh durch rote Äcker:
Es schläft der Keim.
Ich geh durch grüne Saaten:
Es sproßt der Halm.
Ich geh durch goldne Felder:
Es reift das Korn.
Ich find den Müller,
Und der Müller spricht:
Die Erde ist das Angesicht
Des Menschensohnes.
Und ›wer mein Brot verzehrt,
Der setzt den Fuß auf mich.‹
Ich knie nieder,
Und er reicht die Speise,
Daß ich mich sättige
Auf meiner Erden-Reise.«[21]

Friedrich Benesch – ein Lebensbild

Viele, die Friedrich Benesch in der großen Öffentlichkeit oder auch im kleineren Rahmen unserer Gemeinden oder schließlich im engsten Kreis sprechen hörten, werden einige der damit verbundenen Eindrücke in Erinnerung behalten haben. Solche besonderen Eindrücke entstanden meist nicht nur durch den Inhalt des Vorgetragenen, z. B. durch die erstaunlich weitreichenden Kenntnisse des Redners und seine überschauende Gestaltungskraft in der Darstellung des Stoffes, sie gingen vielmehr von der Wesensart Friedrich Beneschs selber aus, die sich in seiner Stimme und in der Art, wie er menschlich und geistig mit dem Dargestellten verbunden war, dem Hörer auf besondere Art und Weise mitzuteilen wußte. Wer gar Gelegenheit hatte, Friedrich Benesch Jahrzehnte hindurch bei den verschiedensten Gelegenheiten zuzuhören – auch in persönlichen Gesprächen –, stand diesem Phänomen immer wieder neu anteilnehmend und staunend gegenüber. Seine dunkle, volle Stimme hatte eine wohltuende menschliche Wärme, die Sprache Beneschs trug das Gepräge seiner siebenbürgischen Herkunft und verriet die Wurzeln seiner Familie (väterlicherseits) im Bauerntum. Wenn er sprach, konnte er selbst große Säle mit über 1000 Zuhörern scheinbar mühelos durchdringen, ja in wichtigen Augenblicken des Vortrags war es ihm auch in diesen Situationen möglich, die äußere Sprachkraft noch zurückzunehmen, wodurch eine außerordentliche Intimität im Sprechen zu entstehen vermochte: Oft hatte man den Eindruck, daß da nicht jemand von außen mit Inhalten an die Seele der Hörenden herankommen wollte, sondern daß der Inhalt der Rede wie in Gemeinsamkeit mit den Zuhörern im Sprechen unmittelbar entstand, gleichsam aus den Seelen der Zuhörenden heraus entwickelt wurde. Das hing wohl auch mit der tiefen Achtung zusammen, mit der Friedrich Benesch den Erscheinungen der Welt entgegentrat, und mit der brüderlichen Gesinnung, die man im Zusammensein mit ihm erlebte: dies alles schwang in seiner Stimme mit und bestimmte seine Rede.

Von all dem spiegeln nun die Nachschriften, die hier gedruckt vorliegen, kaum mehr etwas wider. Die ursprüngliche Kraft, Lebendigkeit und Wärme des Vortrages sind nicht mehr unmittelbar wiederzufinden. Trotzdem schildere ich hier, was ursprünglich im Sprechen und Hören mit diesen Vorträgen verbunden war; ich denke, daß der Leser an manchen Stellen innehalten und versuchen kann, dem ursprünglichen Klang der Worte nachzulauschen. Auf diese Weise kann vielleicht etwas von der Tiefe und Weite, aus der heraus der Redner seine Hörer zu erreichen suchte, manchmal noch selbst aus der Nachschrift erlebbar werden. Etwas anderes aber wird aus diesen Nachschriften leichter zu entnehmen sein, besonders wenn die nachgeschriebenen Vorträge einmal in ihrer Vollständigkeit vorliegen werden (die Ausgabe dieser Vorträge im Verlag Urachhaus ist auf etwa 10 Bände veranschlagt): Die durchdringende geistige Kraft Friedrich Beneschs, die sich in der Vielseitigkeit und Fülle der behandelten Themen widerspiegelt. Er zeigte sich einerseits kompetent in der Darstellung der verschiedensten naturwissenschaftlichen Bereiche, die er aufgrund seiner naturwissenschaftlichen Bildung und dank der Tatsache, daß er sich fortwährend mit den aktuellen naturwissenschaftlichen Forschungen weiter befaßte, behandeln konnte. Ebenso eindrucksvoll aber waren seine Darstellungen zu religiösen Themen, vor allen Dingen zur Christologie und zum Neuen Testament, zu den christlichen Festeszeiten und zu vielem anderen.

So war er zur Arbeit am Priesterseminar der Christengemeinschaft geradezu prädestiniert. Über Jahrzehnte hin, seit er 1957 von Gottfried Husemann in die Leitung des Priesterseminars (Freie

Hochschule der Christengemeinschaft) in Stuttgart berufen worden war, hat er das Leben und die geistige Arbeit an diesem Seminar maßgeblich mitgeprägt. Dabei gaben ihm seine naturwissenschaftlichen Kenntnisse die Möglichkeit, die Entfaltung des religiösen Lebens in gesunder Weise mit der Wertschätzung der konkreten irdischen Tatsachen zu verbinden und die Liebe zu einzelnen Bereichen der göttlichen Schöpfung in den Studenten zu erwecken. Seine eigene Liebe zur Natur sprach aus jedem Wort, wenn er über Licht und Farben, über Pflanzen und Mineralien, über Embryologie, über Sterne, Wettergeschehen und Erscheinungen des Tierreichs redete. In souveräner Weise handhabte er dabei die »goetheanistische Methode«; es wurde alles, was er in den Kursen zu ergreifen hatte, zu einem lebendigen Wort aus der Schöpfungssprache des göttlichen Logos.

In anderer Art trat diese begeisternde religiös und erkenntnismäßig fundierte Kraft auch in den Kursen über die Paulus-Briefe (häufig behandelte er den Epheser- und Philipper-Brief), über die Theosophie und Geheimwissenschaft und bei vielen anderen Gelegenheiten zutage. Friedrich Benesch hat mit seinen besonderen Möglichkeiten unendlich viel zur Ausbildung und Förderung eines modernen Priestertums beigetragen, darüber hinaus aber auch für viele, die nicht den Weg des Priestertums gegangen sind, Grundlagen des Weltverstehens erschlossen, die unverlierbar bleiben.

Die Fähigkeit, geistiges und irdisches, religiöses und Natur-Erleben miteinander in Beziehung zu setzen und dadurch zu steigern, trat auch in seinen öffentlichen und in seinen Gemeindevorträgen zutage. Besondere Ereignisse aber waren es immer, wenn Friedrich Benesch zu Tagesfragen, zu aktuellen Themen der Zeit oder zu Fragen, die uns heute besonders auf der Seele liegen, zu sprechen hatte. Man erlebte in ihm einen Redner, der in den äußeren und inneren Schicksalen unserer Zeit die geistigen Dimensionen aufzuweisen vermochte, welche mit den Gegenwartsfragen zusammenhängen. Von diesen Darstellungen ging Ermutigendes, Bereicherndes und auch Tröstliches aus. In den besten Momenten verdichtete sich das Erleben zum Ahnen einer göttlichen, in unsere Zeit hereinragenden Gegenwart.

Am 6. Juli 1907 in dem siebenbürgischen Städtchen Sächsisch Regen geboren, verlebte Friedrich Benesch seine Kindheit bis zum 15. Jahr im elterlichen Hause. Sein Vater war Gymnasiallehrer, stammte aber aus dem Bauerntum, seine Mutter aus einer begüterten Bürgerfamilie, deren Vorfahren zum größten Teil Pfarrer und Lehrer waren. Zusammen mit vier Geschwistern war die Kindheit von dem Erleben der Fülle des Landes, seiner Wälder, seiner reichen Natur in Haus, Garten, Land- und Waldbesitz bestimmt. Dem außerordentlich strengen Vater verdankt er manches, z. B. daß er durch seine schulischen Leistungen eine Klasse im Gymnasium übersprang und schon mit 17 Jahren das Abitur ablegte. Er litt aber auch sehr unter ihm.

Mit dem 15. Jahr riß sich der Knabe vom Elternhaus los, zog zu Verwandten, erfuhr in der letzten Gymnasialzeit die Begegnung mit der deutschen Klassik und Romantik in Dichtung und Philosophie und mit der modernen Naturwissenschaft, besonders aber schon seit dem 13. Lebensjahr die Begegnung mit Goethe. Die Entwicklung ging dann zunächst über Goethe hinaus. Als mit 17 Jahren das Abitur kam, waren Nietzsche, als Gegner der bürgerlichen Welt, und die Naturwissenschaften, im Gegensatz zum Kirchen-Christentum, zu Leitsternen geworden.

Nach dem Abitur galt es zu wählen. Die Fülle der Begabungen hätte das Ergreifen jeden Berufs zugelassen. Er hatte auch eine große künstlerische Begabung, sang gern und schön, hatte ein künstlerisches Verhältnis zum Wort (später verfaßte bzw. extemporierte er für seine Kinder Gedichte, Spiele, Erzählungen, die einen großen Eindruck machten). Und wofür er begabt war, dazu hatte er auch Neigung. Hier taucht nun *das erste Lebensmotiv* auf, das sich weiter durch sein Leben zog: er mußte auswählen, hatte sich zu entscheiden. Die Fülle der Begabungen forderte ihm die Begrenzung ab, und nicht nur Begabungen, auch Lebenskräfte hatte er in einer Fülle, die es immer neu zu begrenzen galt.

Mit 18 Jahren wird er in Marburg Student der Biologie, Chemie und Physik (im Nebenfach Theologie). »Voll der schönsten Hoffnungen kam ich im April 1925 nach Deutschland, um das heiß ersehnte Studium an einer deutschen Universität beginnen zu können« – so schreibt er selber. Aber jetzt muß er die tiefe Enttäuschung am Materialismus der wissenschaftlichen Praxis erleben, die *ein zweites Lebensmotiv* erkennbar macht. Er sah sich um nach Menschen, die im Stande waren, »die Fülle von Einzeltatsachen zu umfassender, durchdringender und erklärender Schau zu vereinigen«. Was er als Student bei anderen suchte, hatte er aber schließlich selbst zu leisten. In diese Zeit fällt die Rückkehr zu Goethe, und durch die Lebensschicksalsbegegnung mit dem protestantischen Pfarrer-Vikar Gottfried Schmidt, der Anthroposoph war, zum Christentum. Nun kündigt sich *ein drittes Lebensmotiv* an, das wir oben schon berührt haben. Das gleichzeitige Studium von Naturwissenschaft und Theologie konfrontierte ihn mit der Frage, wie beides zu vereinen sei. Die Frage nach einer Möglichkeit der Überwindung der Gegensätze stieg in ihm auf. Er begann diese zu ahnen durch die Anthroposophie.

Neben diesem ihn sehr beschäftigenden Erkenntnisringen ging das Suchen nach sozialen Zusammenhängen. Es führte ihn über zwei Semester studentischer Korporation zur sozialistischen und völkischen Jugendbewegung und durch sie zu Hermann Wirth und zur Welt des »Nordisch-Germanischen«. Hier schließt sich das weitere Studium in Halle an. Jetzt versuchte der um eine durchdringende und erklärende Schau Ringende einen anderen Ansatz im Studium der Vorgeschichte, Volkskunde und Anthropologie, in denen er 13 Jahre später promoviert. Der Bezug zum Mythos und der durchaus weltanschauliche Ansatz seines Professors Hans Hahne zogen ihn an. Sozial lebte sich das in der Zugehörigkeit zur Artamanenbewegung und zu dem Jugendkreis um »Vater Hahne« aus.

Dieses ganze war – auch die folgenden Jahre hindurch – immer von dem Bewußtsein begleitet: all das ist notwendig, jedoch das Tiefste darin ist die Anthroposophie. Zu ihr kehrte er immer wieder zurück. In der Tochter seines Professors Hahne begegnete er seiner späteren Frau. In einer Notiz der letzten Jahre gibt er diese Begegnung mit Februar 1926 an, zugleich mit dem Hinweis: »1. Mondknoten«. Dann aber geht der 20jährige in seine Heimat zurück und arbeitet als Assistent am Zoologischen Institut der Universität Klausenburg. Jetzt erfährt er gerade in der Auseinandersetzung mit den neuesten biologischen Problemen der damaligen Zeit die Kraft der Anthroposophie. Er sagt: »Ich erkannte immer deutlicher, daß in dem, was Rudolf Steiner in der Weiterführung der naturwissenschaftlichen Schriften Goethes gab, die Möglichkeit verbunden sei, alle offenen Fragen der Biologie in positiver Weise zu lösen.«

Mit 24 Jahren legt er das Staatsexamen für Biologie, Physik und Chemie ab. Danach erkrankt er schwer. Ein einsamer Kuraufenthalt in den Heimatbergen brachte »entscheidende religiöse Erlebnisse«: wieder genesen, wird der nächste Schritt fällig. In die Naturwissenschaften war er eingedrungen, »aber auch die andere Seite mußte mit derselben Exaktheit durchgearbeitet werden«. Er geht wieder nach Marburg, greift noch einmal die Theologie auf und schließt das Studium mit 27 Jahren ab. Es gibt keine Anzeichen dafür, daß jetzt oder auch bei seiner früheren Zeit in Marburg eine Begegnung mit der Christengemeinschaft stattgefunden hat.

Dann endlich kann er die inzwischen 24jährige Sunhilt Hahne heiraten und zieht mit ihr in das siebenbürgische Dorf Birk als Pfarrer ein. »Ich suchte die Verwirklichung des anthroposophisch Orientierten nicht in anthroposophisch-sozialen Zusammenhängen, sondern wollte das Geistesgut und insbesondere dessen religiöse Impulse in die evangelische Heimatkirche und in die völkische Jugendbewegung der Heimat hineintragen.« Aber er kommt mit diesem Versuch an Grenzen: »Durch 10 Jahre versuchte ich hier das, was mir die Anthroposophie geworden war, in das Gemeindeleben einfließen zu lassen und andererseits allmählich Verständnis dafür zu erwecken. Dabei zeigte sich, daß daraus zwar eine persönliche Bindung an den Seelsorger entstand, ein Verständnis jedoch für dessen eigentlichstes Bestreben nicht entstand. Man wollte die Früchte der geistigen Arbeit des Pfarrers im Gottesdienst und Gemeindeleben gern genießen, selbst aber in den alten Gewohnheiten verharren. Das führte schließlich zu äußeren und inneren Auseinandersetzungen, die mich bei den in diesen Jahren erfolgenden Kämpfen in Volk und Kirche auf die Seite der jungen Generation stellten. Jedoch auch hier war ein Verständnis für meine eigentlichen Bestrebungen nicht möglich.«

Es kommt zu einer Suspendierung des 31jährigen durch die Kirchenleitung. Seine Bauern akzeptierten jedoch keinen Nachfolger, sie nahmen es lieber auf sich, zunächst ohne seelsorgerliche Betreuung zu bleiben, bis »ihr Pfarrer« zurückkehren könne. Friedrich Benesch wird jetzt noch einmal Student, geht nach Halle und schließt das Studium (Vorgeschichte und Anthropologie), sein drittes, mit der Promotion ab. Er ist jetzt 33 Jahre alt, und jetzt begegnet er auch dem durch Anthroposophie erneuerten religiösen Leben. »Damals nahm ich am Gemeindeleben der Christengemeinschaft in Halle teil und durfte einmal in Frankfurt Rittelmeyer hören. Es keimte der Wunsch in mir auf, einmal Priester in der Christengemeinschaft zu werden; doch fühlte ich mich damals noch nicht reif dazu. Ich kehrte zu meiner Gemeinde zurück; ich studierte Anthroposophie und arbeitete still in der Gemeinde.«

1944, sein zweiter Mondknoten, kommt die Flucht. Ein kilometerlanger Treck mit Tausenden von Menschen wird von ihm generalstabsmäßig organisiert und geleitet. Der Treck führt nach Österreich. Bis zum Zusammenbruch ist er in der Flüchtlingsfürsorge in Weimar tätig. Pfingsten 1945 übernimmt er ein Pfarramt in Neukirchen bei Halle und ist dort noch für eine kurze Zeit evangelischer Pfarrer, bis die 40 Jahre seiner ersten biographischen Epoche abgelaufen waren.

Aber schon in dieser Zeit schließt er sich an die neugegründete Gemeinde der Christengemeinschaft in Halle an. Der schon so lang gehegte Wunsch, Priester in der Christengemeinschaft zu werden, reift zum Vorsatz, am Zentralen der Erneuerung des Gegenwartslebens mitzuarbeiten. Zunächst gehemmt durch das Gefühl eigener Unreife und Rücksicht auf seine große Familie wurde er durch die Begegnung mit Rudolf Köhler und Rudolf von Koschützki zum Entschluß. Im Januar 1947 beginnt in Stuttgart die Seminarausbildung, am 30. November 1947, dem 1. Advent, empfängt der 40jährige durch Emil Bock die Priesterweihe (zusammen mit Barbara Nordmeyer, Otto Behr und Walter Barck). Der Entschluß zum Priestertum in der Christengemeinschaft war »im Gang des Schicksals gereift, dem Zuge des Herzens entsprungen«.

Nun beginnt die zweite Epoche von 40 Jahren, die ihren Abschluß findet, als er mit 80 Jahren die Verantwortung für die Leitung des Priesterseminars zurückgibt. Er wirkt zunächst einige Monate in Coburg, dann neun Jahre in Kiel; schließlich ab 1957 in Stuttgart in der Leitung des Priesterseminars. Der größte Teil der heute wirkenden Priesterschaft ist durch seine Schulung gegangen.

Friedrich Benesch war, 50jährig, im eigentlichen Zentrum seines Wirkens angekommen. Er war immer mehr selbst ein solcher Mensch geworden, nach dem er in seiner ersten Marburger Zeit Ausschau gehalten hatte, der imstande war, »die Fülle von Einzeltatsachen in umfassender, durchdringender und erklärender Schau zu vereinigen«. Nun beginnt er auch im Äußeren, die Erde in ausgedehnten und wiederholten Reisen in alle Kontinente zu ergreifen und als lebendiges Wesen zu erkennen, »in durchdringender und erklärender Schau«. Zugleich entfaltet er eine ausgebreitete Tätigkeit für andere Berufsgruppen. Er hatte sich einst begrenzen müssen, war nicht Arzt, nicht Lehrer, nicht Landwirt, nicht Künstler geworden. Nun wurde er Lehrer der Ärzte, Lehrer der Lehrer, Lehrer der Landwirte, Lehrer der Eurythmisten.

Das dritte Lebensmotiv wird nun deutlicher. Zuerst hieß es, sich in der Fülle der Begabungen zu begrenzen, dann die Fülle erkannter

Einzeltatsachen weisheitsvoll zu vereinen; jetzt war da noch die Fülle der ganz verschiedenen Schicksalsrichtungen, in denen er sich bewegte, als ob viele Biographien in einer einzigen zusammengezogen wären. Hier galt es, Schicksal zu ordnen, und das hieß zunächst, verschiedene Schicksalsbereiche voneinander zu trennen. Die Menschen in seinem näheren Umkreis hörten zuweilen das Wort »misch' dich nicht in meine Angelegenheiten«. Man kann dieses Wort tiefer verstehen. Die verschiedenen Bereiche seines Schicksals waren jeweils Angelegenheiten für sich, seine Angelegenheiten, und sie durften nicht miteinander vermischt werden. Hier war Friedrich Benesch ein Fortgeschrittener im Drama des modernen Menschen, das ein Drama der Bewußtseinsseele ist. Ihr eignet die Kraft zu trennen, was nicht zusammengehört, und zu verbinden, was auseinanderliegt. Es gab weit Auseinanderliegendes, was er in seinem Wesen verband; zugleich hatte er immer die Kraft, in sich zu trennen, was nicht vereinbar war.

Sein Priesterum konnte er so auch ganz auf die Kraft der Bewußtseinsseele gründen. Es war immer leuchtend und wirkte befreiend modern. Es konnte gerade für junge Menschen dadurch zum Ideal werden. Unendlich viele junge Menschen hat er auf diese Weise an das religiöse Leben und an eine moderne Geisterkenntnis herangebracht.

Friedrich Benesch hat dann die letzten Jahre bis zu seinem Tode im Jahre 1991 sehr zurückgezogen gelebt und äußerlich kaum mehr Anteil an den bisherigen Lebenskreisen genommen. Trotzdem war man immer wieder erstaunt, wenn man bei Besuchen feststellen konnte, wie sehr er innerlich mit den früheren Tätigkeitskreisen verbunden geblieben war und wie stark vor allen Dingen sein Interesse den Schicksalen der Christengemeinschaft und ihrem Wirken zugewandt blieb. Äußerlich war er schon recht hinfällig geworden, geistig aber war er bis zuletzt leistungsfähig, in Gesprächen außerordentlich anregend.

Bei den Bestattungsfeierlichkeiten und im Umkreis dieser Feier trat eindrucksvoll in Erscheinung, wie viele Menschen und wie verschiedenartige Bereiche des Lebens von ihm berührt und angeregt worden waren. Dies gilt auch im Blick auf die unendliche Zahl von seelsorgerlichen Beratungen und Begegnungen, die für viele Menschen einen entscheidenden Schicksalseinschlag bedeuteten. Jeder, der Friedrich Benesch begegnete, konnte unmittelbar die Bedeutung und das Gewicht dieser Persönlichkeit erfahren. Das forderte auch die eigene Persönlichkeit heraus. Überforderung brachte hier Anhänger, aber auch Gegner hervor.

Auch war es Friedrich Benesch nicht immer gegeben, die für die verschiedenartigen Menschenbegegnungen notwendigen unterschiedlichen Formen herauszufinden. Das brachte in die persönliche Begegnung zuweilen schmerzhafte und hinderliche Ereignisse. Jede Begegnung aber hinterließ ihre Spuren im Schicksal. Im persönlichen Gespräch mit ihm war die Bestärkung in den eigenen Lebensimpulsen die entscheidende Erfahrung. Sie erweckte oft neue Gestaltungskraft für die eigene Biographie, manchmal sogar die Ahnung einer größeren Schicksalsgestalt, in der man sich selbst begegnet. Sein liebevolles Verstehen war die Hilfe, sich selbst besser zu verstehen. Er wurde so vielen Menschen das Urbild des Seelsorgers.

Was in diesem und in den folgenden Bänden an Vorträgen aufgezeichnet ist, ist nur der kleinere Teil dessen, was Friedrich Benesch auf diesem Felde geleistet hat. Das wenigste davon ist aufgezeichnet worden. Die hier vorliegenden Nachschriften verdanken wir Werner Perrey, der Friedrich Benesch auch auf Reisen begleitete und unermüdlich dafür sorgte, daß seine Vorträge aufgenommen und niedergeschrieben wurden. In diesen Nachschriften ist ein einigermaßen repräsentativer Querschnitt der Themen enthalten, über die Friedrich Benesch in den letzten beiden Jahrzehnten seines Wirkens gesprochen hat. Insofern repräsentieren die nachgeschriebenen Vorträge die vielen anderen, die nur in den Seelen der Hörer weiterleben.

Zu seinem Gesamtwerk gehören auch seine beiden Buchveröffentlichungen »Apokalypse« (1981, z. Z. vergriffen) und »Turmalin« (1990, vergriffen). In ihnen kann die tiefschürfende geistige Arbeit, die Benesch zu leisten versuchte, nacherlebt werden. Davon kommt in den Vorträgen immer nur stückweise Weniges zum Vorschein. Es bildet aber den Hintergrund seiner Gesamtbemühung um die Erfassung eines modernen, geistgemäßen und vor dem Wesen der Naturwissenschaft verantworteten Weltbildes.

Weihnachten 1992 *Hans-Werner Schroeder*

Anmerkungen

1 Dieser Studienkurs fand vom 19. bis 30. Juni 1976 in der Jungen Gemeinde der Christengemeinschaft Stuttgart statt.
2 Verlag Christiani, Konstanz 1952.
3 Aus: J. W. von Goethe, Zahme Xenien, Ausgabe dtv, Bd. II, S. 290.
4 J. W. von Goethe, »Faust«, I. Teil, Prolog im Himmel, Hamburger Ausgabe, Band 2, München ^{11}1981, S. 16.
5 »Wandrers Nachtlied«, Hamburger Ausgabe, Band 1, ^{12}1981, S. 142.
6 J. W. von Goethe, »Faust«, II. Teil, erster Akt, Ariel-Szene, Hamburger Ausgabe, Band 3, ^{11}1981, S. 146.
7 Johannes-Evangelium 18,36.
8 »Anthroposophischer Seelenkalender«, in: Rudolf Steiner, »Wahrspruchworte«, GA 40, Verlag der Rudolf Steiner-Nachlaßverwaltung, Dornach ^{3}1951.
9 Dieser Kurs fand als Sommerkurs der Christengemeinschaft Stuttgart vom 11. bis 19. Juni 1977 in Stuttgart statt.
10 Rudolf Steiner, Wahrspruchworte (s. Anm. 8), S. 98.
11 Verlag Freies Geistesleben, Stuttgart 1963, ^{8}1991.
12 Christian Morgenstern, »Galgenlieder«, in: Werke und Briefe (Stuttgarter Ausgabe) Verlag Urachhaus 1990, Band III: Humoristische Lyrik, hier: S. 269.
13 Ebd., S. 68f.
14 Conrad Ferdinand Meyer, »Gedichte«, Knauer Verlag, Berlin o. J., S. 49.
15 »Die Elementarwesen als Vermittler zwischen der Erde und dem Geistkosmos«, in: Rudolf Steiner, Wahrspruchworte (s. Anm. 8), S. 158.
16 Robert Hamerling, »Vermächtnis«, in: Poetische Werke, Bd. 1, 1876, S. 112.
17 Albert Steffen, in: »Wegzehrung«. Gedichte, Verlag für Schöne Wissenschaften, Dornach 1935, S. 1.
18 Dieser Vortrag wurde am 20. Mai 1983 in der Stadthalle Kassel gehalten.
19 Conrad Ferdinand Meyer, a.a.O., S. 52.
20 Conrad Ferdinand Meyer, a.a.O., S. 53.
21 Albert Steffen, in: »Wegzehrung« (s. Anm. 17), S. 22.